Ursel Fischer · Meister Johans Hadloub

Ursel Fischer

Meister Johans Hadloub

Autorbild und Werkkonzeption der Manessischen Liederhandschrift

M&P
VERLAG FÜR WISSENSCHAFT
UND FORSCHUNG

Tag der mündlichen Prüfung: 12.01.1995
Referentin: Prof. Dr. Christa Ortmann
Referent: Prof. Dr. Gerhart von Graevenitz

Die Deutsche Bibliothek - CIP-Einheitsaufnahme

Fischer Ursel:
Meister Johans Hadloub : Autorbild und Werkkonzeption der Manessischen Liederhandschrift / Ursel Fischer.
- Stuttgart : M und P, Verl. für Wiss. und Forschung, 1996
Zugl.: Konstanz, Univ., Diss., 1995
ISBN 978-3-476-45150-7

ISBN 978-3-476-45150-7
ISBN 978-3-476-04246-0 (eBook)
DOI 10.1007/978-3-476-04246-0

M & P Verlag für Wissenschaft und Forschung
ein Verlag der J.B. Metzlerschen Verlagsbuchhandlung und
Carl Ernst Poeschel Verlag GmbH in Stuttgart

Ursprünglich erschienen bei J.B. Metzlersche Verlagsbuchhandlung und Carl Ernst Poeschel Verlag GmbH 1996

Meister Johans Hadlob ·CV·

Vorwort

An dieser Stelle möchte ich mich bei all denen bedanken, die zur Entstehung der Arbeit beigetragen und ihre Vollendung gefördert haben: bei Frau Professor Christa Ortmann für ihre geduldige Betreuung, für die vielen Gespräche, die mir an entscheidender Stelle immer wieder weiter geholfen haben, und die freundschaftliche Arbeitsatmosphäre; bei meinen beiden Kolleginnen Gesine Lübben und Gabriela Paule für die fachliche Zusammenarbeit, insbesondere beim Verfassen der gemeinsamen Einleitung, und für die Heiterkeit der GUG-Sitzungen, die den unvermeidlichen wissenschaftlichen Ernst oft erfrischend unterlaufen haben; bei Professor Gerhart von Graevenitz für die Mühe der Zweitkorrektur; bei der Studienstiftung des deutschen Volkes für das großzügige Promotionsstipendium; bei Anneliese und Günther Edelhäuser sowie bei Günter Scholz für die weiterreichende finanzielle Unterstützung; bei André, Anja und Sabine für ihre Hilfsbereitschaft und ihren Zuspruch.

INHALT

Einleitung

Die vorliegende Arbeit ist Teil eines Gemeinschaftsprojekts zum späthöfischen Minnesang, welches aus Konstanzer Seminarveranstaltungen bei Christa Ortmann[1] hervorgegangen ist. Die insgesamt drei Arbeiten - zum Tannhäuser, zu Steinmar und zu Johannes Hadlaub[2] - legen ein gemeinsames methodisches Konzept zugrunde und orientieren sich an der übergreifenden Frage nach der literarhistorischen Darstellung und Bewertung der Gattungsentwicklung des Minnesangs im 13. Jahrhundert. Ausgehend von diesem Vorhaben wird den einzelnen Arbeiten ein von den Verfasserinnen gemeinsam konzipiertes Einleitungskapitel vorangestellt, das die theoretische und methodische Grundlegung formuliert und daraus die übergeordnete Fragestellung ableitet. In einem zweiten Einleitungsteil soll diese Fragestellung jeweils autorbezogen spezifiziert werden. Es sei an dieser Stelle vorausgeschickt, daß wir zwar einen Forschungsüberblick zum jeweiligen Autor geben werden, aber keinen Forschungsbericht zur Geschichte des Minnesangs im 13. Jahrhundert anstreben. Wir werden uns nur auf die Arbeiten beziehen, die für die Entwicklung unserer literaturtheoretischen Voraussetzungen notwendig sind.

1. Methodische Grundlagen

Ausgangspunkt der drei Untersuchungen ist der Befund, daß die Gattung Minnesang um 1300 in eine neue Phase der Existenz eintritt: die Überlieferung in großen Sammelhandschriften, vor allem A, B und C.

1 Minnesang des 13. Jahrhunderts (Tagelied), WS 85/86; Höfische Literatur und repräsentative Öffentlichkeit, SS 86; Der Tannhäuser, SS 86; Spruchdichtung, WS 86/87; Hadlaub und Steinmar, SS 88; Ulrich von Lichtenstein: Frauendienst, WS 88/89; Kreuzzugslyrik, WS 89/90.

2 vgl. die Dissertationen von Gesine Lübben, "Ich singe daz wir alle werden vol". Das Steinmar-Oeuvre der Manesseschen Liederhandschrift, Stuttgart 1994, und von Gabriela Paule, Der Tanhûser. Organisationsprinzipien der Werküberlieferung in der Manesseschen Handschrift, Stuttgart 1994.

Vor dem Entstehen dieser Handschriften hat es mit Sicherheit schon verschiedenste Formen der schriftlichen Aufzeichnung von Liedern gegeben, die - bezeichnenderweise - aber nicht überliefert sind. Mit der Sammelhandschrift ist dagegen eine neue Qualität von Schriftlichkeit erreicht, die einerseits im Kontext umfassender Verschriftlichungstendenzen volkssprachlicher Literatur im 13./14. Jahrhundert zu sehen ist, andererseits aber auch von einem veränderten Interesse an der Gattung zeugt, das ihr diesen schriftliterarischen Status - im Vergleich zu anderen Gattungen (z.B. höfischer Epik) allerdings relativ spät - zuerkennt. Zentrale Fragen unserer Untersuchungen werden sein, wie dieses veränderte Interesse an der Gattung zustande kommt, warum das volkssprachliche Lied gegen Ende des 13. Jahrhunderts den Anspruch auf Schriftlichkeit stellen kann und was mit diesem Anspruch zur Geltung kommt. Unter diesem Blickwinkel ist die Hs.C die wichtigste und für uns aufschlußreichste, weil sie die schriftliche Existenz des Minnesangs nicht nur besonders umfangreich und besonders repräsentativ dokumentiert, sondern weil sie gleichzeitig, nämlich im Hadlaub-Corpus, diese Schriftlichkeit thematisiert und als *buoch* qualifiziert.
In der Forschungsliteratur ist häufig die Meinung vertreten worden, daß die Gattung Minnesang im 13. Jahrhundert mit dem Niedergang der höfischen Kultur ihre eigentliche Funktion verloren habe und daß das Aufzeichnen in Handschriften von nurmehr musealer Bedeutung sei. Im Gegensatz dazu wollen wir versuchen, eine qualitative Neubewertung des Prozesses von Sammeln und Schriftlichkeit aus der Perspektive der Gattung selbst vorzunehmen, d.h. anhand ihrer Entwicklung und der Entfaltung ihrer strukturellen Möglichkeiten die Frage nach Veränderungen von Gebrauchssituation und -funktion zu stellen, wie sie sich im *buoch* als Konzept für Schriftlichkeit und Sammeln dokumentieren[3].
Hugo Kuhn untersucht in seinem Aufsatz "Die Voraussetzungen für die

3 Eine Neubewertung des Prozesses der Verschriftlichung der Liedkunst leistet Sylvia Huot für den französischen Sprachraum: "From Song to Book. The Poetics of Writing in Old French Lyric and Lyrical Narrative Poetry", Ithaca - London 1987. Die Thesen Huots (einschl. ihrer methodischen Prämissen) sollen hier allerdings nicht im einzelnen diskutiert werden, weil sie sich nicht unmittelbar auf die Situation im deutschsprachigen Raum übertragen lassen, wo die Materialbasis sehr viel schmaler und die Rolle des volkssprachlichen Liedes bei der Ausbildung einer Buchkultur nicht so schwer zu gewichten ist wie in Frankreich.

Entstehung der Manesseschen Handschrift und ihre überlieferungsgeschichtliche Bedeutung"[4] die Wege und Formen von Schriftlichkeit der deutschsprachigen Liedkunst. Da wir uns in vieler Hinsicht auf diesen Aufsatz stützen, sollen die wichtigsten Ergebnisse im folgenden kurz referiert und abschließend unsere Fragestellung präzisiert werden.

Sowohl in Bezug auf die Liederhandschrift als auch in Bezug auf den Inhalt, Minnesang, arbeitet Kuhn mit dem Begriff 'Gebrauchskunstwerk'. Er entwickelt diesen Begriff in zwei früheren Aufsätzen, nämlich "Mittelalterliche Kunst und ihre Gegebenheit"[5] und "Zur inneren Form des Minnesangs"[6]. Um ein adäquates Verständnis mittelalterlicher Kunstwerke zu gewinnen, versucht Kuhn, deren spezifische Existenzform zu bestimmen. Sie unterscheidet sich von derjenigen eines neuzeitlichen Kunstwerks insofern, als mittelalterliche Kunst nicht als subjektive Originalschöpfung existiert und zugänglich ist, sondern immer in bereits vermittelter Form - dem jeweiligen Zustand der Überlieferung - vorliegt. Überlieferung steht nach Kuhn in engem Zusammenhang mit der für das mittelalterliche Weltbild zentralen Traditionsgebundenheit. "Tradition, d.h. Objektivität trotz und in der überindividuellen Wiederholung und Entwicklung der Formen ist nur möglich, wenn diese selbst nicht ihre (konkrete) Subjektivität an einem objektiven Wahr-Schön-Zusammenhang zu kontrollieren haben. Sondern sie sind Allgemeinformen (Universalien), nicht konkret-objektiv, sondern real und relativ vor dem Gegenstand, vor dem Inhalt, den sie zwangsläufig in ihrer Realität einschließen (*forma est essentia*). Wie die Universalien der Scholastik, die realen (grammatischen) Gattungsformen als Allgemeinbegriffe [...] vor der Existenz der Einzeldinge vorhergehen, als reale Struktur der Wirklichkeit sie von vornherein einschließen, so bestimmt sich auch das Verhältnis der künstlerischen Formen zu ihrem Inhalt, zum Sinn. [...] Die Formen umfassen also, in ihrer Allgemeinheit, relativ zwangsläufig den Inhalt (es gibt z.B. keine Porträt-Ähnlichkeit, sondern nur - landschaftliche, ständische usw., überhaupt gegenständliche - Schemata!); sie gehen

4 in: Hugo Kuhn, Liebe und Gesellschaft, hrsg. von Wolfgang Walliczek, Stuttgart 1980, S. 80-105.

5 in: H. Kuhn, Text und Theorie, Stuttgart 1969, S. 28-46.

6 in: Hans Fromm (Hg.), Der deutsche Minnesang. Aufsätze zu seiner Erforschung, Darmstadt 1972 (WdF, Bd. 15), S. 167-179.

nicht vom individuellen Subjekt aus, sondern schließen dieses in ihrer Universalität mit ein: Sie enthalten die unbedingte Verbindlichkeit der Gemeinschaftsformen vor jedem Einzelsubjekt."[7] Aufgrund des der Form immanenten Sinnpotentials kann die Gemeinschaft im Gebrauch dieser Universalformen am realen Sinn der Weltordnung partizipieren. Er ist nicht auf Bedeutung hin angelegt, sondern strukturell in der Form enthalten und muß als Vollzug der Form erschlossen werden. Gebrauch wird dadurch beschreibbar als ein Vollzug von in der Form realem Sinn. Der Status des Künstlers ist in diesem Zusammenhang der eines Überlieferungsmediums, das die Form wiedergibt und weiterreicht mit den Spuren seines Gebrauchs. Für das Werk bedeutet dies, daß es sich nie in subjektiver Vollendung darbietet. "Sondern es ist in der kultischen Objektivität der stets sich vollziehenden realen Darstellung, im Gebrauch, dessen verbindliche Universalität auch das Subjekt zwingend einschließt, in seinem Anteil daran erschöpfend bestimmt [...]".[8] Gebrauch ist also der Rahmen sowohl für die Entstehung als auch die Erhaltung eines Werks in der Überlieferung und damit die zentrale Kategorie für die Existenzform mittelalterlicher Kunst überhaupt.

Die Bindung dieser Gebrauchsfunktion an die Struktur eines Werks wird von Kuhn nur ansatzweise entwickelt, ist für uns aber von entscheidender Bedeutung. Die Struktur des mittelalterlichen Kunstwerks ist in charakteristischer Weise als Vollzugsstruktur zu bestimmen, d.h. in der Struktur ist der Vollzug als spezifische Anweisung zum Gebrauch eines Werks enthalten. Kuhn führt diesen Vollzugszwang zurück auf die Analogie zum religiösen Vollzug als "Prototyp der ganzen mittelalterlichen Wirklichkeit": "Gottes Wesen macht es aus, daß er nicht substanziell vorhanden, 'gegeben' ist. [...] Und er ist nur [...] zu leisten als er-selbst im reinen Vollzug, im Dienst, der als reine Funktion sein zunächst substanzlos allgemeines Sein erschließt und vermittelt."[9]

Bei der Gattung Minnesang als einer spezifischen literarischen Form ist eine besonders enge kultische Analogie zu dieser religiösen Vollzugsform zu beobachten: Die Minne zwischen Ritter und Dame ist ebenfalls als Dienst und damit nur negativ im Nicht-Haben vollziehbar. Als Liedkunst

---

7 H. Kuhn, Mittelalterliche Kunst und ihre Gegebenheit, S. 31.
8 ebenda, S. 33.
9 ebenda, S. 41.

einer laikalen höfischen Elite ist der Gebrauch von Minnesang aus seiner spezifischen strukturellen Einheit von Text und Melodie zu erschließen als gemeinsamer ritueller Vollzug in der Aufführung. Die zentralen höfischen Werte werden in der Aufführung, im Mit-Vollzug, identitäts- und gesellschaftskonstitutiv für das Publikum und durch das Publikum realisiert (zur Gebrauchsfunktion von Minnesang siehe unten). Aus der besonderen strukturellen Verfaßtheit von Minnesang - als Interaktionsmuster - sind damit Elemente seiner Gebrauchs-Realität rekonstruierbar, weshalb der Strukturbegriff entscheidende Basis unserer literarischen Analyse sein wird.

Neben der Mündlichkeit des Liedes in der Aufführung steht nun ab ca. 1300 die Schriftlichkeit in Sammelhandschriften. Kuhn weist darauf hin, daß "[...] - anders als beim Epos - noch um die Mitte des 13. Jahrhunderts kein direkter, kein zwingender Weg in die neu geltende Schriftlichkeit [führt]"[10]. Es gibt "[...] keine kontinuierliche Vermittlung vom Liedvortrag in die Schrift, von der Liederpraxis in die Liedersammlung, vom Autor zu den Autorentexten und -bildern unserer Handschrift".[11] Stattdessen sind für die Entstehung jeder Liederhandschrift bestimmte lokale Interessengruppen verantwortlich: für die Hs.A vermutlich ein gebildeter Literatenzirkel in Straßburg, für die Hs.C wahrscheinlich der Manesse-Kreis in Zürich und für die Hs.B möglicherweise eine Gruppe von Minnesangliebhabern in Konstanz.

Ein kostbar ausgestattetes Buch ist im Mittelalter ein Gebrauchskunstwerk von besonderem Rang, ein kulturelles Statussymbol, lange Privileg der Kleriker und ihrer lateinischen Schriftkultur. Insofern muß die neue Gebrauchsrealität Buch für die bis dahin primär mündlich existierende Gattung des volkssprachlichen Lieds eine neue Form der Wertschätzung implizieren. Kuhn untersucht Ausstattung und Konzeption (d.h. den Überlieferungstyp) der drei Liederhandschriften, um Aufschluß über den neuen Status der Gattung und an bestimmte Interessen geknüpfte Gebrauchsrealitäten und -funktionen zu erhalten.

Da Liederhandschriften in den meisten Fällen Sammlungen sind (erst später gibt es die 'Werkausgabe' eines Autors, bspw. die Oswalds von

10 H. Kuhn, Manessesche Handschrift, S. 99.

11 ebenda, S. 87.

Wolkenstein), ist für ihre Konzeption und Ausführung die Tätigkeit der Sammler und Redaktoren entscheidend, deren Auswahl- und Ordnungsprinzipien wichtige Hinweise auf das zeitgenössische Literaturverständnis bzw. -bewußtsein geben. Sie stellen die neue, schriftliterarische Realität der Liedkunst her: das *buoch*. Dieses ist allerdings nicht, wie Kuhn betont, " [...] als endgültiges Editions-Werk, als *opus perfectum*, sondern als ein *opus imperfectum*, ein mit der Reichweite der Sammler, mit der Erschöpfung des Impulses nur abgebrochener Vorgang produktiver Reproduktion: einer Verwandlung der freien Liedkunst der Laien in ein allumfassendes Lesebuch von Gedicht-Autoren"[12] zu verstehen.
Mit der Bezeichnung 'allumfassendes Lesebuch von Gedicht-Autoren' sind bereits drei charakteristische Merkmale der Hs.C genannt: der Anspruch der Sammler, eine allumfassende Dokumentation des Minnesangs zu leisten, das Autorenprinzip und die Überlieferung der Texte ohne Melodie, also zum Lesen oder Vorlesen. Die autorenbezogene Sammlung ist ein Überlieferungstyp, der in hohem Maße auf Repräsentation ausgerichtet ist, Repräsentation von *meistern* aus persönlichen oder genossenschaftlichen Interessen[13]. Diesem Zweck dient auch die in jeder Hinsicht kostbare Ausstattung (Pergament, ganzseitige Autor-Miniaturen, Ausführung der Schrift). Kuhns Untersuchung mündet in die These, daß durch die Hs.C die volkssprachliche Liedkunst, insbesondere die Gattung Minnesang, mit einem neuen, zeremoniellen Repräsentationswert ausgestattet wird, d.h. sie dient einer bestimmten Gebrauchergruppe zur elitären Selbstbestätigung.
Über Kuhns Beobachtungen hinausgehend wollen wir versuchen, diesen Repräsentationswert der Handschrift an der Gattung Minnesang selbst festzumachen. Unsere Frage lautet zum einen, ob der Weg in die Schriftlichkeit und die Entstehung der Sammelhandschriften mit einer gattungshistorischen Perspektive erfaßt und so über die Entfaltung der strukturellen Möglichkeiten der Gattung beschrieben werden können. Zum anderen möchten wir den Gebrauch der Sammelhandschrift aus den strukturellen Bedingungen ihrer Anlage und dem daraus erkennbaren Gattungsverständnis bestimmen. Dazu soll im folgenden der Gattungsbe-

12 ebenda, S. 82.
13 ebenda, S. 90.

griff geklärt und eine Skizze der Gattungsentwicklung gegeben werden.

Um den mit dem Entstehen der Sammelhandschriften gegebenen Gebrauchswandel von Minnesang aufzeigen zu können, soll auf den 'ursprünglichen', aus den Texten selbst rekonstruierbaren Gebrauch des Lieds zurückgegangen werden. Zur Bestimmung dieses Gebrauchs beziehen wir uns im wesentlichen auf die Untersuchungen von Gerhard Hahn[14]. Er bestimmt - ausgehend vom Literaturbegriff Kuhns - den spezifischen Gebrauch des Minnelieds in der Aufführung und die Gebrauchsfunktion des Lieds als Teilhabe am Repräsentationswert des höfischen Fests. Mithilfe einer Strukturbeschreibung des Minnelieds soll dieses Verfahren im folgenden nachgezeichnet und damit eine Grundlage für alle weiteren Überlegungen, insbesondere zum Minnesang des 13. Jahrhunderts, geschaffen werden.
Der Ausgangspunkt Hahns ist das Verständnis von Minnesang nicht als Erlebnislyrik, sondern als Rollendichtung. In jedem Lied werden in Form einer Ich-Reflexion "Minnebeziehungen als literarisches 'Rollenspiel' in Gang gesetzt"[15]. Dabei stehen sich drei Rollen gegenüber, die durch den wechselseitigen Bezug aufeinander definiert sind: Der werbende Ritter (*ich*), aus dessen Perspektive die Minnebindung vorgeführt wird, ist in der Situation einer noch unerfüllten Minnebeziehung existentiell auf die Minnedame ausgerichtet. Sein erklärtes Ziel ist Erhörung und erotische Erfüllung (*wünne*) durch die umworbene Dame. In ihr, der *frouwe*, sind zentrale höfische Qualitäten idealtypisch präsent: ihre *schoene* als erotische Anziehungskraft und körperliche Vollkommenheit, ihre *güete* als normative Vollkommenheit und absolute ethische Wertinstanz und ihr hoher ständischer Rang (*hôh*) als Markierung einer sozialen Spitzenposition. Durch diese maßstäblich gesetzten Qualitäten wird die Dame als ir-

---

14 Gerhard Hahn, Zum sozialen Gehalt von Walthers Minnesang. Einige Beobachtungen am Text, in: Dietrich Huschenbett, Klaus Matzel, Georg Steer u. Norbert Wagner (Hg.), Medium Aevum deutsch. Beiträge zur Literatur des hohen und späten Mittelalters, Festschrift für Kurt Ruh, Tübingen 1979, S. 121-138; ders., Walther von der Vogelweide, München - Zürich 1986; ders., Walther von der Vogelweide oder Ein Spruchdichter macht Minnesang, in: Erich Huber-Thoma u. Ghemela Adler (Hg.), Romantik und Moderne, Festschrift für Helmut Motekat, Frankfurt - Bern - New York 1986, S. 197-212.

15 G. Hahn, Walther, S. 33.

disches 'summum bonum' definiert und damit zur absoluten Orientierungsinstanz für den werbenden Ritter. Eine Annäherung an diese Dame kann nur auf dem Wege permanenter Qualifikation gelingen, durch Mobilisierung höfischer Werte wie *staete*, *triuwe* etc. Dieser Prozeß vollzieht sich nun aber nicht innerhalb einer Zweierbeziehung Dame-Ritter, sondern ist stets auf die dritte Rolle, die Minnegesellschaft, bezogen. In ihrer ambivalenten Anlage (*huote* oder *friunde*) hat sie Einfluß auf die Minnebindung und kennzeichnet sie als öffentliche Beziehung von gesellschaftlicher Relevanz. Als solche wird sie besonders in der klassischen Phase des Minnesangs charakterisiert durch die Terminologie *dienst-lôn*, einer feudalrechtlichen Kategorie, die eine spezifisch rechtlich orientierte Argumentationsweise ermöglicht.
Mit der skizzierten Rollenkonstellation entsteht ein Minnemodell, das in spezifischer Weise paradox geprägt ist: Der minnende Ritter muß aufgrund des absoluten Werts der Dame am Minnedienst festhalten, die Dame ihrerseits kann aber keinen *lôn* gewähren, denn ihr Wert ist als unendlich gesetzt und damit undefinierbar. Lohnt die Dame, so definiert sie diesen Wert und gibt gerade dadurch ihren absoluten Status preis. Aus dieser Anlage resultiert nach Christa Ortmann eine "Doppelung des Lohnbegriffs": "Das Ich des Minnedieners bestätigt durch seine Leistung die ritterlichen Normen [...] und wird dafür belohnt (*êre*, *werdekeit*), und es kann sich dennoch mit dieser gesellschaftlichen Wertzusprache nicht identifizieren, kann diesem Lohn keine *vreude*, keinen *hôhen muot* abgewinnen, solange es den Lohn der Dame entbehrt. Die *swære* ist darum Zeichen notwendiger und unabänderlicher gesellschaftlicher Desintegration, paradoxes Zeichen, das den höchsten Wertstatus und den totalen Selbstverlust des Minnedieners zugleich signalisiert".[16]
Der dadurch permanent entstehende Erfüllungsaufschub ist konstitutiv für das Modell der hohen Minne. Das Nicht-Einlösen des Ziels provoziert die beständige Qualifikation des Ritters und damit immer wieder die Frage nach dem Ende der *swære*, des Minne-*leits*. *lôn* ist für den Minnenden nur über die Anerkennung durch die Gesellschaft möglich, sie ist es, die unerfüllten Minnedienst honoriert und bestätigt. Die *fröide* der Ge-

16 Christa Ortmann, Die Bedeutung der Minne im 'Moriz von Craun', in: Beiträge 108, 1986, S. 385-407.

sellschaft setzt damit die *swære* des Ichs voraus. Durch die Wirksamkeit dieses Paradoxes wird die Möglichkeit höfischer *fröide*, ein Zustand des Integriertseins, des erhöhten Bewußtseins eigenen Werts und damit die ideale Verfaßtheit der höfischen Gesellschaft immer wieder neu anvisiert. Das Minnemodell ist durch diese Anlage auf ständige Vergegenwärtigung angelegt und hat insofern einen stark rituellen Charakter. Es zielt auf Inszenierung in der Gemeinschaft, auf gemeinsamen Vollzug des Minnelieds in der Aufführung.

In Ergänzung zu Hahn, der auf dieser Basis die Gebrauchsfunktion von Minnesang als Teilhabe am Repräsentationswert eines höfischen Fests bestimmt, haben Christa Ortmann und Hedda Ragotzky[17] versucht, diese Gebrauchsfunktion genauer zu benennen im Sinne einer historischen Präzisierung des Repräsentationsbegriffs. Wir werden uns im folgenden insbesondere auf diese Arbeit beziehen.

Im gemeinsamen Vollzug des Minnelieds in der Aufführung entwirft der Sänger die Minnekonstellation und bietet dem Publikum damit ein ideales höfisches Selbstbild zur Identifikation an. Aufgrund der oben beschriebenen Minneparadoxie fordert dieses Selbstbild aber Identifikation mit einem zugleich verbindlichen und unerreichbaren Ideal. Diese paradoxe Anlage des Minnediskurses gewährleistet die ständige Vergegenwärtigung des Ideals und ermöglicht darüber den Erweis gesellschaftlicher Identität. Die gesellschaftskonstitutive Bedeutung von Minnesang weist aber auf seine repräsentative Funktion hin. Der rituelle Akt der Aufführung, die Interaktion zwischen Sänger und Publikum dient der gemeinsamen Identitätsstiftung und der permanent notwendigen Vergegenwärtigung und Bestätigung dieser Identität, der Vollzug des Lieds zielt damit auf die Herstellung höfischer *fröide*. Die strukturell "[...] angelegte Frage nach der Eignung von Minnesang, *vreude* zu bewirken - das heißt eben im Kontext der höfischen Geselligkeit eine repräsentative Funktion zu haben - [...] ist als Indiz für die besondere Leistungsfähigkeit des literarischen Mediums zu werten, für seine Fähigkeit, den Akt der

---

17 Christa Ortmann u. Hedda Ragotzky, Minnesang als "Vollzugskunst". Zur spezifischen Struktur literarischen Zeremonialhandelns im Kontext höfischer Repräsentation, in: Hedda Ragotzky u. Horst Wenzel (Hg.), Höfische Repräsentation. Das Zeremoniell und die Zeichen, Tübingen 1990, S. 227-257.

Repräsentation selbst zu diskutieren, in dessen Kontext es steht."[18] Für den höfischen Bereich ist dieser Kontext das Fest, idealer Ort zur Entfaltung repräsentativer Öffentlichkeit[19]. "In Verbindung mit anderen, nichtliterarischen, nicht-sprachlichen Formen der Selbstdarstellung [...] ist die Aufführung von Literatur Bestandteil und Medium solcher umfassender Repräsentationsakte. Sie haben die Funktion,

- ideale ständische Identität an dem Träger bzw. den Trägern von Repräsentation erscheinen zu lassen, real und damit wirksam zu machen;
- auf diese Weise den Sinnzusammenhang, in dem die Repräsentierenden und die vom Akt der Repräsentation Betroffenen stehen, sinnlich wahrnehmbar und damit mitteilbar zu machen;
- ideale Ordnung [...] und das entsprechende Bewußtsein der kollektiven Übereinstimmung mit dieser Ordnung (*vreude, gaudium*) herzustellen."[20]

Auf der Basis des beschriebenen methodischen Verfahrens - Gebrauch und Gebrauchsfunktion von Minnesang auf der Basis seiner Stukturmerkmale zu bestimmen -, läßt sich die Gattungsentwicklung als Erweiterung der der Gattung immanenten strukturellen Möglichkeiten beschreiben.

Für den ersten Schritt dieser Erweiterung steht die Generation der sogenannten Berufssänger.[21] Während Minnesang zunächst von adeligen Dilettanten verfaßt wurde, bildete sich mit zunehmender Etablierung des Rituals im repräsentativen Kontext eine Gruppe von Berufssängern heraus, an die Produktion und Aufführung von Minnesang vom Hof delegiert wurde. Im Wettbewerb um einen Gönner, um eine feste Stelle am Hof, muß sich der Sänger qualifizieren und gegen Konkurrenz durchsetzen. Diese veränderte Situation ist ablesbar an der Herausbildung einer Sängerfigur, die ihre Kunst mit neuem, professionellem Anspruch ausübt. Er zeigt sich in einem bewußten Aufsuchen des *fröide*-Potentials der Gattung: Die Frage nach der Eignung von Minnesang, *fröide* zu bewirken,

---

18 ebenda, S. 233.

19 zu diesem Begriff vgl. auch ebenda, S. 227-232, in Abgrenzung zu Jürgen Habermas.

20 ebenda, S. 232.

21 vgl. G. Hahn, Walther, S. 42 f.

wird erstmalig im Lied selbst thematisiert und reflektiert. "Die Gattung tritt in die Phase der expliziten literarischen Diskussion"[22]. Strukturell ist dies an einer Erweiterung der Minne-Ich-Rolle zur Sänger-Ich-Rolle erkennbar. In dieser Doppelung kann die Aufführungssituation zum Thema des Lieds werden, das Publikum ist dabei nicht nur als Minnegesellschaft, sondern ausdrücklich als Minnesanggesellschaft ansprechbar. Der Begriff des *dienst* erhält in diesem Kontext ebenfalls eine neue Dimension: nicht mehr nur Minnedienst an der Dame, sondern Singen selbst als Dienst an der Gesellschaft.
Entscheidend für dieses Stadium der Gattungsentwicklung ist der sich manifestierende Rang der Gattung: Mit dem Delegieren von Minnesang an einen professionellen Sänger zeigt sich die Etablierung der Gattung als Institution am Hof, und ihre spezifische gesellschaftliche Relevanz wird explizit. Für den Sänger als Vermittlungsinstanz entsteht dabei aus der paradoxen Anlage der Minnebeziehung ein zentrales Problem: Seine zweifache Gebundenheit an Dame und Gesellschaft, sein Festhaltenmüssen am Minnedienst und Minnesang provoziert die Frage nach 'richtigem' Singen und rückt den Kunstcharakter des Minnelieds in den Vordergrund. Die neue Konkurrenzsituation schafft einen Zwang, den Lobpreis der Dame mit größter Kunst vorzuführen, dem neuen Status der Gattung als Institution am Hof gerecht zu werden. Anhand des jeweils autorspezifischen Zugangs zu diesem Problem wird deutlich, daß gerade die *fröide*-Substanz der Gattung in diesem Stadium kaum noch positiv vermittelbar erscheint. Stellvertretend sei für dieses Phänomen Heinrich von Morungen genannt: Der Sänger preist und inszeniert die ins Absolute gesteigerte erotische Faszination der Dame, während er gleichzeitig in der Rolle des Minnenden von dieser Qualität gebannt ist und angesichts ihrer Macht verstummt. Durch diese doppelte Bezogenheit des Ichs auf Dame und Gesellschaft wird die paradoxe Grundstruktur von Minnesang verschärft, was an die Grenzen der Möglichkeiten führt, über die die Gattung auf dieser strukturellen Ebene verfügt.

Mit diesem Stadium der Gattungsentwicklung ist - an der Wende vom 12.

22 C. Ortmann u. H. Ragotzky, Minnesang als "Vollzugskunst", S. 234.

zum 13. Jahrhundert - der Höhepunkt der sogenannten "klassischen" Phase erreicht. Mit dem Überschreiten der sichtbar gewordenen Gattungsgrenzen eröffnet Walther eine für das 13. Jahrhundert entscheidende Perspektive auf die Gattung Minnesang. Bevor wir im einzelnen auf Walther eingehen, möchten wir einen kurzen Einblick in die Forschung zur Situation des Minnesangs im 13. Jahrhundert geben.

Eine Gesamtdarstellung der Gattungsgeschichte des Minnesangs im 13. Jahrhundert steht bislang noch aus. Neben zahlreichen Einzeluntersuchungen gibt es einige mit etwas allgemeinerer Fragestellung, von denen wir die Arbeit "Minnesangs Wende"[23] von Hugo Kuhn, bzw. deren Nachwort "Aspekt des 13. Jahrhunderts" als immer noch grundlegend herausgreifen möchten. Im Anschluß daran sollen nur die beiden auf Kuhn aufbauenden Arbeiten von Inge Glier und Claudia Händl kurz vorgestellt werden.

Kuhns Arbeit ist ein früher Versuch, die an der Gattung Minnesang im 13. Jahrhundert zu beobachtenden Veränderungen zu beschreiben. Er operiert mit dem Begriff der Stilwende, der das 13. Jahrhundert generell als Übergang vom Hoch- zum Spätmittelalter kennzeichnet. Anhand übergreifender Stilkriterien ist es möglich, neue und eigene Bewertungsmaßstäbe für den Minnesang im 13. Jahrhundert zu entwickeln, die nicht das übliche Schema von Klassik und Epigonentum reproduzieren. Die literarische Situation des 13. Jahrhunderts ist geprägt durch einen großen Produktionszuwachs in der Sachprosa (geistliche Literatur, Laienrecht) und die breite Neu- bzw. Fortproduktion der fiktiven höfischen Ritterdichtung. Im Bereich der höfischen Artusepik macht sich ein Drang zur zyklischen Anlage bzw. zur stofflichen Vervollständigung oder Weiterdichtung und Ergänzung bemerkbar, während der Minnesang nahezu unverändert in Form und Inhalt bestehenbleibt.[24] An allen neuen und fortgeführten Literaturtypen (die hier nur in kleiner Auswahl aufgeführt wurden) sind nach Kuhn als Merkmale der Stilwende die Außen-

---

23 Hugo Kuhn, Minnesangs Wende, 2. Aufl., Tübingen 1967, hier insbesondere das Nachtragskapitel "Aspekt des 13. Jahrhunderts"; auch in der Fassung des Akademievortrags "Aspekte des 13. Jahrhunderts in der deutschen Literatur", in: ders., Entwürfe zu einer Literatursystematik des Spätmittelalters, Tübingen 1980, S. 1-18.

24 ebenda, S. 15.

perspektive, die Additions- oder Summenstruktur und die Tendenz zur Schriftlichkeit zu beobachten (insbesondere bei der Sachprosa und der sogenannten Literatenpoesie, die in enger Verbindung mit den neuen Zentren der volkssprachlichen Schriftkultur stehen). Außenperspektive bezeichnet einerseits das Erschließen neuer literarischer Realitäten, Situationen etc., also ein Überschreiten der höfischen Perspektive, und andererseits ein neues Selbstbewußtsein der Autoren. Sie haben ein neues Bewußtsein vom Wert der Gattung, ihrem literarischen Status, und dem Wert der Autorenschaft. Von diesem Standort aus verfügen sie bewußt über ihr jeweiliges Medium. Im Minnesang beispielsweise steht anstelle des persönlichen Leistungsappells an den Ritter im Gestus des "Wollens und Forderns" nun das Spielen mit der Gattung aus dem meisterlichen Anspruch des "Wissens und Könnens"[25]. Die Gattung ist verfügbar, ihre literarischen Möglichkeiten können mit spezifischen meisterlichen Interessen (bspw. formalästhetischen oder experimentellen) voll ausgeschöpft werden. Das neue Strukturprinzip der Addition und Summe zeigt sich besonders in Epik und Sachprosa im Nebeneinanderstellen von Rechts-Fällen, Episoden, Welten, aber auch im Minnesang, wo nun in verschiedensten Variationen 'realistische' Möglichkeiten der Freude-Darstellung gesucht und aneinandergereiht werden. Dementsprechend erfreuen sich die Typen des 'genre objectif' großer Beliebtheit, zumal sie in ihrer Perspektive dem neuen Blick von außen, dem Zug zur Objektivierung entsprechen.

Einen weiteren Versuch zum Minnesang des 13. Jahrhunderts hat Ingeborg Glier in ihrem Aufsatz über "Konkretisierung"[26] unternommen. Mit diesem Begriff versucht sie, ausgehend von Kuhns "Minnesangs Wende", die von ihm im Rahmen der Stilwende herausgearbeitete Objektivierungstendenz anders zu beschreiben. Glier spart "Probleme der Sprache und der Form weitgehend" aus und lenkt den Blick auf "die Gestaltung von Rollen, Situationen und Begriffen sowie die Tendenz zum genre objectif" (S. 151). Sie arbeitet ihre Beobachtungen an den Autoren Walther, Neidhart, Ulrich von Lichtenstein, dem Tannhäuser, Steinmar und Had-

---

25 ebenda, S. 16.

26 Ingeborg Glier, Konkretisierung im Minnesang des 13. Jahrhunderts, in: Franz H. Bäuml (Hg.), From Symbol to Mimesis, Göppingen 1984 (GAG, Nr. 368), S. 150-168.

laub heraus und versucht, anhand dieser Beispiele die verschiedenen - autorspezifischen - Möglichkeiten der Konkretisierung vorzuführen und diese als ein Zeichen der "fortschreitenden Entwicklungsstufen und [...] der Endphase einer Gattung" (S. 165) zu beschreiben. Glier geht es dabei nicht um die Darstellung der Gattungsentwicklung des Minnesangs im 13. Jahrhundert, sondern sie greift unter dem Stichwort 'Konkretisierung' ein Symptom dieser Entwicklung heraus. Angesichts der Disparatheit der ausgewählten Beispiele bleibt dabei zu fragen, ob sich der Begriff Konkretisierung als Perspektive eignet zur Beschreibung des von Glier untersuchten Phänomens.

Einen anderen methodischen Ansatz wählt Claudia Händl in ihrer Dissertation "Rollen und pragmatische Einbindung"[27]. Sie stellt die Ausgangsfrage, "[...] ob und wie sich die Wandlung des Minnesangs an der Wende zu seiner späthöfischen Ausprägung unter Berücksichtigung seines pragmatischen Rahmens beschreiben läßt" (S. 450). Ausgehend von Kuhns 'Stilwende' rückt sie dazu die Aufführungssituation in den Vordergrund und versucht, mithilfe der pragmatischen Linguistik insbesondere die von der Aufführung bestimmten Faktoren zu erfassen. Als Basis ihrer Untersuchungen zum 13. Jahrhundert stellt sie zunächst ein Kapitel zum klassischen Minnesang voran und bestimmt dessen Funktion als Diskussionsmedium rituellen Charakters zur Selbstreflexion und -bestätigung der höfischen Gesellschaft. Minnesang hat in diesem Sinne repräsentative Funktion, "bietet daneben aber auch Unterhaltung und Zerstreuung" (S. 77). Für das 13. Jahrhundert untersucht Händl - anhand einer breiten Textauswahl - insbesondere die pragmatische Einbindung der Lieder auf der Rezeptionsebene, um den "Präsentations- und Funktionsrahmen von Minnelyrik zu klären" (S. 450). Sie arbeitet dazu mit einem "Modell der Kommunikationssituation", einem Schema der verschiedenen Sprecher- und Angesprochenen-Rollen, und fragt nach dem "möglicherweise veränderten Stellenwert der Minnethematik und der gesellschaftlichen Gebundenheit der Lieder" (S. 450). Sie kommt dabei zu folgendem Ergebnis: Es zeichnen sich in der Entwicklung des Minnesangs nach Walther verschiedene Hauptlinien ab. Zum einen der bei Neidhart insze-

---

27 Claudia Händl, Rollen und pragmatische Einbindung. Analysen zur Wandlung des Minnesangs nach Walther von der Vogelweide, Göppingen 1987 (GAG, Nr. 467).

nierte Normbruch, der durch konsequenten Entzug der Identifikationsmöglichkeit für das Publikum auf ein "nachdrückliches Offenlegen der Fiktionalität" zielt und darauf hinweist, "daß sich die Fiktion hier bereits als 'literarischer' Verständniszusammenhang etablieren will" (S. 451). Zum anderen die schematische Gesellschaftskunst der schwäbischen Autorengruppe, die die pragmatische Einbindung der Texte kaum noch im Lied selbst thematisiert. "Die Wende von der Aufführung zum Vorführen von Verfügbarem ist vollzogen" (S. 452), die Verständigung von Sänger und Publikum läuft über literarische Kennerschaft. Für diese artistische Seite des Minnesangs wie auch für den Minnesang des Tannhäusers rückt Händl die Unterhaltungsfunktion in den Vordergrund. Dabei verweist die Einbeziehung des Publikums "[..] auf eine neue Qualität von Minnelyrik als höfische Unterhaltungsform, die sie nur durch den Verlust anderer Funktionen in diesem Ausmaß erreichen kann"(S. 455). Problematisch erscheint uns bei dieser These, daß der Unterhaltungsbegriff nicht klar genug umrissen ist, insbesondere nicht im Hinblick auf das Verhältnis von Unterhaltungs- und repräsentativer Funktion. Es bleibt offen, ob mit der von Händl bestimmten Unterhaltungsfunktion der Repräsentationswert der Gattung verlorengeht oder ob er sich möglicherweise gerade darin manifestiert.

Aus den vorgestellten Arbeiten zum Minnesang des 13. Jahrhunderts möchten wir einige Gesichtspunkte als wesentlich festhalten und die damit gegebenen literarischen Möglichkeiten der Gattung im folgenden exemplarisch anhand von drei Autoren präzisieren. Die von Kuhn beschriebene Außenperspektive, von der aus die Gattung selbst zum Thema wird und auf ihre Leistungsfähigkeit hin befragt werden kann, ist am besten bei Walther von der Vogelweide greifbar. Zur Vorführung eines autorspezifischen Experiments und des allgemein zu beobachtenden Anspruchs auf Kunstmeistertum möchten wir kurz auf Neidharts Minnesangkonzept eingehen. Schließlich soll am Beispiel Wolframs von Eschenbach die Etablierung des Tagelieds vorgeführt werden. Als neuer Liedtyp neben der hohen Minnekanzone ist damit eine besondere Diskussionsmöglichkeit auf der Typenebene eröffnet.

Anhand der literarischen Sonderstellung Walthers kann die neu gewonnene Außenperspektive und damit die entscheidendste Veränderung der Gattung am besten aufgezeigt werden. Walther bezieht eine Position außerhalb der Gattung und stellt die normativen Bedingungen für das Gelingen von Minnesang in Frage. Dazu arbeitet er mit einem völlig neuen Minne- und Minnesangkonzept. Er etabliert das Programm der *herzeliebe*, welches durch die beiden zentralen Forderungen der Beglückung und Gegenseitigkeit der Minnebindung gekennzeichnet ist. Die Dame muß bereit sein, reine *fröide* zu geben, damit Minne *wol tuon* kann. Sie wird damit aufgefordert, ihre bislang per Definition gesetzte *güete* zu realisieren. Auf diese Weise wird die Dame erstmals einer Beurteilung unterzogen: Ihre Qualität richtet sich nach dem von ihr zu erbringenden Erweis von *güete*. Ziel dieser Neudefinition der Dame ist die Möglichkeit reiner *fröide* auf der Minneebene und damit die Aufhebung des Minneparadoxes. Seinem Minnekonzept entsprechend fordert Walther auf der Ebene des Minnesangs die richtige Disposition der Gesellschaft. Wie die Dame, so kann auch die Minnesanggesellschaft gemessen werden an ihrer Fähigkeit zur Realisierung der gesetzten Normen: Sie wird aufgefordert, Bedingungen zu schaffen, die erfolgreichen Minnesang garantieren. Nur so kann im gemeinsamen Vollzug des Liedes *fröide* entstehen. Auf beiden strukturellen Ebenen wird damit das Prinzip der Wertsetzung abgelöst durch das der Wertverwirklichung. Letzteres gehört aber nicht dem höfischen, sondern dem universalethischen Normenbereich an, welcher literarisch nicht vom Minnesang, sondern von der Spruchdichtung repräsentiert wird[28]. Nach Ortmann/Ragotzky ist es für die Sonderstellung Walthers entscheidend, daß die neu gewonnene universalethische Perspektive literarisch gerade auf die Rolle des Spruchdichters fixiert wird. Walther nutzt die von der Spruchdichtung bereitgestellten Argumentationsmöglichkeiten und setzt sich davon ausgehend in Bezug zur Gattung Minnesang. Sie kann über diese literarische Außenperspek-

28 vgl. Christa Ortmann, Der Spruchdichter am Hof, in: Jan-Dirk Müller u. Franz Josef Worstbrock (Hg.), Walther von der Vogelweide, Stuttgart 1989, S. 17-35; dies., Die Kunst, *ebene* zu werben. Zu Walthers *Aller werdekeit ein füegerinne* (L. 46,32), in: Beiträge 103, 1981, S. 238-263; Gerhard Hahn, Möglichkeiten und Grenzen der politischen Aussage in der Spruchdichtung Walthers von der Vogelweide, in: Christoph Cormeau (Hg.), Deutsche Literatur im Mittelalter. Kontakte und Perspektiven. Hugo Kuhn zum Gedenken, Stuttgart 1979, S. 338-355.

tive neu diskutiert und beurteilt werden. Ziel des Verfahrens ist die Forderung an die höfische Gesellschaft, sich über eine den Hof umfassende, gesamtgesellschaftliche Norm neu zu legitimieren. Mit diesem Potential wird Minnesang aber zum Medium der Kritik: Das gesetzte höfische Selbstbild und der reale Zustand der Hofgesellschaft können messend aufeinander bezogen werden. Minnesang hat damit Maßstabsfunktion, eine Qualität, die den Rang der Gattung und insbesondere die Autorität des Sängers aufwertet. Für die speziell von Walther beanspruchte gleichzeitige Kompetenz als Minnesänger und Spruchdichter wird eine literarisch determinierte und daher verbindliche Perspektive auf die normative Verfaßtheit des Hofs geschaffen. Diese literarische, der Walther-Rolle vorbehaltene Außenperspektive ist ihrerseits von einem neuen Paradox geprägt: Die gewonnene Autorität ist gebunden an den inferioren Status des Spruchdichters. Für die Gesellschaft, deren Rechtmäßigkeit und Qualität sich an der Akzeptanz des maßstäblichen Minneprogramms Walthers und damit an der Integration dieses Sängers zeigt, konstituiert sich der Erweis von Identität also über ein paradox angelegtes Medium. Sie muß sich in Bezug auf eine gesamtgesellschaftliche Norm legitimieren, um höfische Idealität zu beweisen. Damit ist aber der entscheidend durch Walther bestimmte Funktionswandel von Minnesang beschrieben. Er ist gekennzeichnet durch die Frage nach den normativen Prämissen für das idealtypische Gelingen von Minnesang, d.h. für *fröide*-Vermittlung am Hof. Mit dieser neuen Dimension der Gattung - sie ist Medium der Hofkritik und hat auf diese Weise maßstäbliche Funktion - bekommt der Sänger eine Autorität zugewiesen, die den der Gattung immanenten Wert garantiert.

Das wesentlichste Resultat dieses sich mit Walther manifestierenden Rangs der Gattung ist die Aktivierung ihrer inhärenten politischen Bezeichnungsfähigkeit. Schon bei Reinmar ist dieses Potential erkennbar, für ihn charakteristisch aber innerhalb des Minnesangmodells.[29] Die Walther-Rolle dagegen eröffnet durch ihre literarische Außenperspektive die Möglichkeit, Adressaten des Lieds konkret anzusprechen und zu beurteilen. Mit dieser Qualität wird der Gattung im

29 vgl. dazu die Interpretation von C. Ortmann u. H. Ragotzky, Minnesang als "Vollzugskunst", S. 238 f.

Rahmen ihrer repräsentativen Funktion politische Relevanz zugewiesen. Diese Leistungsfähigkeit der Gattung zeigt sich bei Autoren des späteren 13. Jahrhunderts deutlicher als bei Walther selbst.

Der autorspezifische Umgang mit der Gattung läßt sich besonders gut am Beispiel Neidharts demonstrieren. Wir beziehen uns dabei auf den von Christa Ortmann, Hedda Ragotzky und Christelrose Rischer vertretenen Deutungsansatz[30]. Neidhart hat seinen Minnesang in besonders signifikanter Weise zu seinem Markenzeichen als Autor gemacht. Mit der Transposition der Minnesituation ins *dörper*-Milieu stellt er einen Sonderfall in der Gattungsentwicklung dar - mit weitreichenden Folgen: Die Ausprägung einer Neidhart-spezifischen Autorsignatur und der serielle Charakter seines Minnesangs sind grundlegend für die autorspezifischen Experimente im Minnesang des 13. Jahrhunderts. Neidhart siedelt die Minnewerbung im ländlichen Milieu der *dörper* an und macht ihre Realisierung von der im Natureingang vorgegebenen Jahreszeit abhängig: Über je spezifische Argumentationselemente konstituieren sich die beiden Typen Sommerlied und Winterlied[31]. Im Sommerlied agiert das Ich in der Rolle des *Riuwentalers*, eines heruntergekommenen Ritter-Sängers, der mit seinem unwiderstehlichen höfischen Sang die *dörper*-Mädchen beim Tanz unter der Linde verführt und insofern eine Störung der dörflichen Ordnung bewirkt. Die typische Inszenierungsform dieser Störung ist hier das Streitgespräch zwischen Mutter und Tochter. Im Winterlied ist die Werbung in der Stube situiert, wegen der übermächtigen und aggressiven Konkurrenz der *dörper* allerdings nicht erfolgreich. So

---

30 Christa Ortmann, Hedda Ragotzky, Christelrose Rischer, Literarisches Handeln als Medium kultureller Selbstdeutung am Beispiel von Neidharts Liedern, IASL Bd. 1, 1976, S. 1-29; s. auch Christelrose Rischer, Zum Verhältnis von literarischer und sozialer Rolle in den Liedern Neidharts, in: Christoph Cormeau (Hg.), Deutsche Literatur im Mittelalter. Kontakte und Perspektiven. Hugo Kuhn zum Gedenken, Stuttgart 1979, S. 184-210; und Hedda Ragotzky, Zur Bedeutung von Minnesang als Institution am Hof. Neidharts Winterlied 29, in: Gert Kaiser u. Jan-Dirk Müller (Hg.), Höfische Literatur - Hofgesellschaft - Höfische Lebensformen um 1200, Kolloquium am Zentrum für Interdisziplinäre Forschung der Universität Bielefeld (3.-5. Nov. 1983), Düsseldorf 1986, S. 471-489.

31 zu den die beiden Typen konstituierenden Argumentationselementen s. C. Ortmann, H. Ragotzky, C. Rischer, Literarisches Handeln, S. 23-28.

wie die Ich-Rolle durch ihre Aktivität im *dörper*-Milieu und die besonders im Winterlied zum Vorschein kommende soziale Defizienz (Armut) ambivalent angelegt ist, so zeichnen sich auch die *dörper* durch *ungevüegez*, ihre ständischen Grenzen in bedrohlicher Weise überschreitendes Verhalten aus: Sie imitieren in Kleidung und Haartracht höfische Sitten und maßen sich Privilegien wie das Tragen von Waffen an. Mit der Verlagerung des Minnegeschehens ins *dörper*-Milieu wird ein ständisches, antihöfisches Kontrastmilieu aufgebaut. Dieses für Neidhart spezifische Verfahren der Kontrastierung haben Ortmann/Ragotzky/Rischer als "Irritationstrategie"[32] beschrieben, mit der Publikumserwartungen aufgebaut und unterlaufen werden - durch die Übertragung der eigentlich höfischen Minnesituation ins *dörper*-Milieu, durch die Imitation höfischen Verhaltens bei den *dörpern*, durch die Bedrohlichkeit der mit dieser Imitation gerade lächerlichen *dörper* für den *Riuwentaler*, durch die selbst wiederum nicht dem ritterlichen Idealbild entsprechende Figur des *Riuwentalers*. Die Autorinnen deuten die Funktion dieses Verfahrens im Rahmen der Interaktion zwischen Autor und Publikum: Durch die Darstellung *ungevüegen* Minneverhaltens im *dörper*-Milieu und durch die Vorführung *ungevüegen*, kontrastiv zum hohen Minnesang angelegten Singens kann das Publikum Minne und Minnesang als exklusiv höfische Werte bestätigen. "Die *vuoge* als Intention des Liedes wird real und d.h. wirksam nur in der von der Irritationstrategie des Textes erzwungenen Deutungsaktivität des Publikums, das sich seiner sozialen und kulturellen Überlegenheit bewußt wird."[33] Im Gegensatz zu Walther bezieht sich Neidhart damit nicht auf ein den Hof übergreifendes Normverständnis, sondern reklamiert die im Medium Minnesang präsentierten Werte und den Minnesang als Medium der Wertediskussion als dem höfischen Bereich vorbehalten. Wie sehr sich Neidharts Minnesang explizit auch als "künstlerische Gegenposition zu Walther"[34] verstehen läßt, hat Christelrose Rischer betont: Der dörperliche Minnesang wird von Neidhart als die richtige und adäquate Form des Singens ausgewiesen[35]. Und wie Walther stellt auch Neidhart den Anspruch, daß dieser spezifische Min-

32 ebenda, S. 3 u. S. 9-12.
33 ebenda, S. 15.
34 C. Rischer, Zum Verhältnis, S. 190 f.
35 ebenda, S. 195.

nesang für die Hofgesellschaft von Bedeutung ist. Letzteres hebt besonders Hedda Ragotzky in ihrer Interpretation des Winterliedes 29 hervor. Dabei arbeitet sie auch den wesentlichsten Aspekt von Neidharts experimentellem Umgang mit der Gattung heraus: Sein Minnesang verfestigt sich zu einem Muster, zum '*dörper*-Sang', der zitiert und über einzelne Versatzstücke aufgerufen werden kann.[36] Er fungiert als Erkennungszeichen dieses spezifischen Autors. In der Folgezeit wird sich der Autorname in diesem besonderen Fall sogar als Typenbezeichnung - *ain Nîthart* - etablieren.[37]

Für die Gattungsdiskussion und insbesondere für die sich herausbildenden autorspezifischen Experimente im 13. Jahrhundert haben - neben literarischen Verfahren, wie sie am Beispiel Neidharts skizziert wurden - die Tendenz zum Genre objectif und die Verwendung verschiedener Liedtypen entscheidende Bedeutung. Durch Situationsänderung, Umbesetzung von Rollen oder neue Argumentationsmuster setzen sie spezifische Akzente und diskutieren das Minnemodell unter veränderter Perspektive. Am prägnantesten ist dies zu beschreiben anhand des Tagelieds. Durch seine geradezu spiegelbildliche strukturelle Anlage zum hohen Minnelied wird eine neue Diskussionsmöglichkeit für die zentralen Normen der höfischen Gesellschaft eröffnet.

Im Gegensatz zum hohen Minnelied setzt das Tagelied bei einer zeitlich und räumlich fixierten Situation an: dem morgendlichen Erwachen eines Minnepaars nach einer bei der Dame gemeinsam verbrachten Nacht. Diese Situation ist damit charakterisiert durch erfahrene *fröide*. Sie existiert aber auch im Tagelied nur paradox, das Minneglück ist - situationsbedingt - zeitlich begrenzt: Tageliedminne ist *tougen*, weshalb sich Ritter und Dame bei Tagesanbruch trennen müssen, um nicht ihr Leben bzw. ihre *êre* zu gefährden. In diesem Kontext hat der Moment des Abschieds zentrale Bedeutung. Er dient als Bewährungsmöglichkeit für das Minnepaar, zum Erweis ihrer Idealität. Die Mobilisierung höfischer Werte in diesem Abschied ist das eigentliche Ziel des Tagelieds.

Im deutschsprachigen Raum ist dieser Liedtyp entscheidend durch Wolf-

36 H. Ragotzky, Zur Bedeutung von Minnesang als Institution am Hof, S. 487 f.

37 Siegfried Beyschlag, Neidhart und Neidhartianer, VL, Bd. 6, Berlin - New York 1987, Sp. 871-893, hier Sp. 883.

ram von Eschenbach geprägt. Trat er vorher nur sporadisch bzw. als Diskussionsperspektive innerhalb des hohen Minnelieds auf (bspw. bei Morungen und Reinmar), so erhält er durch Wolfram ein neues Profil und steht im folgenden in seiner Fähigkeit zur Minne- und Wertdiskussion gleichberechtigt neben der Minnekanzone. Im Kontext der künstlerischen Profilierung der 'Meister' um 1200 macht Wolfram das Tagelied zum Träger seiner Minnekonzeption. Die Schwerpunkte seiner Gestaltung des Typs sind zum einen die Stilisierung des Tagesanbruchs zu einem lebensbedrohlichen, kriegerischen Angriff, zum anderen die Aufwertung der Abschiedssituation (*urloup*) angesichts dieser Bedrohung zu einem Akt höchster höfischer (ritterlicher) Bewährung und größtmöglicher Minneintensität, die alle Zeitgesetze für einen Moment außer Kraft zu setzen vermag, und schließlich die Etablierung der ambivalenten Rolle des Wächters, die er wohl der romanischen Tradition entnimmt. Der Wächter ist dem Minnepaar durch eine *triuwe*-Bindung zugeordnet und ermöglicht in dieser Funktion des Zusammentreffen, zugleich ist er aber auch Repräsentant der höfischen Gesellschaft. Auf diese Weise vermittelt er zwischen den Normbereichen Tag und Nacht, d.h. letztlich zwischen Legalität und Illegalität.
Die Rollenkonstellation Ritter - Dame - Wächter bietet den Autoren des 13. Jahrhunderts einen Ansatzpunkt für zahlreiche Tageliedexperimente[38]. Sie zeigen die Verfügbarkeit des Liedtyps und seine entscheidende Bedeutung für die Minnesangdiskussion: Er eröffnet durch prinzipiell erfahrbare *fröide* eine völlig neue Perspektive auf die Frage nach der *fröide*-Leistung von Minnesang.

Mit Walthers literarischer Außenperspektive, Neidharts *dörper*-Sang und der Etablierung des Tagelieds als festen Typ neben der Minnekanzone haben wir einzelne Facetten des Minnesangs des 13. Jahrhunderts herausgegriffen, die neue literarische Möglichkeiten der Gattung verdeutlichen. Diese Phase der Gattungsentwicklung möchten wir unter dem Begriff der 'Literarisierung' zusammenfassen: Als qualitativ neue Aspekte lassen sich die literarische Aufwertung der Gattung und die Verlagerung

38 z.B. Ulrich von Lichtenstein (Standesproblem des Wächters) oder Ulrich von Winterstetten (programmatische Nutzung der Tageliedkonstellation in der Vorführung idealtypischer Tageliedminne).

der Diskussion von der normativen auf die literarische Ebene hervorheben. Das Selbstverständnis von Autor und Publikum konstituiert sich nun vorwiegend über Meistertum und Kunstkennerschaft.
Mit dem Stichwort 'Literarisierung' läßt sich auch die andere zentrale Tendenz der literarischen Entwicklung des 13. Jahrhunderts beschreiben: der buchliterarische Status des volkssprachlichen Liedes. Gegen Ende des 13. Jahrhunderts, Anfang des 14. Jahrhunderts sind die drei im oberdeutschen Raum entstandenen Liederhandschriften A, B und C zu datieren: A im späten 13. Jahrhundert mit Nachträgen zu Beginn des 14. Jahrhunderts, B um 1300 oder, nach einer neuen kunsthistorischen Hypothese[39], im 2. Jahrzehnt des 14. Jahrhunderts, C am Anfang des 14. Jahrhunderts inklusive Nachträge bis um 1330. Die Kodifizierung des volkssprachlichen Liedes setzt jedoch, wie aus der verstreuten Liedüberlieferung in älteren Handschriften und aus den teilweise rekonstruierbaren Vorlagen der Liederhandschriften zu erschließen ist, bereits ab 1230 ein. Der Prozeß der Kodifizierung verläuft also zeitlich parallel zur Gattungsentwicklung, läßt sich allerdings, wie die in den Haupthandschriften gänzlich fehlende und ansonsten nur verstreut erhaltene Aufzeichnung der Melodien zeigt, nicht mehr unmittelbar an die Praxis der Aufführung zurückbinden. Damit sind wir beim Ausgangspunkt unserer Überlegungen angelangt: Die Überlieferung des Minnesangs im Medium des Buchs signalisiert einen Wandel des Gebrauchs. Die Liederhandschriften A, B und C, die einen Großteil der heute bekannten mittelhochdeutschen Liedkunst tradieren, repräsentieren den Typ 'Sammelhandschrift': Alle drei überliefern mit deutlichem Schwerpunkt das Minnelied, alle drei arrangieren den Liedbestand - mit Abweichungen - nach dem Autorprinzip und lassen ähnliche Gesetzmäßigkeiten in der Anordnung der Autoren erkennen, B und C sind außerdem mit Miniaturen ausgestattet. Unter diesen Gesichtspunkten - Bestand, Ordnungsprinzipien, Ausstattung - möchten wir die aus den Handschriften erschließbaren Kriterien des Sammelns,

39 Codex Manesse. Die Miniaturen der Großen Heidelberger Liederhandschrift, hg. u. erl. v. Ingo F. Walther unter Mitarb. v. Gisela Siebert, Frankfurt 1988, S. XXXI f.; Lieselotte E. Saurma-Jeltsch, Das stilistische Umfeld der Miniaturen, in: Codex Manesse. Katalog zur Ausstellung v. 12. Juni bis 4. Sept. 1988, UB Heidelberg, hg. v. Elmar Mittler u. Wilfried Werner, S. 302-349, hier S. 342 f.

die in der Forschung gut dokumentiert sind, kurz zusammenstellen und dabei versuchen, 'Sammeln' als Gebrauchswandel zu beschreiben. Wir beziehen uns vorwiegend - neben den Kommentarbänden zu den Faksimile-Ausgaben der einzelnen Handschriften und dem Katalog zur Heidelberger Ausstellung 1988[40] - auf die neueren Forschungsansätze zur Überlieferungsgeschichte: wiederum auf Hugo Kuhns Manesse-Aufsatz, auf die Untersuchungen Gisela Kornrumpfs[41] und hinsichtlich der Miniaturen auf den Vortrag Michael Curschmanns[42].

Die drei Sammelhandschriften unterscheiden sich grundsätzlich in ihrem Bestand: A sammelt wie C verschiedene Gattungen und Typen, neben dem hohen Minnelied auch Tagelieder, "neidhartisches Genre" - Lieder in der Neidhart-Tradition - sowie Spruchdichtung und Leich, Parodie und Polemik; die Handschrift konzentriert sich allerdings im Unterschied zu C zeitlich auf frühe 'Nachklassik'[43]. B beschränkt sich im Kernbestand fast ausschließlich auf das hohe Minnelied und Kreuzlied, sammelt, wie Gisela Kornrumpf andeutet[44], vielleicht sogar gattungsrestriktiv, nimmt allerdings im Anhang auch Neidhartiana, Spruchdichtung, Lehrgedichte,

---

40 Die Kleine Heidelberger Liederhandschrift cod. pal. germ. 357 der UB Heidelberg. [1] Faksimileausgabe, [2] Einführung v. Walter Blank, Wiesbaden 1972;
Die Weingartner Liederhandschrift. [1] Faksimileausgabe, [2] Textband, mit Beitr. v. Wolfgang Irtenkauf, Kurt H. Halbach, Renate Kroos, Otfrid Ehrismann (Transkription), Stuttgart 1969;
Codex Manesse. Die Große Heidelberger Liederhandschrift. [1] Vollständiges Faksimile des Codex Palatinus Germanicus 848 der Universitätsbibliothek Heidelberg, mit Interimstexten v. Ingo F. Walther, Frankfurt 1975-1979, [2] Kommentar, hg. v. Walter Koschorreck u. Wilfried Werner, Kassel 1981;
Codex Manesse. Katalog zur Ausstellung v. 12. Juni bis 4. Sept. 1988, UB Heidelberg, hg. v. Elmar Mittler u. Wilfried Werner.

41 Gisela Kornrumpf, Die Anfänge der Manessischen Liederhandschrift, in: Deutsche Handschriften 1100-1400. Oxforder Kolloquium 1985, hg. v. Volker Honemann u. Nigel F. Palmer, Tübingen 1988, S. 279-296; dies., Heidelberger Liederhandschrift A, VL, Bd. 3, Berlin - New York 1981, Sp. 577-584; dies., Heidelberger Liederhandschrift C, ebenda, Sp. 584-597.

42 Michael Curschmann, Pictura laicorum litteratura? Überlegungen zum Verhältnis von Bild und volkssprachlicher Schriftlichkeit im Hoch- und Spätmittelalter, Vortrag, gehalten in Konstanz am 6. 7. 1989, im Druck. Freundlicherweise hat uns Michael Curschmann sein Vortragsmanuskript zur Verfügung gestellt.

43 zusammengestellt bei G. Kornrumpf, Heidelberger Liederhandschrift A, Sp. 579 f.

44 G. Kornrumpf, Anfänge, S. 291, Anm. 42.

Geistliches und am Ende eine Minnelehre auf und bildet einen zeitlichen Schwerpunkt auf frühem Minnesang und 'Klassik'[45]. C schließlich sammelt wie A ein breites Spektrum von Liedtypen sowie verschiedene Gattungen und bezieht ohne Einschränkung sowohl den frühen Minnesang als auch den des gesamten 13. Jahrhunderts bis in die Gegenwart der handschriftlichen Aufzeichnung mit ein, wie die Nachträge zum Grundstock zeigen[46]. A und B lassen sich damit als Anthologien bestimmen, als bewußte Auswahl mit zeitlicher Schwerpunktbildung, C hat dagegen den Anspruch, die volkssprachliche Liedkunst als Ganzes zu präsentieren.

Alle drei Handschriften ordnen den Liedbestand nach Autoren. Für die Existenz anderer, sachbezogener Überlieferungstypen, die erst später im 15. Jahrhundert gut zu greifen sind, gibt es im 13. Jahrhundert nur Indizien, wie Hugo Kuhn am Beispiel der Carmina Burana und besonders der rekonstruierbaren Vorlagen der Liederhandschriften demonstriert[47]. Denn während C das Autorprinzip bis in die Nachträge durchhält, bieten A und B ein uneinheitlicheres und diffuses Bild. Die Ungenauigkeiten und 'fehlerhaften' Zuordnungen in der Hs. A haben Hugo Kuhn und Gisela Kornrumpf als Beleg für eine erst allmählich sich abzeichnende Dominanz des Autorprinzips bei der Sammlung von Minneliedern gewertet[48]. Ausgangspunkt ihrer Argumentation ist die Beobachtung, daß A mit einer Gruppe relativ kompakter Autorcorpora beginnt, daß dann aber im zweiten Teil viel Fragmentarisches folgt und es zu doppelt angelegten Autorcorpora unter leicht variierten Namensformen kommt. Auch die Zuschreibungsdivergenzen gegenüber C häufen sich, was besonders exzessiv für die Niune-, Gedrut- und Leuthold von Seven-Sammlungen gilt. Kuhn schließt aus diesem disparaten Bild auf von A rezipierte Vorstufen, die das Autorprinzip noch in unterschiedlichem Maß verwirklichen; Kornrumpf hat dies präzisiert: sie führt die Ungenauigkeiten des zweiten Teils auf eine Änderung der Konzeption

---

45 zusammengestellt bei Lothar Voetz, Überlieferungsformen mittelhochdeutscher Lyrik, in: Codex Manesse. Katalog zur Ausstellung v. 12. Juni bis 4. Sept. 1988, UB Heidelberg, hg. v. Elmar Mittler u. Wilfried Werner, S. 224-274, hier S. 235.

46 zusammengestellt bei G. Kornrumpf, Heidelberger Liederhandschrift C, Sp. 588 f.

47 H. Kuhn, Manessesche Handschrift, S. 90-92.

48 ebenda, S. 92-94; G. Kornrumpf, Heidelberger Liederhandschrift A, Sp. 580-582.

gegenüber der Vorlage *AC zurück; *AC hat im Anschluß an die einleitenden Autorcorpora einen "gemischten Anhang" enthalten - "[...] eine nicht primär am Oeuvre-Begriff orientierte, nicht streng nach Autoren geordnete und z.T. wohl namenlose Sammlung älteren [...] und jüngeren Minnesangs [...]"[49]; erst A oder die A unmittelbar zugrundeliegende Vorlage *A hat diesen "gemischten Anhang" zu Autorcorpora umgeordnet und dabei die anonymen oder jeweils unmittelbar mit einem Namen überschriebenen Lieder unter eine gemeinsamen Autornamen subsumiert. Die Niune-, Gedrut- und Leuthold von Seven-Sammlungen sind deshalb, wie Kornrumpf vermutet[50], nicht auf Repertoirehefte von Fahrenden zurückzuführen, sondern als direktes Produkt dieser Neukonzeption nach dem Autorprinzip anzusehen. So läßt sich an A verfolgen, was B und C dann dokumentieren: die Durchsetzung des Autorprinzips bei der Kodifizierung des volkssprachlichen Liedes gegenüber anderen Sammlungstypen. Während nun B im Anschluß an die 25 mit dem Autornamen überschriebenen Textcorpora des Kernbestandes noch weitere Abteilungen ohne namentliche Kennzeichnung enthält, rubriziert C alle aufgezeichneten Texte unter dem - wohl teilweise erfundenen - Autornamen. Auch für die Nachträge gilt hier ausnahmslos das Autorprinzip; Ansätze zu einer alternativen Systematisierung, wie sie aus A zu erschließen und in B am Ende greifbar sind, lassen sich nicht mehr erkennen. In diesem Zusammenhang ist die im Vergleich zu B und ganz besonders zu A viel differenziertere und vorausschauendere Anlage der einzelnen Autoroeuvres von Bedeutung: C beginnt jedes Autorcorpus auf einer neuen Seite; die Handschrift läßt nicht nur Zwischenraum für die Komplettierung einzelner Strophen, sondern meist auch Platz für zusätzliche Lieder am Ende des Oeuvres. Die Redaktoren beziehen den Sammelvorgang unter dem Aspekt des Autorprinzips zunehmend in die handschriftliche Gestaltung mit ein.

Kuhn bringt die Durchsetzung des Autorprinzips mit der um 1230 in der gesamten volkssprachlichen Literatur einsetzenden Rezeption der 'Meister' und dem sich damit abzeichnenden neuen Selbstverständis, dem

49 ebenda, Sp. 581.
50 ebenda, Sp. 582.

Meistertum, in Verbindung: "[...] ganze Künstler-Generationen empfinden sich als Nachfolger, als 'Nach-meister', und statuieren eben damit erst ihre Vorbilder zu Autoritäten, zu Klassikern, zu 'Meistern'."[51] Die Tatsache, daß die Liederhandschriften - mit Ausnahme von C - ihren zeitlichen Schwerpunkt auf frühem Minnesang und 'Klassik' setzen, läßt, so Kuhn, "[...] eine Kanonisierung von 'alten Meistern' bis etwa 1230 [...]"[52] erkennen. Aufschlußreich für diese Kanonbildung ist der unterschiedliche Aufbau der Handschriften, der Anthologien A und B gegenüber der Gesamtdokumentation C: Die Folge der Autoren eröffnen in A - wie erst Kornrumpf hervorhebt[53] - die beiden "*sanges meister*" Reinmar (inklusive dessen Namensvettern Reinmar der Fiedler und Reinmar der Junge) und Walther, daran schließen dann Morungen, Singenberg und Rubin an sowie der auf die Neukonzeption des 'gemischten Anhangs' von *AC zurückzuführende zweite Teil, der das Autorprinzip erst im Anfangsstadium verwirklicht. In B steht Kaiser Heinrich am Anfang, auf ihn folgen Rudolf von Fenis und - nicht nach ständischer Hierarchie geordnet - Autoren des hohen und frühen Minnesangs, am Ende Walther von der Vogelweide und im Anschluß daran der anonyme Anhang. C präsentiert schließlich einen in ständischer Hierarchie aufgebauten Ordo von Autoren: Wie in B eröffnet Kaiser Heinrich die Sammlung, auf ihn folgen in ständischer Rangordnung - mit vielen Ungenauigkeiten besonders in der Mitte der Handschrift - Könige, Herzöge, Markgrafen, Grafen und die große Gruppe der Herren, bunt durchmischt mit titellosen Autornamen, mit denen die Sammlung nach der Gruppe der Meister dann auch schließt: Spervogel, Boppe, Der Litschower, Der Kanzler. Unter Bezugnahme auf Hadlaubs Manesse-Strophen arbeitet Kuhn heraus, daß hier das Meistertum und nicht der ständische Rang der Autoren den Liedern ihren Wert verleiht, die ständische Anordnung allerdings den "zeremoniellen Repräsentationswert", den die Liedkunst hier für die Sammler besitzt, zur Geltung bringt[54]. Während A mit der Spitzenstellung Reinmar/Walthers den literarischen Rang und B mit derjenigen Kaiser Heinrichs auch den repräsentativen Wert der Liedkunst betonen,

51 H. Kuhn, Manessesche Handschrift, S. 97.
52 ebenda, S. 98.
53 G. Kornrumpf, Heidelberger Liederhandschrift A, Sp. 580.
54 H. Kuhn, Manessesche Handschrift, S. 105.

beide jedoch als Anthologien nur eine Auswahl bieten, bringt C mit dem ständisch-hierarchisch aufgebaute Ordo von Autoren die Gesamtheit der volkssprachlichen Liedkunst der Laien zur Darstellung, als Manifestation des Meistertums, und dokumentiert so deren Geltungsanspruch.
Auf ein weiteres Ordnungsprinzip, das sich deutlich am Aufbau der Hs.B samt Nachträge zeigt, das für *AC als die Vorlage von A zu postulieren ist und das auch die Reihenfolge der Autoren in C bestimmt, hat Gisela Kornrumpf hingewiesen: die gattungshierarchische Folge Minnesang - Neidhartiana - Spruchdichtung[55]. In einer detaillierten Untersuchung der Hs.C, deren Argumentation hier nicht im einzelnen nachvollzogen werden kann, deren Ergebnisse jedoch kurz genannt seien, hat Kornrumpf aufgedeckt, daß sich C nicht nur in einen Grundstock von 110 Autoren, der das Bild einer relativ einheitlichen Konzeption vermittelt, und in Nachträge (30 weitere Autoren und viele Ergänzungen zu den einzelnen Oeuvres) unterteilt, sondern daß sich aus dem Grundstock eine - von ihr sogenannte - 'Ursammlung' herauslösen läßt.[56] In der auf acht Autoren begrenzten Ursammlung zeichnet sich die Verwandtschaft der Hs.C mit der Hs.B deutlich ab: Wie in B folgt hier auf Kaiser Heinrich Graf Rudolf von Fenis-Neuenburg, für fünf der acht Autoren läßt sich eine B-ähnliche Quelle ermitteln[57]. Die Konzeption der Ursammlung weicht stark von der des Grundstocks ab: alle Autoren sind Minnesänger; zwar finden sich in deren Oeuvre, anders als in B, auch Tagelieder, ein Leich und in geringem Maße 'Neidhartisches', aber Spruch, Lehrgedicht und Geistliches fehlen - Gattungen, die, so Kornrumpf, zum Repertoire von Berufsmeistern und Fahrenden gehören[58]; sie finden dann im Grundstock eine rela-

---

55 G. Kornrumpf, Heidelberger Liederhandschrift A, Sp. 581; dies., Heidelberger Liederhandschrift C, Sp. 593.
Die Unterscheidung zwischen Minnesang und Neidhartiana bezieht sich hier nicht auf eine strukturell bedingte Differenz; von ihrer Struktur her lassen sich die Lieder Neidharts bzw. der Neidhart-Tradition als der Gattung Minnesang zugehörig identifizieren. Zur Problematik der Typenbezeichnung 'Neidhart' s. Hans Becker, Die Neidharte. Studien zur Überlieferung, Binnentypisierung und Geschichte der Neidharte der Berliner Handschrift germ. fol. 779 (c), Göppingen 1978 (GAG, Nr. 255), bes. S. 10 f.

56 G. Kornrumpf, Anfänge, S. 288.

57 ebenda, S. 290.

58 ebenda, S. 292.

tiv breite Aufnahme. An der Existenz und Zusammensetzung der Ursammlung und an ihrer Differenz zur Grundstock-Konzeption lassen sich nach Kornrumpf die Gesetzmäßigkeiten, die aus der Geschichte der Liedüberlieferung zu erschließen sind, beobachten: Die Kodifizierung des volkssprachlichen Liedes setzt gattungsspezifisch mit dem Minnelied ein, von ihm geht der Anstoß zu einer systematischen Sammlung der volkssprachlichen Liedkunst aus, der dann auch Spruchdichtung, Lehrgedichte, Geistliches u.a. umfaßt.[59] Kornrumpf schließt mit der These, "[...] daß sich in der Entstehungsgeschichte des Manesse-Codex die Geschichte der Liedüberlieferung gewissermaßen im Zeitraffer wiederholt: Wurde zunächst tatsächlich nur eine in sich geschlossene, schmale Minnesänger-Anthologie höchsten Anspruchs, die 'Ursammlung', geschrieben und rubriziert, so wäre von ihrer repräsentativen Konzeption einerseits [...] und von der reichen, vielgestaltigen "Bibliothek" der Manesse andererseits der Anstoß gekommen, eine umfassende Sammlung der Lieddichtung von den Anfängen bis in die eigene Gegenwart zu veranstalten, [...]"[60]. Was sich bei der Liedanordnung nach dem Autorprinzip zeigt, gilt auch für die Gesamtkonzeption der Handschrift: die Tendenz, den Sammelprozess in die handschriftliche Konzeption miteinzubeziehen. Ab der zehnten von insgesamt 38 Lagen (inklusive Nachtragslagen) werden, wie Kornrumpf hervorhebt[61], die Autorcorpora bis auf wenige Ausnahmen so verteilt, daß sie nicht mehr über die Grenzen der einzelnen Lagen hinausgehen; spätere Einschübe und Umordnungen sind auf diese Weise leichter möglich. Während in der Vorlage *AC und in der Hs.B die gattungshierarchische Anordnung indirektes Ergebnis des Sammelprozesses ist und die unterschiedliche Wertschätzung der einzelnen Gattungen dokumentiert, bildet sich anscheinend in C ein Bewußtsein dieser gattungshierarchischen Folge aus. In dieser Hinsicht ließe sich Kornrumpfs These, daß der Übergang von der Ursammlung zum Grundstock die Geschichte der Kodifizierung "im Zeitraffer" nachzeichnet, ergänzen: Neben die Gattungshierarchie tritt die ständische Hierarchie der Autoren, beide Prinzipien überlappen sich. Die

59 ebenda, S. 294.
60 ebenda, S. 295.
61 ebenda. Zur Aufteilung der Lagen in C s. die Interimstexte zum Faksimile v. I.F. Walther, Frankfurt 1975-1979.

Folge Minnesang - Neidhartiana - Spruch wird damit als bewußtes Aufbauprinzip des Codex identifizierbar.
Einen ganz anderen Aspekt der Kodifizierung rückt Michael Curschmann ins Blickfeld: Er fragt nach dem Zusammenhang zwischen der Bebilderung volkssprachlicher Handschriften im 13. und 14. Jahrhundert und dem Prozeß der Literarisierung. Diesen Gesichtspunkt der Ausstattung der Handschriften möchten wir zum Abschluß thematisieren, uns also auf die Miniaturen der Handschriften B und C beschränken und die kunstvollen Initialen, die ebenso wie die Miniaturen den kostbaren Status des Buchs signalisieren[62], vernachlässigen. Curschmanns Vortrag knüpft an einen früheren Aufsatz zum Thema Mündlichkeit - Schriftlichkeit - Bildlichkeit[63] an, in dem er die Gebrauchssituation von Handschriften an zumeist epischen Beispielen zu fassen versucht und Lektüre als "Gemeinschaftserlebnis", "[...] als (gemeinsames) Ansehen, Lesen und Erläutern [...]" bestimmt[64]. Er weist am Ende auf die Bedeutung, die das Bild in dieser neuen Gebrauchssituation besitzt, hin: "[...] zum Umgang mit dem Text gehört mehr und mehr auch das Bild, und zwar schon von der Konzeption des Textes selbst her. Das Aufkommen der Illustration weltlicher Texte hängt an der Wurzel irgendwie zusammen mit dem Aufkommen der Schriftlichkeit im Rahmen der höfischen Laienkultur, und dem Bild fällt dabei zugleich vermittelnde und bindende Funktion zu"[65].
In dem Vortrag "Pictura laicorum litteratura?" präzisiert Curschmann dieses Zusammenwirken von Bild und Text. Ansatzpunkt seiner Argumentation ist eben jener im Titel genannte kirchliche Lehrsatz, daß das Bild als Lektüreersatz für den Laien fungiert. Den unmittelbaren Realitätsbezug dieses Satzes stellt Curschmann prinzipiell in Frage: Weder können bildliche Darstellungen, z.B. der Heilsgeschichte, diese Ersatzfunktion einlösen - sie bleiben in ihrem Erkenntniswert ohne zusätzliche Erklärungen für den Laien begrenzt; noch lassen sie sich auf diese

62 zu den Initialen der Hs.C s. Hellmut Salowsky, Initialschmuck und Schreiberhände, in: Codex Manesse. Katalog zur Ausstellung v. 12. Juni bis 4. Sept. 1988, UB Heidelberg, hg. v. Elmar Mittler u. Wilfried Werner, S. 423-439.

63 Michael Curschmann, Hören - Lesen - Sehen. Buch und Schriftlichkeit im Selbstverständnis der volkssprachlichen literarischen Kultur Deutschlands um 1200, Beiträge 106, 1984, S. 218-257.

64 ebenda, S. 251 u. 253.

65 ebenda, S. 256.

Ersatzfunktion reduzieren - sie vermitteln mindestens gleichwertig das "Bewußtsein numinoser Gegenwärtigkeit"[66]. Curschmann sieht die Bedeutung des Satzes vom Bild als Laienlektüre in dessen metaphorischem Aussagegehalt: Am Beispiel der altfranzösischen illustrierten Handschrift des Alexiusliedes dokumentiert er, daß sich dieser Satz hier auf den volkssprachlichen Bild-Text-Komplex als Ganzes bezieht. Seine Folgerung: "[...] volkssprachlich verschriftlichte Legende ist litteratura laicorum und gehört damit in dieselbe erkenntnistheoretische Kategorie wie traditioneller Weise pictura. Oder anders gesehen: das Stichwort pictura definiert wirkliche Literatur als begrenztes Mittel höherer Erkenntnis; [...]"[67]. 'Pictura' als Oberbegriff für die volkssprachliche Literatur der Laien - unter dieser heuristischen Vorgabe fragt Curschmann, nun spezifisch auf die volkssprachliche Liedkunst bezogen, nach der Funktion, die das Bild im Übergang von der Aufführungspraxis zum Buch als einer veränderten Form des Gebrauchs besitzt. Er geht von dem Sachverhalt aus, daß sich u.a. die Bildersprache der Manesse-Miniaturen erst im Gefolge der Verschriftlichung der Lieder - mit dem Entstehen der Sammelhandschrift - herausbildet[68]. Sowohl das Bildprogramm der Hs.C als auch der Hs.B thematisiert das Verhältnis von Mündlichkeit und Schriftlichkeit, besonders häufig mit der Schriftrolle als Attribut des Sängers, die, so Curschmann "[...] allgemein Dichtung als liedhafte Aufführungskunst [...]" assoziiert[69]. Curschmann zieht nun eine sehr aufschlußreiche Parallele zur kirchlichen Ikonographie: Der rotulus ist dort den Vertretern einer kirchlich nicht anerkannten Lehre beigegeben, das Buch dagegen den Evangelisten u.a., deren Lehre kanonische Geltung und Dauerhaftigkeit beansprucht. Diese Differenz wird durch das Illustrationsprogramm der Liederhandschriften und durch den Codex selbst als "[...] das Buch, in dem nun die Texte als Repräsentanten einer mündlichen Vortragskultur gemeinsam kanonisch verschriftlicht sind"[70], vergegenwärtigt. Das Bild-

66 M. Curschmann, Pictura, Vortragsmanuskript (S. 6).

67 ebenda, (S. 11).

68 ebenda, (S. 13). Bezeichnenderweise hat Lieselotte Saurma-Jeltsch die Entwicklung dieser in ihrem Stil sehr eigenständigen Bildersprache als 'Kompilation' beschrieben, s. dies., Das stilistische Umfeld der Miniaturen, S. 311-314.

69 M. Curschmann, Pictura, (S. 16).

70 ebenda, (S. 18).

programm der Hs.C macht zusätzlich - in der Miniatur Alram von Grestens - einen Gattungsunterschied bewußt: Der Lanzelot-Roman ist hier bereits als Buch abgebildet, während die Gattung Minnesang im Illustrationsprogramm noch als mündliche Vortragskultur dargestellt wird und ihr buchliterarischer Status nur durch den Liedercodex selbst zum Ausdruck kommt. Die Bilder, so Curschmanns Fazit, dokumentieren hier den ursprünglichen Lebensraum der Texte: Bild und Text fungieren "[...] als komplementäre Sinnträger, deren übergreifende gemeinsame Bedeutung sich erst im gesellschaftlichen Umgang audiovisuell enthüllt."[71] Die Bebilderung der Handschriften signalisiert mit der Vergegenwärtigung des Lebensraums der Texte, daß die schriftliche Aufzeichnung hier nicht mehr unmittelbar - z.B. in Form eines Vortragsmanuskripts - an die Aufführungspraxis gebunden ist, und macht damit den Buchstatus des volkssprachlichen Liedes erst eigentlich explizit. Über die metaphorische Verwendung des 'pictura'-Begriffs, mit dem die 'litteratura laicorum' als Buchliteratur beschrieben werden kann, läßt sich so bestimmen, welchen funktionalen Stellenwert die kostbare Ausstattung der Handschriften mit Illustrationsprogrammen für den Prozeß der Literarisierung besitzt.
Die verschiedenen Aspekte der Kodifizierung möchten wir abschließend zusamenfassen und dabei unser Verständnis von Sammeln als Gebrauchswandel präzisieren.
Hugo Kuhn und Gisela Kornrumpf haben zwei unterschiedliche, einander ergänzende Prinzipien des Sammelns aufgezeigt: die Zentrierung auf den Autor - gesammelt wird unter der Perspektive des Meistertums, aus einem kunstmeisterlichen Interesse am Lied; und die Präferenz der Gattung Minnesang - der höchste Kunstanspruch ist an diese Gattung gebunden und gilt erst sukzessive für andere volkssprachliche Gattungen, für Neidhartiana und Spruch. Die Überlieferung läßt sich als Kanonisierung meisterlicher Liedautoren kennzeichnen; der Begriff des Meistertums ist dabei zunächst auf die Vertreter der Gattung Minnesang fixiert. Michael Curschmann hat einen anderen Aspekt dieser Kanonisierung herausgearbeitet: den der kanonischen Geltung. Mit der schriftlichen Aufzeichnung im Buch ist die volkssprachliche Liedkunst, wie die Komplementarität von Bild und Text zeigt, der Mündlichkeit entzogen. Curschmanns

71 ebenda, (S. 19).

Parallele zwischen dem Illustrationsprogramm der Liederhandschriften und der kirchlichen Ikonographie deutet an, daß hier eine Buchvorstellung zum Tragen kommt, die der klerikalen Schriftkultur entstammt: Buchliteratur als dauerhafter, schriftlich fixierter, aus dem mündlichen Gebrauch gelöster Kanon mit Geltungsanspruch.

In Absetzung von Curschmann, der vom Buch "[...] als Besitz und als Objekt gesellschaftlichen Umgangs [...]"[72] ausgeht und diesen gesellschaftlichen Umgang audiovisuell als gemeinsames Sehen und Hören des zumeist illiteraten Laien bestimmt, möchten wir den Status des Buchs als "opus imperfectum" (Kuhn) stärker gewichten: Aus dem Buch als "opus imperfectum" läßt sich eben auch 'Sammeln' als produktiver Umgang mit der volkssprachlichen Liedkunst rekonstruieren. Der Ansatz, daß den Liederhandschriften eine klerikale Buchvorstellung zugrundeliegt, eröffnet dann eine weiterführende Perspektive zur Beschreibung des Sammelvorgangs selbst: Zu fragen ist, inwieweit dieser schriftlich fixierte Kanon als Manifestation des Meistertums nun auch Gegenstand der Auslegung ist bzw. inwieweit der Akt des Sammelns als Kanonisierung meisterlicher Liedkunst auch eine Interpretationsleistung impliziert.

Der knappe Vergleich der Handschriften hat den besonderen Status, den die Hs.C innerhalb der Liedüberlieferung besitzt, verdeutlicht: C bezieht die Prinzipien des Sammelns - die Anlage von Autorcorpora und die gattungshierarchische Folge der Autoren - vorausschauend und bewußt in die handschriftliche Konzeption mit ein; in C findet sich mit Hadlaubs Manesse-Lied die einzige explizite Thematisierung des Sammelns und Reflexion über den Buchstatus des volkssprachlichen Liedes; C besitzt außerdem eine Vorstellung des Meistertums - die Gruppe der *meister* gegen Ende der Sammlung, die sich weder nahtlos in die ständische noch gattungshierarchische Anordnung integrieren läßt, bezeichnet den Typ des kunstmeisterlichen Literaten in Anlehnung an den des 'alten Meisters', wie die in sich wiederum gattungshierarchisch gestaffelte Autorenfolge *meister* Gottfried von Straßburg - *meister* Johannes Hadlaub - *meister* Konrad von Würzburg - *meister* Friedrich von Sonnenburg - *meister* Sigeher - Der wilde Alexander - *meister* Rumslant (nur Grundstockautoren) bezeugt. Mit diesem Bewußtsein der Buchexistenz und des Mei-

72 ebenda, (S. 12).

stertums bietet die Hs.C einen spezifischen Zugang zum Minnesang unter der Perspektive des Sammelns. C gliedert sich in Autorcorpora. Dabei wird jeder Autor zunächst durch eine Miniatur präsentiert: Sie steht jeweils dem Textcorpus voran, ist unmittelbar mit dem Namen des Autors überschrieben und enthält fast immer auch ein Wappen als zugleich ständisches und personenbezogenes Identitätsmerkmal. Diesen Aspekt der Illustration möchten wir, anders als Curschmann, ins Zentrum rücken: Die Miniatur vermittelt jeweils ein spezifisches 'Autorbild'. Komplementär dazu wird auch auf der Ebene des Textes - und das ist unsere These - ein solches 'Autorbild' durch den Akt des Sammelns festgelegt: Das Oeuvre als Liedsammlung soll den Autor vergegenwärtigen, die Zuordnung der Lieder läßt sich als 'Interpretationsanweisung' für diesen spezifischen Autor deuten. Im folgenden möchten wir nach den Prinzipien dieser Zuordnung fragen, nach der Oeuvrestruktur: Nicht mehr das Lied, sondern die Einheit 'Oeuvre' ist Gegenstand der Untersuchung[73]. Diese Lesart des Oeuvres möchten wir am Beispiel des Tannhäusers, Steinmars und Hadlaubs demonstrieren und damit einen Zugang zum späten Minnesang vorschlagen, wie ihn die Hs.C - die als einzige den späten Minnesang in breiten Maß überliefert - selbst vermittelt. Das bedeutet natürlich nicht, daß die Lieder des Tannhäusers, Steinmars oder Hadlaubs nicht aufgeführt worden sind. Aber die Hs.C präsentiert sie hier als der Mündlichkeit entzogen, als kanonisch verschriftlicht und dokumentiert damit ihren buchliterarischen Status: Die Untersuchung des Oeuvres und des Autorkonzepts kann über diese Literarisierung und den damit verbundenen Geltungsanspruch Auskunft geben. Die Beobachtungen zur Gattungsgeschichte, die wir vorangestellt haben, sollten

---

73 Durch den Ansatz, Sammeln als heuristischen Begriff einzuführen, unterscheiden wir uns grundsätzlich von älteren Versuchen, Ordnungsprinzipien in den einzelnen Oeuvres zu bestimmen: so bes. Hermann Schneider, Eine mittelhochdeutsche Liedersammlung als Kunstwerk, Beiträge 47, 1923, S. 225-260; Eduard Kohnle, Studien zu den Ordnungsgrundsätzen mittelhochdeutscher Liederhandschriften, Stuttgart - Berlin 1934 (Tübinger Germanistische Arbeiten, Bd. 20); A.H. Touber, Formale Ordnungsprinzipien in mittelhochdeutschen Liederhandschriften, ZfdA 95, 1966, S. 187-203; Klaus Brandes, Heinrich von Morungen: Zyklische Liedgruppen. Rekonstruktion, Forminterpretation, kritische Ausgabe, Göppingen 1974 (GAG, Nr. 155), mit einem Forschungsbericht zur Zyklusforschung S. 3-11.

verdeutlichen, daß sich der Prozeß des 'Literarisch-werdens' auch in der Entwicklung der Gattung selbst zeigt und daß beide, Gattungsentwicklung und Kodifizierung, in vieler Hinsicht ineinandergreifen: Die von uns herausgehobenen Aspekte wie der literarische Rang der Gattung, die Zentrierung auf den Autor und die Verfügbarkeit verschiedener Liedtypen signalisieren, daß die Oeuvrebildung an diese Entwicklung zurückzubinden ist. Diese Verbindung im einzelnen herzustellen, bleibt den folgenden Untersuchungen zu den drei Autoren, die jeweils unterschiedliche Positionen im Minnesang des 13. Jahrhunderts einnehmen, vorbehalten. Neben dem Zusammenhang von Gattungsgeschichte und Kodifizierung soll dabei die Frage nach dem Gebrauchswandel, den die Sammelhandschrift dokumentiert, thematisiert werden: Inwieweit läßt sich aus der strukturellen Anlage der Handschrift eine Veränderung der repräsentativen Funktion der Gattung erschließen?

2. Die Hadlaub-Überlieferung der Hs.C

Hadlaubs Lieder und Leichs sind nur in der Hs.C überliefert - mit Ausnahme eines ebenfalls in der späteren Berner Hs.p (Mitte des 14. Jahrhunderts) tradierten Liedbruchstücks[1], das erst bei der Interpretation des entsprechenden Liedes (BMS 51) miteinbezogen werden soll. Die besonderen Merkmale der Hadlaub-Überlieferung sind in der Forschung mehrfach hervorgehoben worden[2]; ich möchte sie nochmals zusammenfassend darstellen und dabei versuchen, ihren Status im Rahmen der Handschrift genauer zu bestimmen.

Miniatur und Text mit dem Titulus *Meister Johans Hadloub* sind im Grundstock der Hs.C in die relativ geschlossene Gruppe der *meister* ziemlich am Ende der Sammlung nach Gottfried von Straßburg, der die *meister*-Reihe eröffnet, und vor Konrad von Würzburg eingeordnet. Innerhalb der *meister*-Gruppe war dem Hadlaub-Corpus ursprünglich eigens eine Lage von sechs Doppelblättern zugedacht, der unversehrte Senio 371-382, in dessen leere Schlußseiten später Miniatur und Text Regenbogens nachgetragen wurden (381). Auch einigen wenigen anderen Autoren ist im Grundstock eine ganze Lage zugedacht, so daß sich hier jeweils die technische Einheit, aus der die Handschrift aufgebaut ist (in C größtenteils Senionen)[3], und die organisatorische Einheit, nach der der Textbestand arrangiert ist, entsprechen. Die Hadlaub-Lage wird nun besonders akzentuiert: Ihr letztes Blatt (382) ist als einziges in C auf beiden Seiten völlig unliniert geblieben. Im Unterschied zu den vielen leeren, aber linierten Blätter in C ist es nicht für eine spätere Textaufzeichnung vorbereitet worden. In C finden sich zwar noch weitere unlinierte Seiten (nicht Blätter) und einmal auch am Ende einer Lage (322v); doch die Kombination Lage - Autorcorpus - leeres letztes Blatt läßt sich nur bei Hadlaub nachweisen. Die Annahme Schiendorfers, daß dieses Blatt einst

---

1 abgedruckt bei Max Schiendorfer (Hg.), Johannes Hadlaub. Die Gedichte des Zürcher Minnesängers, Zürich - München 1986, S. 177.

2 zuletzt zusammengestellt ebenda, S. 194-198.

3 G. Kornrumpf, Anfänge, S. 284.

den gesamten Kodex beschließen sollte[4], halte ich allerdings für unbegründet. Es betont nur die Geschlossenheit und Eigenständigkeit der Hadlaub-Lage: Auf der recto-Seite des ersten Blattes (371r) ist die Miniatur ausgeführt, die Blätter 371v-380v enthalten den Text, ein liniertes Blatt - also nur ein halbes Doppelblatt - bleibt unbeschriftet (381, später Regenbogen), dann folgt das letzte, leere 'Schlußblatt'.
Die Überlieferung der Texte ist sehr einheitlich. Sämtliche Hadlaub-Lieder sind von einem einzigen Schreiber (Ms), der in C nicht weiter nachweisbar ist, aufgezeichnet. Der Text ist lückenlos geschrieben, Zwischenräume zur Komplettierung eines Liedes als Indizien für eine mögliche Unvollständigkeit des Textbestandes fehlen. Auch sämtliche Initialen, die große Eingangsinitiale am Anfang des Gesamttextes und die Lombarden zu Beginn jeder Strophe, werden einem einzigen Illuminator (J2) zugeschrieben, von dem alle Eingangsinitialen des Grundstocks - mit Ausnahme derjenigen der 'Ursammlung' (J1) - und der größte Teil der Lombarden im Grundstock stammen[5]. Der von Hellmut Salowsky zusammengestellten Übersicht "Initialschmuck und Schreiberhände"[6] ist zu entnehmen, daß im Grundstock alle Autorcorpora am Anfang - die Nachträge einzelner Strophen oder ganzer Liedgruppen nicht miteinberechnet - vom Hauptschreiber As entweder zusammen mit dem Illuminator J1 (Ursammlung) oder mit dem Illuminator J2 (übriger Grundstock) aufgezeichnet bzw. illuminiert worden sind. Nur bei der Hadlaub-Überlieferung arbeitet von Beginn an der Schreiber Ms mit dem Illuminator J2, der ansonsten nur die Texte des Hauptschreibers As illuminiert, zusammen. Salowskys Übersicht macht deutlich, daß die Tätigkeit von Ms zeitlich nicht nach, sondern parallel zu As anzusetzen ist. Damit war die Aufzeichnung des Hadlaub-Corpus einem besonderen Schreiber überlassen, der - obwohl er in der Handschrift keine weiteren Spuren hinterlassen hat - neben As eng mit dem Hauptilluminator und Grundstockmaler kooperiert und so in der Entstehungsphase der Handschrift mitgewirkt hat, in der der Grundstock konzipiert wurde.
Der Textbestand ist in Lieder und Leichs unterteilt - durch je eine Leer-

---

4 M. Schiendorfer, Hadlaub, S. 195.

5 G. Kornrumpf, Anfänge, S. 284; H. Salowsky, Initialschmuck und Schreiberhände, S. 430-433.

6 ebenda, S. 423-426.

zeile auf Bl. 379r und 380v deutlich sichtbar getrennt - und enthält eine Reihe auffälliger Markierungen: die große, statt den üblichen vier oder fünf Zeilen insgesamt 12 Zeilen umfassende, kunstvoll ausgeführte, rotblaue Eingangsinitiale. Außerdem die einzige in C nachweisbare Hervorhebung eines Namens im Text, die rote Kennzeichnung des Buchstabens R im Namen *Ruedge Manesse* (Blatt 372r). In C wird der Wechsel eines Tons - und damit die Liedeinheit - durch den Farbenwechsel der Lombarden gekennzeichnet. Bei Hadlaub setzt sich diese Gestaltung auch innerhalb der gesamten Leichaufzeichnung fort: Nicht nur die Eingangsinitiale jedes Leichs ist farbig hervorgehoben; auch den im Unterschied zu den Liedern nicht strophisch abgesetzten, fortlaufend durchgeschriebenen Text des Leichs unterbricht ein jeweils abwechselnd rotes oder blaues Capitulum-Zeichen, das wiederum den Wechsel des Tons signalisieren soll; der erste Buchstabe nach jedem Capitulum-Zeichen wird durch einen roten Markierungsstrich betont; teilweise zeigen solche Markierungsstriche auch mitten im Text die Wiederholung eines Tons an. Die Differenz zwischen Lied und Leich - der strophische Aufbau bzw. der Bau in Versikel - kommt auf diese Weise visuell zur Darstellung. Für eine ähnliche farbige Gestaltung der Leichaufzeichnung finden sich in der Handschrift nur wenige Beispiele (z.B. der erste Leich Konrads von Würzburg); bei keinem Autor wird sie durchgehalten; für die Markierungsstriche gibt es keine Parallele.

Schließlich bleibt noch zu erwähnen, daß bei Hadlaub die sonst obligatorische Namensvorschrift unmittelbar über dem Text fehlt; das gilt allerdings auch für einige andere Autoren, wie die bei Schiendorfer zitierten Beispiele zeigen[7].

Zusammenfassend läßt sich zunächst festhalten, daß die Beobachtungen zur Überlieferung des Hadlaub-Corpus in C - seine Einheitlichkeit, die Geschlossenheit der Lage, die sorgfältige Beachtung von in C üblichen Ordnungsprinzipien und die exklusiven Merkmale wie die Hervorhebungen im Text durch Markierungsstriche, die Aufzeichnung durch einen spezifischen Schreiber und die überdimensionale Eingangsinitiale - dem Oeuvre dieses Autors eine exklusive Stellung innerhalb der Handschrift zuweisen.

---

7 M. Schiendorfer, Hadlaub, S. 195.

Die Miniatur, die dem Textcorpus vorangestellt ist, besitzt innerhalb des Bildprogramms der Handschrift ebenfalls einen besonderen Rang. Da sie bereits ein konkreteres Autorbild entwirft, läßt sich an ihr die bisher sehr allgemein konstatierte Exklusivität des Autors inhaltlich genauer bestimmen.

Die Hadlaub-Miniatur setzt sich durch ihre zweizonige Bildkomposition von den übrigen Manesse-Miniaturen ab: Sie löst das Bildfeld in zwei geschlossene, selbständige Bildeinheiten auf, die - anders als in der häufig zum Vergleich herangezogenen, ebenfalls zweizonigen Klingsor-Miniatur - beide jeweils den Autor präsentieren. Die Zweiteilung einer ganzseitigen Miniatur ist in anderen - z. B. epischen - Handschriften-Typen ein gängiges Kompositionsschema, innerhalb des auf die Präsentation des Autors angelegten Illustrationsprogramms der Hs.C, in dem die Miniaturen als Titel- oder Einleitungsbild den einzelnen Textcorpora voranstehen[8], stellt sie einen Ausnahmefall dar.

Einen geeigneten Ansatzpunkt für die Deutung des Phänomens 'Doppelbild' sehe ich in der von Michael Curschmann herausgearbeiteten Komplementarität von Bild und Text[9]. Wie im ersten Teil der Einleitung bereits dargelegt, fragt Curschmann nach dem Zusammenhang zwischen der Bebilderung volkssprachlicher Handschriften im 13. und 14. Jahrhundert und dem Prozeß der Literarisierung und geht dabei von dem Sachverhalt aus, daß sich u.a. die Bildersprache der Manesse-Miniaturen erst im Gefolge der Verschriftlichung der Lieder - mit dem Entstehen der Sammelhandschrift - herausbildet. Dabei soll zunächst weniger der von Curschmann konstatierte allgemeine Bezug von Bild und Text als "komplementäre Sinnträger" - die Bilder dokumentieren den Lebensraum der Texte - im Vordergrund stehen. Denn die Doppelminiatur Hadlaubs kennzeichnet ein noch viel konkreterer, punktueller Bezug zwischen Bild und Text: Beide Bildhälften 'illustrieren' je eine in den ersten zwei Liedern geschilderte Szene. Um hier ein komplementäres Ver-

---

8 dazu grundsätzlich Hella Frühmorgen-Voss, Bildtypen in der Manessischen Liederhandschrift, in: Werk - Typ - Situation. Studien zu poetologischen Bedingungen in der älteren deutschen Literatur, hg. v. Ingeborg Glier, Gerhard Hahn, Walter Haug u. Burkhard Wachinger, Stuttgart 1969, S. 184-216, S. 185.

9 M. Curschmann, Pictura, bes. (S. 19).

hältnis als wechselseitige Erläuterung von Bild und Text erschließen zu können, ist die unterschiedliche Ausdrucksqualität beider Medien zu bestimmen: Mit visuellen Gestaltungsmitteln kann zur Darstellung gebracht werden, was sprachlich nicht ohne weiteres einholbar ist, und umgekehrt. Eine getrennte Beschreibung von Bild und Text ist deshalb die Basis, auf der die Komplementarität beider sichtbar gemacht werden soll.

Die Hadlaub-Miniatur ist in eine Außenraumszene vor der Kirche (untere Bildzone) und in eine Innenraumszene in der Burg (obere Bildzone) unterteilt[10]. Beide Szenen werden durch einen Zinnenstreifen in der Bildmitte getrennt und durch den gemeinsamen Rahmen sowie den das Bildfeld rechts begrenzenden, zu ganzer Bildhöhe aufgebauten Glockenturm zusammengehalten - die Einheit des Bildganzen wird ausdrücklich betont. Das für fast alle Manesse-Miniaturen obligatorische Wappen, das den ständischen Rang des Autors zur Geltung bringen soll - hier ein schwarz auf Silber gezeichnetes, aufrecht stehendes Eichhörnchen mit roter Zunge und rotem Halsband in einem Wappenschild, Helm und Kleinod fehlen -, ist in der unteren Bildhälfte oben links unmittelbar über einer Figur angebracht, die an dem über das rote Gewand gezogenen weiten Mantel, an Brotsack, mit Muscheln verziertem Hut und Stab als Pilger zu erkennen ist. Dieser bärtige, blond gelockte Pilger nä-

---

10 Hinweise zur Bildbeschreibung habe ich entnommen: Walter Koschorreck, Die Bildmotive, in: Codex Manesse. Die Große Heidelberger Liederhandschrift. Kommentar zum Faksimile des Codex Palatinus Germanicus 848 der UB Heidelberg, hg. v. Walter Koschorreck u. Wilfried Werner, Kassel 1981, S. 103-127, hier S.110; Adolf v. Oechelhaueser, Die Miniaturen der Universitäts-Bibliothek zu Heidelberg, 2. Theil, Heidelberg 1895, S. 314-317; M. Schiendorfer, Hadlaub, S. 196-198; Gisela Siebert-Hotz, Das Bild des Minnesängers. Motivgeschichtliche Untersuchungen zur Dichterdarstellung in den Miniaturen der Großen Heidelberger Liederhandschrift, Diss. Marburg 1964, S. 222-224; Ewald Vetter, Die Bilder, in: Codex Manesse. Die Große Heidelberger Liederhandschrift. Kommentar zum Faksimile des Codex Palatinus Germanicus der UB Heidelberg, hg. v. Walter Koschorreck u. Wilfried Werner, Kassel 1981, S. 43-100, hier S. 58 f. u. 72; Codex Manesse. Die Miniaturen der Großen Heidelberger Liederhandschrift, hg. u. erläutert v. Ingo F. Walther unter Mitarbeit von Gisela Siebert, Frankfurt 1988, S. 248-251; Sämtliche Miniaturen der Manesse-Liederhandschrift, hg. v. Ingo F. Walther, unter Mitarbeit v. Kurt Martin, Gisela Siebert, Ingeborg Glier u. Horst Brunner, Aachen 1985, T. 122.

hert sich in gebückter Haltung, einen Brief in der ausgestreckten Hand haltend, einer Dame. Der Brief gilt im Bildprogramm der Handschrift - ähnlich wie die Schriftrolle - als Attribut des Dichters[11]: Der Pilger ist als Autor zu identifizieren. Die abweisende Reaktion der - bis auf das weiße Gebende - ganz in blau gekleideten Dame, die gerade die Kirche betritt, wird durch die abwehrende Geste ihrer linken Hand und durch ihre zurückweichende Körperbewegung deutlich. Zwischen beiden Figuren besteht Blickkontakt. Auch der schwarz-weiß gefleckte Schoßhund, den die Dame im rechten Arm hält, visiert den Pilger-Autor direkt an. Nach Hella Frühmorgen-Voss[12] läßt sich das untere Teilbild in eine ikonographische Tradition stellen: Sie ordnet es dem Typ des 'Dedikationsbildes' zu, einer genau definierbaren Variante des mittelalterlichen Autorenbildes, in dem der Autor sein Werk einem Gönner überreicht. Nach diesem ikonographischem Schema wären eine ganze Reihe der Begegnungszenen zwischen Autor und Dame in C gestaltet, besonders deutlich erkennbar noch an der dem unteren Hadlaub-Teilbild sehr ähnlichen Miniatur des von Obernburg[13].

Das obere Teilbild bevölkert ein umfangreicherer, rechts und links der Bildmitte zu zwei Dreiergruppen gestaffelter Personenkreis. Die im Hintergrund mehr am Bildrand situierten Figuren weisen durch ihre seitliche Körperhaltung, ihre Gestik und ihre Blickrichtung auf das vorne in der Mitte plazierte Paar. Dieses Paar, eine mit dunkelblauem Gewand und weißem Gebende bekleidete Dame und ein bärtiger, blondgelockter, in ein gelb-blaues zweigeteiltes (mi-parti) Gewand gekleideter Mann mit goldenem Schapel, reicht sich die Hände. Das Schapel ist im Bildprogramm der Handschrift Attribut des Minnenden. Dessen Mi-parti-Kleidung ist die einzige Darstellung dieser damals aktuellen Mode[14] im Grundstock - in den Nachträgen ist sie häufig zu finden. Dargestellt wird offensichtlich ein gelungener Vermittlungsversuch zwischen dem Minnenden und der Dame, an dem die umstehenden Personen beteiligt sind: Einer der Hinterleute hält die Dame, die mit ihrer erhobenen rechten Hand huldvoll ihr Einverständnis anzeigen könnte, an ihrem Sitzplatz

11 M. Curschmann, Pictura, (S. 15f.).
12 H. Frühmorgen-Voss, Bildtypen, S. 188 f.
13 I. F. Walther (Hg.), Codex Manesse. Die Miniaturen, S. 233.
14 M. Schiendorfer, Hadlaub, S. 197.

fest, der andere faßt ihrem Partner, der zu den Füßen der Dame zusammengesunken ist, hilfreich unter den Arm, ein dritter greift nach dessen Schapel. Die Geste der Figur am rechten Bildrand - gehobene Hand mit gestrecktem Zeige- und Mittelfinger - könnte als Segensgeste zu verstehen sein. Das Paar im Vordergrund ist, im Gegensatz zu den übrigen Figuren, frontal gezeichnet, dem Betrachter zugewandt; zwischen beiden besteht kein Blickkontakt. Doch wie im unteren Teilbild nimmt wiederum der Hund der Dame, der hier auf ihrem Schoß sitzt, den Bärtigen ins Visier. Das obere Teilbild läßt sich schwerer in das Gesamtprogramm des Grundstocks integrieren. Gruppendarstellungen gibt es zwar häufig, die gesellschaftliche Öffentlichkeit einer Minnebeziehung wird so explizit jedoch nirgends im Grundstock thematisiert[15].

Beide Bildszenen beziehen sich auf die Eingangspassagen der Lieder 1 und 2: In Lied 1 schildert das Ich, wie es als Pilger verkleidet seiner Dame vor der Kirche auflauert und ihr - ohne sich zu erkennen zu geben - heimlich einen Liebesbrief ans Gewand heftet, woraufhin die Dame ängstlich und erschrocken davonrennt (V. 5-24); in Lied 2, wie es von einer Reihe hochgestellter Personen zu seiner Dame gebracht wird, dort aufgrund ihrer abweisenden Reaktion ohnmächtig zu Boden fällt, von seinen Begleitern allerdings wieder aufgerichtet und unmittelbar vor die Dame geführt wird, schließlich ihre Hand ergreifen darf (V. 5-14). Eine ausführliche Interpretation der Lieder wird später folgen; ausdrücklich festhalten möchte ich nur, daß zwei Lieder und damit zwei in sich abgeschlossene Einheiten als Vorlage dienen.

Auffällig ist, wie eng sich die Illustratoren bei der Gestaltung dieser Autorminiatur an die Vorgaben der Texte gehalten haben. Nur das Schoßhündchen der Dame findet in den Liedern keine Entsprechung. Mit diesem Schoßhund hat es eine besondere Bewandtnis: Die röntgenologische Untersuchung der Miniatur hat aufgedeckt, daß der Hund nicht in der ursprünglichen Konzeption des Doppelbildes enthalten war

---

15 Eine mögliche Ausnahme wäre nach der Deutung von I. F. Walther die Miniatur des von Wengen, vgl. ders. (Hg.), Codex Manesse. Die Miniaturen, S. 200; anders die Interpretation von Karl Clausberg, Die Manessische Liederhandschrift, Köln 1978, S. 68 f. Clausberg sieht in der Miniatur des von Wengen den zeitlichen Ablauf einer Umarmung dargestellt - demnach wäre folglich auch hier nur das Minnepaar selbst abgebildet.

und in beide Teile der Miniatur erst nachträglich eingesetzt worden ist[16]. Den Deutungsansatz Vetters, daß die doppelte Einfügung des Hündchens den Verweisungszusammenhang beider Szenen betonen soll[17], halte ich für sehr plausibel. Denn wer auch innerhalb des Werkstattbetriebs - und von einem solchen ist bei der Entstehung der Miniaturen auszugehen - die Veränderung vorgenommen haben mag[18], der Akt des nachträglichen Einfügens reagiert offenbar auf eine zu große Differenz beider Szenen in der Gestaltung der Figuren. Die Dame ist an ihrem blauen Gewand und weißen Gebende in beiden Szenen eindeutig identifizierbar. Doch ihr Partner gibt jeweils Probleme auf: unten der Pilger mit Brief, oben der gelb-blau gekleidete Mann mit Schapel. Weder das Gewand noch der Brief als Zeichen der Autorschaft noch das Schapel als Attribut des Minnenden fungieren als brauchbare Identifikationsmerkmale; einzig der Bart und das gelockte Haar signalisieren die Übereinstimmung. Die große Diskrepanz in der Gestaltung dieser Figur ist auf den engen Textbezug der Miniatur zurückzuführen. Denn in Lied 1 agiert das Ich als Pilger verkleidet, in Lied 2 definiert es sich in der Rolle des Minnedieners. Die visuelle Gestaltung bringt, indem sie die Einheit der 1. Person aufhebt, diese Verschiedenheit zur Darstellung: Die Miniatur präsentiert unten einen verkleideten Pilger-Autor,

---

16 Ewald Vetter, Probleme der großen Heidelberger ("Manessischen") Liederhandschrift, Pantheon 36, 1978, S. 207-218, S. 214. Durch diesen Nachweis hält Vetter die weitverbreitete Deutung, in der oberen Bildhälfte würde der Hund das in Lied 2 thematisierte exzentrische Verhalten der Dame - sie beißt ihren Verehrer in die Hand, V. 30 - stellvertretend darstellen, für widerlegt. Dem möchte ich mich - gegen Koschorreck, Schiendorfer und Walther, die auch nach den röntgenologischen Untersuchungen diese Deutung weitervertreten - anschließen:
1. läßt sich der Miniatur nicht entnehmen, ob der Hund tatsächlich zubeißt.
2. ist nicht einsehbar, warum die Illustratoren eine ursprünglich nicht auf jenes Zubeißen rekurrierende Szene erst nachträglich so radikal daraufhin umgestaltet haben sollten.
3. kann die Deutung von Koschorreck, Schiendorfer und Walther nicht plausibel begründen, warum der Hund auch in die Pilgerszene der unteren Bildhälfte eingesetzt worden ist. Und in der doppelten Einfügung sieht Vetter das eigentlich bedeutungshaltige Moment.

17 E. Vetter, Bilder, S. 55 u. 58 f.

18 Vetter schreibt die doppelte Einfügung dem für das Bildprogramm insgesamt verantwortlichen sog. 'Grundstockmeister' selbst zu, der in die vom sog. 'dritten Gehilfen' ausgeführte Miniatur am Ende präzisierend eingreift. Ebenda.

oben einen modisch in ein Mi-parti-Gewand gekleideten Minnediener. Mit dem Einfügen des Hundes, der - im unteren Teilbild auf dem Arm der Dame, im oberen auf deren Schoß plaziert - sich mit einer Körperdrehung dem Pilger-Autor zuwendet bzw. auf den bekränzten Minnediener zuspringt und damit auf der Bildebene als Schoßtier der Dame die Minnebeziehung zwischen beiden andeutet, wird die Identität des Minnepaars in beiden Szenen ausdrücklich bestätigt. Der nachträgliche, in Abweichung von und also auch in reflexiver Distanz zu der Vorzeichnung erfolgte Eingriff in die Miniatur macht, indem er ein zusätzliches identisches Element in beide Bildteile einbaut, explizit, daß zwischen beiden Teilbildern ein unmittelbarer und eindeutiger Zusammenhang herzustellen ist.

Die mit dem Einsetzen des Hundes ausdrücklich zur Geltung gebrachte Identität des Figurenpaars in der unteren und oberen Szene suggeriert eine Handlungsfolge und fordert, wie Clausberg betont[19], eine sukzessive, 'lesende' Betrachtungsweise. Ähnlich wie die Illustrationen epischer Handschriften ihre Protagonisten in wechselnden Handlungskontexten zeigen und so punktuell den Erzählverlauf bildlich gestalten, stellt die Miniatur den Autor anhand zweier verschiedener Episoden vor, die chronologisch den zunächst heimlichen, dann mit Unterstützung anderer glücklich zu Ende gebrachten Annäherungsversuch an die Minnedame dokumentieren. Mit der chronologischen Dokumentation einer Minnebegegnung stiftet das Bild einen den Einzeltext transzendierenden Bedeutungszusammenhang: Es postuliert, indem es die Eingangspassagen zweier Lieder, deren Anordnung in der Handschrift nicht ohne weiteres als sinnhafte Folge anzusehen ist, als zwei Stationen einer Minnebegegnung aufschlüsselt, einen narrativen Zusammenhang zwischen Lied 1 und 2.

Die Komposition des Doppelbildes legt die zeitliche Sukzession der Liedszenen fest. Die von Michael Curschmann reklamierte zentrale Rolle des Bildes im Prozeß der Literarisierung wird auf sehr subtile Weise deutlich. Die Zusammensetzung der beiden Teilbilder zu einem Doppelbild läßt sich auf den Gebrauchswandel von Minnesang, der sich mit der schriftlichen Fixierung in der Sammelhandschrift abzeichnet, beziehen.

---

19 K. Clausberg, Die Manessische Liederhandschrift, S. 68 f.

Denn hier zeigt sich eine spezifische Komplementarität von Bild und Text: Einerseits erschließt erst die Kenntnis der Texte die Beziehungsvielfalt des Doppelbildes, andererseits präsentiert das Doppelbild nicht nur zwei in den Liedern vorgegebene Szenen, es organisiert auch deren Sinnzusammenhang. Es bringt die Verbindung der beiden Lieder, die der Text nicht unmittelbar vergegenwärtigen kann, visuell zur Darstellung. Organisierte Textgruppen lassen sich mit Sicherheit an vielen Stellen der Liedersammlung C finden. Doch bei Hadlaub wird deren Organisation ausdrücklich zum Gegenstand einer Miniatur. Sie thematisiert die Liedsukzession und damit ein elementares Prinzip des Sammelvorgangs selbst, die Zuordnung der Lieder. So gibt die Miniatur konkret für diesen Autor bereits eine dem neuen Medium *buoch* entsprechende Interpretationsanweisung: den Zusammenhang der Texte herzustellen.

Anhand des Überlieferungsbefundes, der dem Autor noch sehr allgemein eine exklusive Stellung innerhalb des Grundstocks zuweist, und anhand der Beobachtungen zur Doppelminiatur, die ein konkreteres Autorbild vorentwirft, möchte ich die Fragestellung meiner Arbeit im Rückgriff auf die in der gemeinsamen Einleitung entwickelten Thesen präzisieren:
Ausgangspunkt unserer Überlegungen war, daß der autorspezifische Überlieferungstyp, wie ihn die Hs.C repräsentiert, nicht als Selbstverständlichkeit hingenommen, sondern als Besonderheit erkannt und zum eigentlichen Gegenstand der Interpretation werden soll. Der gemeinsame Ansatz der Untersuchungen zum Tannhäuser, zu Steinmar und zu Hadlaub gründet in der These, daß über die Zuordnung der Lieder - beim Tannhäuser und bei Hadlaub auch die der Leichs -, über die Ausgestaltung der Miniatur sowie über die Voranstellung eines Titulus, der den Namen des Autors nennt, das Oeuvre als Überlieferungsform gestaltet und mit dieser Konzeption des Oeuvres ein spezifisches Autorbild vermittelt wird. Wie in den Arbeiten zum Tannhäuser und zu Steinmar wird deshalb auch bei der Analyse des Hadlaub-Oeuvres die Frage nach den Organisationsprinzipien von Liedern und Leichs sowie dem damit entworfenen Autorprofil im Zentrum stehen. Titulus, überlieferung und Miniatur deuten bei Hadlaub bereits ein bestimmtes Autorbild an: Sie qualifizieren den Autor als *meister*, sprechen ihm eine exklusive Stellung im Grundstock zu und verweisen mit der Thematisierung der Liedsukzes-

sion bewußt auf die mit dem Akt des Sammelns entstehende neue Einheit 'Oeuvre'. Hadlaub wird damit als Autor präsentiert, der nicht nur in unmittelbarer räumlicher und zeitlicher Nähe zu der veränderten literarischen Gebrauchssituation, dem Sammeln von Liedkunst, steht, sondern bei dem dieser neue literarische Gebrauch auch in Titel, Anlage und Gestaltung des Oeuvres explizit wird. Der Bezug zur veränderten Gebrauchssituation wäre bei diesem Autor folglich nicht nur punktuell, auf das berühmte 'Manesse'-Lied (BMS 8), in dem Hadlaub die Manesse als Sammler von Liedern preist, beschränkt, sondern auf die gesamte Überlieferung zu beziehen. Dem Hadlaub-Oeuvre käme folglich in C eine programmatische Qualität zu: als der Ort, an dem der Gebrauchswandel von Minnesang, wie ihn die Anlage der großen Sammelhandschriften anzeigt, reflektiert wird. Der besondere Status dieses Autors gegenüber den anderen Autoren der Handschrift ließe sich dann über diesen programmatischen Charakter bewerten. Zu fragen ist, ob und inwieweit die Texte diese noch recht unscharfe Kontur eines Autorprofils bestätigen und inhaltlich auffüllen. Dabei bleibt auch zu klären, welches literarische Selbstverständnis sich in der Qualifizierung des Autors als *meister* im Titulus verbirgt, der Hadlaub immerhin in die unmittelbare Nachfolge Gottfrieds von Straßburg stellt. Aufgabe der sich an den Forschungsüberblick anschließenden Interpretation der Lieder und Leichs wird es deshalb sein, Organisationsprinzipien der Texte aufzuzeigen und das in der Konzeption des Oeuvres vermittelte Autorbild herauszuarbeiten.

Die Forschung zu Hadlaub zentriert sich um drei Fragenkomplexe: um den Zusammenhang zwischen Hadlaub, den Manesse und der Entstehung der Hs. C, um das Problem 'Minnesang in der Stadt' und um die Bestimmung innovativer Liedtypen des Autors.
Johann Jacob Bodmer[20] hat 1748 erstmals den von Hadlaub erwähnten Rüdiger Manesse - in Lied 2 als Mitglied einer aus mehreren namentlich genannten Personen bestehenden Minnegesellschaft (hier der rote Auszeichungsstrich am R, Bl. 372r), im darauffolgenden Lied, ebenfalls

20 Johann J. Bodmer, Proben der alten schwäbischen Poesie des Dreyzehnten Jahrhunderts. Aus der Maneßischen Sammlung, Zürich 1748, Vorbericht.

auf Bl. 372r, zusammen mit seinem Sohn als Sammler von Minnesang - mit dem Initiator und Auftraggeber der vorliegenden Handschrift gleichgesetzt und sie daraufhin die "Manessische" genannt. Die Geschichte der Manesse-Philologie, die eine intensive Auseinandersetzung mit der historischen Zuschreibung Bodmers darstellt, möchte ich hier nicht neu aufrollen; sie ist gut dokumentiert im Kommentarband zur Faksimile-Ausgabe der Handschrift[21], im Katalog zur Heidelberger Ausstellung 1988[22] und schließlich im Anhang zur neuen Hadlaub-Ausgabe von Max Schiendorfer, die auch die ältere lokalgeschichtlich orientierte Forschung zu den Zürcher urkundlichen Nachweisen Hadlaubs und der Manesse sowie zur Etymologie des Familiennamens Hadlaubs verzeichnet[23]. Umfassend aufgearbeitet sind die archivalischen Quellen in der Dissertation von Herta-Elisabeth Renk[24]: Renk belegt, daß der von Hadlaub genannte, in Zürich und Umgebung historisch identifizierbare Personenkreis in enger Verbindung miteinander gestanden hat, vor allem durch Verwandtschaftsbeziehungen und Rechtsgeschäfte - bspw. beurkundet der Zürcher Patrizier "her Ruedeger Manesse der elter" den Hauskauf Hadlaubs 1302[25]. Renk kombiniert die aus den urkundlichen Quellen eruierten historischen Fakten mit den literarischen Aussagen Hadlaubs zu einer Indizienkette, die - wie bereits der Titel der Dissertation suggeriert - auf die Existenz eines u. a. literarisch interessierten "Manessekreises" weisen soll (Teil A), in dessen Wirkungsbereich man sich wiederum die Entstehung der Hs. C (Teil B) bzw. die literarische Produktion einer Sängergruppe Hadlaub, Konrad von Buwenburg, Der

---

21 Max Wehrli, Zur Geschichte der Manesse-Philologie, in: Codex Manesse. Die Große Heidelberger Liederhandschrift. Kommentar zum Faksimile des Codex Palatinus Germanicus der UB Heidelberg, hg. v. Walter Koschorreck u. Wilfried Werner, Kassel 1981, S.145-165.

22 Die Rezeption der Texte: Angelika Günzburger, Das siebzehnte und achtzehnte Jahrhundert; Ronald M. Schmidt, Das neunzehnte Jahrhundert - wissenschaftliche Textausgaben, in: Codex Manesse. Katalog zur Ausstellung v. 12. Juni bis 4. Sept. 1988, UB Heidelberg, hg. v. Elmar Mittler u. Wilfried Werner, S. 372-395.

23 M. Schiendorfer, Hadlaub, S. 184-196.

24 Herta-Elisabeth Renk, Der Manessekreis, seine Dichter und die Manessische Handschrift, Stuttgart 1974 (Studien zur Poetik und Geschichte der Literatur, Bd. 33); s. dazu auch die Rezension v. I. Glier, Beitr. 97, 1975, S. 128-132.

25 H.-E. Renk, Manessekreis, S. 59; M. Schiendorfer, Hadlaub, S. 198;

von Trostberg, Jakob von Warte, Kraft von Toggenburg (Teil C) vorstellen könnte. Besonders in Teil C, der literarischen Analyse, wird die methodische Fragwürdigkeit dieses Verfahrens deutlich: Auf der Basis der aus den Urkunden erschlossenen gesellschaftlichen Beziehungen konstatiert Renk zunächst die Zusammengehörigkeit eines "Zürcher Kreises"[26]; der anschließende Nachweis, daß diese Minnesänger ein gemeinsames literarisches Programm verbindet, bleibt dann allerdings sehr unspezifisch und bezieht sich auf allgemeine Formeln und Topoi des Minnesangs. Er basiert außerdem - und das ist für mich der entscheidende Kritikpunkt an den Hadlaub-Interpretationen Renks - auf einem an moderner Literatur orientierten Textverständnis, deutlich z. B. in der typologischen Unterscheidung von "Subjektlied" und "Objektlied": "Die Subjektlieder der Zürcher könnte man geradezu als eine mittelalterliche Variante des monologue intérieur bezeichnen."[27]

Die Frage nach der Auftraggeberschaft der Manesse ist, wie Hugo Kuhn am Ende seines bereits im ersten Teil der Einleitung ausführlich besprochenen Aufsatzes zur Entstehung der Manesseschen Handschrift skeptisch darlegt[28], methodisch nicht einlösbar: Den literarischen Aussagen Hadlaubs läßt sich nichts weiter als das Interesse des genannten Personenkreises am Minnesang entnehmen[29]; eine Identifikation der nur literarisch als Sammler ausgewiesenen Manesse mit den historisch nirgends beglaubigten Initiatoren der Hs. C bleibt Spekulation. Eine Beziehung zwischen Handschrift und 'Manesse'-Lied kann folglich nur über den gemeinsamen Gebrauchskontext, das Sammeln von Minnesang, rekonstruiert werden.

An dieser Position Kuhns möchte ich festhalten: Die folgende Arbeit setzt es sich nicht zum Ziel, weitere Beweise für oder gegen die Auftraggeberschaft der Manesse vorzulegen und damit einen möglichen historischen Zusammenhang zwischen Hadlaub und den Initiatoren der Hand-

26 H.-E. Renk, Manessekreis, S. 139 f.

27 ebenda, S. 141.

28 s.v. Einleitung S. 12-16; H. Kuhn, Manessesche Handschrift, S. 103-105.

29 ebenda, S. 104; mit ähnlichem Vorbehalt gegenüber Renk: Max Wehrli, Das literarische Fest des Zürcher Manesse-Kreises. Gegenwart und Erinnerung, in: Stadt und Fest. Zu Geschichte und Gegenwart europäischer Festkultur, hg. v. Paul Hugger in Zus. m. Walter Burkert u. Ernst Lichtenhahn, Unterägeri u. Stuttgart 1987, S. 199-210, hier S. 203.

schrift zu ergründen, sondern sie geht, was bisher bereits mehrfach deutlich gemacht wurde, von dem neuen Gebrauchskontext Sammeln und seiner Explikation im Hadlaub-Oeuvre aus, wie sie durch Überlieferung, Miniatur und nicht zuletzt durch die explizite Thematisierung des Sammelns in Hadlaubs Preislied auf die Manesse (BSM 8) dokumentiert ist. Die neue Variante Ingo F. Walthers, der die "eigentlichen Auftraggeber" der Hs. C in der Familie der Grafen von Toggenburg - die Hadlaub ebenfalls nennt - vermutet[30], wird sich wohl ebenso schwer beweisen lassen wie die vermeintliche Auftraggeberschaft der Manesse.
Die historische Verbindung Hadlaubs zu Zürich und der literarische Bezug auf Zürich als den Ort, an dem Minnesang gesammelt wird, hat besonders die ältere Forschung verleitet, in Hadlaub den 'bürgerlichen Epigonen' des Minnesangs zu sehen[31]. Die Unterteilung in 'Klassiker' und 'Epigonen' hat die Minnesang-Forschung nun endgültig als Klischee gekennzeichnet[32], den in Opposition zu 'ritterlich' bzw. 'höfisch' verwendeten Begriff 'bürgerlich' Ursula Peters in ihrer Arbeit über Literatur in der Stadt als dem 18. und 19. Jahrhundert verpflichtet und deshalb zur Kennzeichnung spätmittelalterlicher Literatur nicht passend ausgewiesen: "Der Terminus 'bürgerlich' ist demnach für die Charakterisierung der Mentalität einer bestimmten Gruppe innerhalb der städtischen Oberschicht untauglich, da seine neuzeitlichen Konnotationen von antifeudal, nüchtern-rational und sparsam das Verhältnis von Adel und Stadtgesellschaft im Mittelalter verzeichnen."[33] Aber auch für das Entstehen einer

---

30 I. F. Walther (Hg.), Codex Manesse. Die Miniaturen, S. XXXIV.

31 Resümee der Dissertation v. Hedwig Lang, Johannes Hadlaub, Berlin 1959 (Philologische Studien und Quellen, 5), bes. S. 101-103; u. v. Rena Leppin, Der Minnesinger Johannes Hadlaub. Monographie und Textkritik, Diss. (masch.) Hamburg 1959, bes. S. 410-414.

32 s. bereits H. Kuhn, Minnesangs Wende, S. 1-6; zuletzt C. Händl, Rollen und pragmatische Einbindung, S. XI ff.

33 Ursula Peters, Literatur in der Stadt. Studien zu den sozialen Voraussetzungen und kulturellen Organisationsformen städtischer Literatur im 13. und 14. Jahrhundert, Tübingen 1983 (Studien und Texte zur Sozialgeschichte der Literatur, 7), S. 35; s. dazu auch die Rezension von Hedda Ragotzky, Arbitrium 1986, S. 39-43; zur Begriffsklärung außerdem Kurt Ruh, Versuch einer Begriffsbestimmung von 'städtischer Literatur' im deutschen Spätmittelalter, in: Über Bürger, Stadt und städtische Literatur im Spätmittelalter. Bericht über Kolloquien der Kommission zur Erforschung der Kultur des Spätmittelalters 1975-1977, hg. v. Josef

'städtischen' Literatur läßt sich nach Peters der "Zürcher Kreis" um Hadlaub und Manesse keinesfalls vereinnahmen: Eine Gruppenbildung, die auf die Anfänge eines städtischen Literaturbetriebs deuten könnte, zeichnet sich hier nicht ab[34]; der von Hadlaub genannte Personenkreis läßt keine spezifisch städtische Zusammensetzung erkennen, sondern ist "[...] als ein Beispiel der literarischen Praxis lokaler Adelsgruppen im 13. Jahrhundert [...]"[35] anzusehen. Die Stadt, so Peters Resümee, "[...] bestimmt in keiner Weise die Thematik und literarischen Formen der vor diesem punktuell in Zürich zusammentreffenden Publikum vorgetragenen literarischen Werke."[36] Ein konkreter Gegensatz zwischen höfischer Literatur und Literatur in der Stadt läßt sich, wie Peters an der Untersuchung weiterer literarischer Zentren (Basel, Straßburg) demonstriert, weder im thematischen noch im organisatorischen Bereich feststellen[37]. In der Ausbildung der literarischen Zentren Basel, Straßburg, Zürich sieht Peters allerdings die These Jan-Dirk Müllers[38] bestätigt, daß sich schon im 13. Jahrhundert die höfische Literatur von den 'Rezipientenschichten', die sie ursprünglich getragen haben, abzulösen beginnt: Das Interesse an ihr verlagert sich zunehmend von den fürstlichen Mäzenen auf lokale Adelsgruppen und städtische Oberschichten[39]. Inwieweit sich das als "[...] eine im Vergleich zum fürstlichen Mäzenatentum deutliche Intimisierung des literarischen Betriebs [...]" beschreiben läßt[40], möchte ich an den literarischen Aussagen Hadlaubs zur Sam-

---

Fleckenstein u. Karl Stackmann, Göttingen 1980 (Abhandlungen der Akademie der Wissenschaften in Göttingen, Philolog.-hist. Kl., 3. Folge, 121), S. 311-328.

34 U. Peters, Literatur in der Stadt, S. 103.

35 ebenda, S. 104.

36 ebenda.

37 ebenda, S. 134; zu anderen Ergebnissen kommt Thomas Cramer, Minnesang in der Stadt. Überlegungen zur Lyrik Konrads von Würzburg, in: Literatur - Publikum - historischer Kontext, hg. v. Gert Kaiser, Bern, Frankfurt, Las Vegas 1977 (Beitr. zur Älteren Deutschen Literaturgeschichte, 1), S. 91-108.

38 Jan-Dirk Müller, Melusine in Bern. Zum Problem der "Verbürgerlichung" höfischer Epik im 15. Jahrhundert, in: Literatur - Publikum - historischer Kontext, hg. v. Gert Kaiser, Bern, Frankfurt, Las Vegas 1977 (Beitr. zur Älteren Deutschen Literaturgeschichte, 1), S. 29-77.

39 U. Peters, Literatur in der Stadt, S. 136.

40 ebenda, S. 137; vgl. J.-D. Müller, Melusine, S. 74, der entsprechend von der "private[n] Sphäre einer tendenziell breiteren Rezipientenschicht" spricht.

melaktivität der Manesse überprüfen. Denn offen bleibt das Phänomen, daß hier mit der Verlagerung der höfischen Liedkunst Minnesang in die Stadt auch eine andere Form des Gebrauchs korrespondiert: Die Stadt Zürich und der *hof* der Manesse werden bei Hadlaub gerade nicht als Ort, an dem eine adlige Gesellschaft 'punktuell zusammentrifft' (s.o. Peters) erwähnt, sondern ausschließlich als Ort des Sammelns von Minnesang. Zu fragen ist also, inwieweit die neue Gebrauchssituation einen Funktionswandel, eine Veränderung der repräsentativen Funktion der Gattung, impliziert.

Die meisten Untersuchungen zu Hadlaub beziehen sich auf einzelne Lieder und Liedgruppen. Sie bestimmen die innovative Leistung des Autors anhand jener Lieder, die sich im Gegensatz zu den vielen konventionelleren Liedern Hadlaubs durch eine gewisse Eigenständigkeit auszeichnen: die Ausformung der neuen Gattung Ballade in den Erzählliedern[41] sowie in der Serena[42]; den Bezug auf erlebte Wirklichkeit im Natureingang besonders der Herbst-, Ernte- und Blumenbettlieder[43] und in der Armutsklage des *hûssorge*-Liedes[44]; den Niederschlag eines Schweizer Werbebrauchs im Nachtlied[45]. Die Einzeluntersuchungen und besonders jene Arbeiten, die sich im Rahmen der Untersuchung eines Typs bzw. einer Gattung auf bestimmte Hadlaub-Lieder konzentrieren, möchte ich hier nicht diskutieren - sie werden jeweils bei der Interpretation der Texte herangezogen. Durch den methodischen Ansatz dieser

---

41 Günther Weydt, Johannes Hadlaub, GRM 21, 1933, S. 14-32, bes. S. 31; M. Schiendorfer, Hadlaub, S. 215f.

42 G. Weydt, Hadlaub, S. 32; Rena Leppin, Johannes Hadlaubs 'Nachtlied', Jb. d. Oswald v. Wolkenstein Gesellschaft 3, 1984/85, S. 203-231, bes. S. 226f.

43 Viola Bolduan, Minne zwischen Ideal und Wirklichkeit. Studien zum späten Schweizer Minnesang, Frankfurt 1982, S. 132; Robert Auty, Studien zum späten Minnesang mit besonderer Berücksichtung Steinmars und Hadlaubs, Diss. (masch.) Münster 1937; zum Natureingang als Topos s. a. Wolfgang Adam, Die "wandelunge". Studien zum Jahreszeitentopos in der mittelhochdeutschen Literatur, Heidelberg 1979 (Euphorion, Beih. 15).

44 Anton Schwob, *hûssorge tuot sô wê.* Beobachtungen zu einer Variante der Armutsklage in der mhd. Lyrik, Jb. d. Oswald v. Wolkenstein Gesellschaft 1, 1980/81, S. 77-97.

45 Dietz-Rüdiger Moser, Johannes Hadlaubs "Nachtlied". Zum Problem des Wirklichkeitsbezuges im späten Minnesang, Schweizerisches Archiv für Volkskunde 66, 1970, S. 194-211, bes. S. 204 ff.

Arbeit ist der Zugriff auf die Texte jedoch grundsätzlich anders: Statt Typen zu sondieren oder die Innovation des Autors an einzelnen Liedern zu bestimmen, steht die Frage nach der Organisation der Lieder, nach der Oeuvrebildung und dem daran ablesbaren Autorkonzept im Zentrum. Die Existenz eines von der Handschrift vorgegebenen Zusammenhangs zwischen aufeinanderfolgenden Liedern ist im übrigen zuletzt von Schweikle verneint worden: "[...] abgesehen von der Schlußstellung der Leichs ist weder eine ausgeprägte sachliche noch eine zyklische Ordnung (auch nicht nach den Umstellungen bei BARTSCH, SM mit Ausnahme des kleinen 'Liebesromans' I-VI) zu entdecken [...]".[46]

Die Ausgabe der Hadlaub-Lieder in Bartschs Schweizer Minnesängern 1886[47] hat unter diesem Aspekt die Hadlaub-Rezeption entscheidend beeinflußt: Bartsch ordnet, ohne dies eingehend zu begründen - ausschlaggebend war wohl die Ähnlichkeit im Strophenbau[48], verantwortlich vermutlich die autobiographische Lesart der Lieder[49] -, die Lieder am Anfang und am Ende des Hadlaub-Corpus in C einander zu[50]. Bei der von Max Schiendorfer vorbereiteten Neuausgabe der 'Schweizer Minnesänger'[51] sowie bei der als Vorabdruck dieser Neuausgabe erschienenen Hadlaub-Ausgabe orientiert sich Schiendorfer - in Absetzung von Bartsch - sehr eng an der handschriftlichen Überlieferung, übernimmt besonders Dialekteigenheiten und greift insgesamt nur sehr vorsichtig und überlegt

46 Günther Schweikle, Art. Hadlaub, Johannes, VL Bd. 3, 1981, Sp. 379-383, Sp.382.

47 Karl Bartsch (Hg.), Die Schweizer Minnesänger, Frauenfeld 1886; Nachdr. Frauenfeld u. Darmstadt 1964 (Bibliothek älterer Schriftwerke der deutschen Schweiz, VI), S. CLXXXIV-CXCVIII (Kommentar), S. 283-361 (Lieder), S. 453-465 (Kritischer Apparat), fortan zit. als BSM.

48 ebenda, S. 453.

49 ebenda, S. CLXXXV-CXCV.

50 Bartschs Umordnung betrifft folgende Strophen (nach der Zählung Bartschs): C21-C43, C231-C241 (BSM Lied 3-10). Die Strophen C1-C20 u. C44-C230 (BSM Lied 1, 2, 11-51 sowie die drei Leichs 52-54) läßt Bartsch in der von der Handschrift vorgegebenen Reihenfolge.

51 Max Schiendorfer (Hg.), Die Schweizer Minnesänger, Bd. 1: Texte, Tübingen 1990. Fortan orientiere ich mich auch bei der Zählung der Strophen an der Neuausgabe von Schiendorfer, die im Gegensatz zu Bartsch derjenigen der Hs.C entspricht.

in die überlieferte Textgestalt ein, unter der Prämisse, "[...] sich den Informationen der handschriftlichen Quelle prinzipiell so lange anzuvertrauen, wie diese keine eindeutig nachweisbaren Fehler enthält."[52] Damit liegt eine von den allzu weitreichenden Überarbeitungen Bartschs bereinigte Edition vor, die zur Grundlage der folgenden Textinterpretationen werden soll. Unverständlich ist, warum Schiendorfer, der bei der Neugestaltung der 'Schweizer Minnesänger' insgesamt an der Liedreihenfolge der Hs. C festhalten will, gerade Hadlaub von dieser Regel ausnimmt und in diesem Punkt die Eingriffe Bartschs ausdrücklich akzeptiert: "Eine Ausnahme von dieser Regel wird man etwa bei Hadlaub gelten lassen, wo die gleichtonigen Strophen bzw. Liedeinheiten gewiß mit Vorteil nebeneinandergestellt werden."[53] Den Vorteil einer solchen Umordnung kann ich nicht erkennen. Für die Redaktoren der Hs. C war die Gleichtonigkeit der Lieder hier ganz offensichtlich kein Zuordnungskriterium. Unter dem Gesichtspunkt der sorgfältigen und geschlossenen Gestaltung des Hadlaub-Corpus in C stellt die Umordnung der Lieder einen eklatanten Eingriff in die Textgestalt dar. Denn der von Schiendorfer sog. "Nachtrag" auf Blatt 380v stammt vom gleichen Schreiber und Illuminiator (s. v.); die Leerzeile, die hier Lied und Leich absetzt, trennt auch auf Blatt 379r Lieder und Leichs, ist also ebenfalls kein Indiz für eine nachträgliche Zufügung. Ebensowenig läßt sich die Teilung der beiden, in der Handschrift durch die identische Farbe der Lombarden als Einheit gekennzeichneten Lieder C24-C32 (BSM Lied 3 u. 4) und C230-C240 (BSM Lied 5 u. 6) rechtfertigen[54]; verwirrend ist auch die bei Bartsch und Schiendorfer durch einen Stern markierte Absetzung der letzten Strophe des zweiten Liedes (C20), für die es in der Handschrift keinen Anhaltspunkt gibt.

Für die folgende Interpretation des Hadlaub-Oeuvres ist die Liedreihenfolge nach C von entscheidender Bedeutung. Eine Numerierung nach der

---

52 M. Schiendorfer, Hadlaub, S. 179.

53 Max Schiendorfer, Vorschläge zu einer Neugestaltung von Bartschs 'Schweizer Minnesängern', ZfdPh 104, 1985, Sonderheft, S. 102-123, hier S. 107, Anm. 18.

54 Als deutlicher Fehler bspw. erkennbar: die Strophen C 80 - 87 auf Bl. 374v - 375r hat der Illuminator einheitlich rot gekennzeichnet, obwohl der Ton nach Str. C82 wechselt (entsprechend bei BMS und Schiendorfer zwei Lieder, 19 und 20); in der Handschrift fehlt hier am Seitenrand der Nota-Vermerk des Rubrikators, der jeweils den Farbenwechsel anzeigt.

Strophenzählung in C, die für die Leichs außerdem fehlerhaft ist, halte ich für zu unübersichtlich. Ich möchte deshalb die Lieder und Leichs entsprechend der Hs.C neu durchzählen: die Lieder C1-C48, die Leichs C49-C51, das letzte Lied C52 (s. dazu die Konkordanztabelle zu den Editionen von Bartsch und Schiendorfer im Anhang).
Im Mittelpunkt der ersten drei Kapitel der Arbeit soll die Interpretation des Textcorpus stehen: in Kapitel I die der 'Rahmenlieder', die das Oeuvre nach außen abzugrenzen und als innere Einheit zu strukturieren scheinen; in Kapitel II die der Liedfolge, der Zuordnung der Lieder und einer möglicherweise damit etablierten Metaebene der literarischen Diskussion; in Kapitel III die der Leichs und des in ihnen vermittelten Autorkonzepts. Die Ergebnisse der Interpretationen möchte ich dann in Kapitel IV 'Oeuvrebildung' zusammenfassen, dabei die Miniatur erneut miteinbeziehen und das im Oeuvre entworfene Autorprofil des *Meister Johans Hadloubs* herausarbeiten.

I. Rahmenlieder

Die Hadlaub-Lieder sind nach dem in C üblichen Prinzip arrangiert: Jedes Lied unterscheidet sich formal vom vorhergehenden, wobei der Wechsel des Tons durch den Farbwechsel der Lombarden visuell zur Darstellung kommt. Die formale Variation als jeweils spezifische Gestaltung eines Tons demonstriert die Kunstfertigkeit des Minnesängers[1]. Auch bei Hadlaub bleibt jedem Lied innerhalb der Liedfolge eine bestimmte Form vorbehalten. Mit einer Ausnahme: Die Wiederholung einer Form zu Beginn (C2, C4) und ihr erneutes Aufgreifen im letzten Lied (C52)[2] verstoßen gegen diese Grundregel. Die Redaktoren der Hs.C, die ansonsten gleichtonige Strophen zusammenfassen und durch die identische Farbe der Lombarden als Einheit kennzeichnen, ordnen diese Strophen einander nicht zu (anders Bartsch und Schiendorfer, s. Einleitung). Die einleitenden Lieder und das letzte Lied der Sammlung heben sich durch weitere auffällige Gemeinsamkeiten vom restlichen Bestand ab: durch narrative, aus der Ich-Perspektive wiedergegebene Minneszenen - in den Liedern C1, C2, C4 und C52 changieren narrative Passagen mit Reflexionsteilen; und durch die Nennung historischer Personen - in C2 und C52 treten mehrere historisch identifizierbare Personen als Akteure eines Minnespiels auf, die letzte Strophe von C2 preist Heinrich von Klingenberg als minnesangkundigen Herrscher, C3 die Manesse als kenntnisreiche Sammler von Minnesang.
Anhand dieser Gemeinsamkeiten läßt sich ein Zusammenhang der Lieder am Anfang - C1, C2, C3, C4 - und eine Verbindung dieser Lieder mit dem Lied am Ende des Textcorpus - C52 - konstatieren. Von dieser Beobachtung möchte ich ausgehen und aus ihr die These ableiten, daß die Lieder C1-C4 und C52 einen 'Rahmen' um das gesamte Corpus bilden[3]:

1 G. Hahn, Walther, S. 40f.
2 Zur formalen Analyse der Lieder s. R. Leppin, Hadlaub, S. 302-309.
3 Bereits H.-E. Renk, Manessekreis, S. 180, Anm. 5, vermutet einen Zusammenhang der ersten Lieder mit dem letzten Lied, verfolgt dies aber nicht weiter.

Sie umschließen die übrigen Lieder und Leichs und konturieren das Textcorpus als in sich geschlossene, selbständige Einheit. Diese These möchte ich im folgenden Kapitel anhand der einzelnen Liedinterpretationen zu beweisen versuchen. Im Zentrum steht dabei die Frage, inwieweit die Lieder eine ihrer Anordnung entsprechende Funktion besitzen: C1-C4 als 'Eröffnungssequenz', in der die literarischen Prämissen für die folgenden Lieder und Leichs entworfen werden, C52 als 'Schlußposition', die das Ende des Textcorpus signalisiert, so daß beide, Eröffnungssequenz und Schlußlied, die Grenzen des Oeuvres markieren.

1. Die Eröffnungssequenz C1-C4: literarische Prämissen

a. Der epische Aufbau der Minnekonstellation in den beiden einleitenden Liedern

Die Lieder C1 und C2 beginnen jeweils mit einer Minneszene und leiten dann zu einer Minnereflexion über, die mit einer Klage- bzw. Preisstrophe endet. Auf die Notwendigkeit, zwischen dem szenischen ersten Teil der Lieder und dem konventionelleren, als wenig interessanten Appendix der Minneszenen betrachteten zweiten Teil einen Zusammenhang zu rekonstruieren, hat Volker Mertens hingewiesen: "Das Ineinanderspielen von Literatur und Leben ist, in der Nachfolge Ulrichs von Lichtenstein, das Thema der Erzähllieder - in Lied 1 also die Übernahme der Tristan-Rolle in einer als real vorgestellten (aber nicht notwendig realen) Situation. Diese agierte Minne-Vida ist die Basis für die 'subjektive' Äußerung der traditionellen Minne-Ideologie. Die Vorschaltung der erzählten Szene mit dem Sänger als Helden ist die Konsequenz der literarischen Situation: die 'subjektive' Kanzone war durch endlose Variation so objektiv-unpersönlich, so stilisiert-typisch geworden, daß das Subjekt sich völlig verflüchtigt hatte - Zeugnis dafür gibt zum Beispiel die spruchhaft-didaktische Minnelyrik Konrads von Würzburg mit ihrem auch sprachlichen

Verlust des sprechenden Ichs. Nicht mehr im Rahmen der Minnesang-Tradition ließ sich ein Subjekt konstituieren, sondern nur in der 'Realinszenierung' des Autors als Minnenden, der erst dadurch wieder als liebendes und davon singendes Subjekt möglich ist. Daher ist der minnesängerische Schluß der Erzähllieder ihre eigentliche Pointe, um seinetwillen wurden sie inszeniert."[4] Mertens Ansatz möchte ich im folgenden Kapitel insbesondere bei der Interpretation des Liedes C1 aufgreifen, das Zusammenwirken von Minnegeschichte und Minnereflexion und damit die Leistung der von Mertens proklamierten 'Realinszenierung' allerdings im Kontext meiner Fragestellung am Ende des Kapitels neu bestimmen. Prinzipiell problematisch erscheint mir der von Mertens verwendete Subjekt-Begriff zu sein - er ist, wie auch der in der Einleitung skizzierte methodische Ansatz zeigt, nicht ohne weiteres auf mittelalterliche Literatur bzw. konkret auf den Minnesang als Rollendichtung übertragbar.[5] Fragen möchte ich vielmehr, was die Vorschaltung der Minnegeschichte für den Aufbau der traditionellen Ich-Rolle des Minnenden leistet. In einem zweiten Schritt soll dann der Zusammenhang der beiden Lieder C1 und C2, auf den die Miniatur bereits hinweist, unter besonderer Berücksichtigung der Rolle der Minnegesellschaft herausgearbeitet werden.

LIED C1

Ach, mir was lange /
nach ir so wê gesîn, (V. 1-2)

Der Liedeingang von C1 setzt sich konstatierend von der nachfolgenden Minneszene ab. Er besitzt den Charakter einer Sentenz, die eine temporale Ausgangsposition für das an sich zeitlose Minnereflexionslied vor-

---

4 Volker Mertens, Erzählerische Kleinstformen. Die genres objectifs im deutschen Minnesang: "Fragmente eines Diskurses über die Liebe", in: Kleinere Erzählformen im Mittelalter. Paderborner Colloquium 1987, hg. v. Klaus Grubmüller, L. Peter Johnson u. Hans-Hugo Steinhoff, Paderborn - München - Wien - Zürich 1988 (Schriften der Universität-Gesamthochschule-Paderborn, Reihe Sprach- u. Literaturwissenschaft, Bd. 10), S. 49-65, hier S. 63 f.

5 vgl. dazu zuletzt Gerhard Hahn, Zu den ICH-Aussagen in Walthers Minnesang, in: Jan-Dirk Müller u. Franz Josef Worstbrock (Hg.), Walther von der Vogelweide, Hamburger Kolloquium 1988 zum 65. Geburtstag von Karl-Heinz Borck, Stuttgart 1989, S. 95-104.

gibt: Während die Interjektion *Ach* die unmittelbare Betroffenheit des Ichs betont und den Bezug der Aussage zur aktuellen Situation herstellt, bestimmt das Plusquamperfekt Minneleid als vergangene, zeitlich abgeschlossene, aus der Ich-Perspektive des Erzählers wiedergegebene Erfahrung. Die für das Minnelied als Reflexionslied konstitutive Ich-Aussage im zeitlosen Präsens steht hier unter Zeitbezug. Damit kann thematisiert und zum Gegenstand des Liedes werden, was in der Aufführung des Minnelieds ansonsten an sich gegeben ist: die Gegenwärtigkeit der Aussage.

Die Verse 3-4 leiten mit der Vorgabe eines konkreten Handlungsziels, des Minnebekenntnisses an die Dame, zu einer Minnegeschichte über. Entsprechend zum Liedeingang definiert sich das Ich hier folglich nicht im Rahmen einer Minnereflexion in der Minnekonstellation zur Dame, sondern es übernimmt eine epische Rolle. Aufbau und Verlauf der Szene lassen sich kurz skizzieren: Die Szene ist episch real in Raum und Zeit (Gang zur Messe, vor Tagesanbruch, V. 8 u. 11) situiert. Das Ich agiert, es lauert der Dame als Pilger verkleidet auf und heftet ihr heimlich, ohne ihr Wissen, einen Minnebrief ans Gewand (V. 5-12). Die Verkleidung signalisiert die Anonymität des Ichs, macht es in seiner Identität eigentlich unkenntlich, weist es allerdings mit der Anspielung auf den 'Tristan' als Träger einer literarisch vorgegebenen Minnerolle aus, die ein bestimmtes literarisches Programm, die heimliche und erfüllte Minne evoziert. Die Dame deutet die Aktion des Pilgers als Aggression und entzieht sich durch Flucht (V. 15-20). Doch das Ich interpretiert die Reaktion der Dame im Sinne der eigenen Minnerolle:

> *Mich dûchte, si dæchte:*
> *'ist daz ein tobig man?*
> *waz wolde er in die næchte,*
> *daz er mich grîffet an?'* (V. 13-16)

Im Minnekontext signalisiert das Attribut *tobig*, der Minnewahn, den völligen Identitätsverlust durch die Ausrichtung der gesamten Person auf die Dame. Eine entsprechende Replik der Dame würde hier das Ich folglich in seiner Minnerolle bestätigen. Doch dafür gibt es keinerlei Anhaltspunkte, die Reaktion der Dame bleibt der Spekulation des Ichs überlassen. Das Ich treibt die Dame nun zu noch größerer Eile an, damit sie den Brief ungesehen heimbringt (V. 21-24). Am Schluß der 2. Strophe, mit der die eigentliche Minnegeschichte bereits endet, fällt das Stichwort *tougin* (V. 24): Die Briefübergabe stellt den Versuch dar, eine heimliche Minnebeziehung außerhalb jedes gesellschaftlichen Kontextes zu installieren. Die für das Minnelied konstitutive Rolle der Minnegesellschaft, die ambivalent als *huote* oder *vriunde* auftreten kann, kommt somit noch nicht direkt ins Spiel. In der 3. Strophe entwirft nun das Ich wiederum, wie die Rezeption des Briefs durch die Dame ablaufen könnte:

Wie si im do tæte,
des wart mir nit geseit,
ob si in hinwurfe ald hæte.
daz tuot mir sende leit. (V. 25-28)

Letztlich reagiert die Dame auf den Brief nicht, die Handlung stagniert, deutlich im Wechsel Präteritum - Präsens am Ende der beiden Stollen und des Abgesangs (V. 28, 32, 36). Die letzten beiden Verse der 3. Strophe *ôwê, reine minnenkliche, / du tuost mich sêre wunt* (V. 35-36) besitzen in dieser Hinsicht einen ambivalenten Status: Sie signalisieren, daß die Pilgeraktion gescheitert ist und ermöglichen zugleich erstmals eine aktuelle Definition des Ichs in der Rolle des hohen Minnenden - die direkte Anrede an die Dame im Präsens läßt sich als Vergegenwärtigung des im Liedeingang in der Vergangenheit situierten Minneleids bestimmen. Gerade weil sich die Dame jeder eindeutigen Stellungnahme entzieht, löst sie nun aktuell verbindliches Minneleid aus. Die 4. Strophe rekapituliert die Bedingungen und Möglichkeiten, im Minnebereich weiter zu handeln. Mit der Einsicht, daß auch eine alternative Aktionsmöglichkeit, die Entsendung eines Boten, die Dame nicht zum Einlenken bewegen kann, zieht sie einen endgültigen Schlußstrich unter die Minnegeschichte. Die Strophe endet mit der Frage nach der Ursache für das ablehnende Verhalten der Dame: *warumbe tuot si daz?* (V. 48). Diese Frage markiert gleichzeitig den Endpunkt der Minnegeschichte - die absolute Desorientierung des Ichs, die Unmöglichkeit weiteren Handelns - und den Beginn der Minnereflexion: Das Ich kann die Beweggründe der Dame für ihr ablehnendes Verhalten erwägen. Die Ich-Erzählung geht damit in die Ich-Reflexion des zweiten Liedteils über.

Die zentralen Aspekte der Minnezene möchte ich kurz festhalten und zum Ausgangspunkt der folgenden Interpretation machen: die Präsentation des Ichs als Träger einer epischen Rolle und die vor allem mit dem

Verkleidungsmotiv eingespielte literarische Metaebene.

Handlungsaufbau und Inventar von Hadlaubs Pilgerszene - Verkleidung, heimliche Begegnung, Kommunikation per Brief, Entsendung eines Boten - weisen auf den 'Frauendienst' Ulrichs von Lichtenstein. Thematisiert wird in C1 allerdings ausschließlich die Facette *tougen minne*, der bei Ulrich so zentrale Dienstaspekt fehlt. Der Zusammenhang *tougen minne* - Tristanminne, den die Pilgerverkleidung evoziert, läßt sich an die Aussätzigenszene des 'Frauendienstes' zurückbinden. Auch Mertens sieht Hadlaubs "Erzähllieder" in der "Nachfolge" Ulrichs. Doch seine These, daß sich in Hadlaubs ersten Liedern ein Minne- bzw. Minnesänger-Ich nur noch über den Rückbezug auf - im 'Frauendienst' in die Minnesangtradition vermittelte - epische Motive[6] konstituieren kann, beruht auf einer bestimmten Bewertung der literarischen Situation um 1300 als Endstadium der Gattungsgeschichte, nämlich daß sich durch die endlosen Variationen der Kanzone das Ich quasi "verflüchtigt" habe[7]. Sieht man die literarische Situation um 1300 stattdessen geprägt vom neuen schriftliterarischen Status volkssprachlicher Liedkunst im Medium des *buochs*, muß die Übernahme einer vorgebenen epischen Rolle hier nicht per se ein Verbrauchtsein und eine Erstarrung der Ich-Aussage des Minnelieds signalisieren. Die Funktion der epischen Szene in Hadlaubs Lied C1 läßt sich auf dieser Basis neu bestimmen. Von entscheidender Bedeutung ist dabei, was das im 'Frauendienst' verwendete literarische Verfahren, die epische Darstellung hoher Minne aus der Ich-Perspektive, überhaupt zu leisten vermag.
Auf die Problematik, die bei der narrativen Darstellung hoher Minne aus der Ich-Perspektive entsteht und die ich im folgenden kurz am Beispiel des 'Frauendienstes' und des Minnemæres 'Moritz von Craun' skizzieren möchte, hat Sylvia Huot am Beispiel französischsprachiger Handschriften hingewiesen: 1. "[...] the conflict between narrative progression and resolution on the one hand, lyric stasis and openendedness on the other."[8] sowie 2. "[...] the issue of medium. Whereas the twelfth-century romance narrator explicitly presented himself as heir to a long-established written

6 V. Mertens, Erzählerische Kleinstformen, S. 62 f.
7 ebenda, S. 63 f.
8 S. Huot, From Song to Book, S. 2.

tradition, the twelfth-century trouvère was explicitly a singer, whose songs derived from his own personal experience rather than from books."[9] Ohne daß die nur bedingte Vergleichbarkeit der Situation im französischsprachigen mit der im deutschsprachigen Raum übermäßig strapaziert werden soll, lassen sich beide Thesen als Anregung in die folgende Darstellung miteinbeziehen.

Was die epische Darstellung des hohen Minne-Themas im *mære* grundsätzlich verdeutlichen kann, hat Christa Ortmann an dem als Gattungsexperiment angelegten Minnemære 'Moriz von Craun' herausgearbeitet[10]; auf die Ergebnisse dieser Interpretation beziehe ich mich zunächst.

Das *mære* operiert, so Ortmann, im Gegensatz zur an sich zeitlosen Minnekanzone auf einer zeitlichen Ebene; Minne ereignet sich, besitzt durch die zeitliche Begrenzung finalen Charakter und kann aus der Perspektive des Erzählers beurteilt werden[11]. Der Zeitbezug, der mit der Transposition der hohen Minnekonstellation in eine Minnegeschichte wirksam wird, hat im 'Moriz von Craun' folgende Konsequenzen: Er fixiert die zeitlose Minnekonstellation in der geschichtlichen Gegenwart; die eigentlich anonymen Minnerollen werden identifizierbar als reale, handelnde Personen dieser Zeit; auch der Dienst an der Dame, der in der Minnekonzeption des Minnesangs auf unendliche Optimierung angelegt ist, wird durch die narrative Darstellung zeitlich definiert, die im Minnesang prinzipiell unlösbare Frage, welche Qualifikationsleistung erbracht werden muß, damit die Dame lohnt, ist mit dieser konkreten zeitlichen Festlegung zu beantworten; die Dame kann über den Zeitpunkt des Lohns nicht mehr frei verfügen - für die hohe Minnedame im Lied obligatorisch - und steht vor der Alternative, entweder die mit dem Dienst-Lohn-Vertrag rechtsverbindlich zugesagte Erfüllung zu gewähren, so aber den eigentlich unermeßlichen Status der hohen Minnedame zu definieren oder auf ihrer Souveränität zu bestehen, sich damit allerdings ins Unrecht zu setzen[12]. Die Destruktivität dieser Alternative zeigt das Ende

---

9 ebenda.

10 zum folgenden C. Ortmann, Die Bedeutung der Minne im 'Moriz von Craun', S. 394-403.

11 ebenda, S. 394.

12 ebenda, S. 394-397.

des 'Moriz von Craun': Die Dame gewährt den Lohn und demontiert damit ihren eigenen Rang[13]. Der fehlende Zeitbezug, der im hohen Minnesang die Rolle der Dame kennzeichnet, wird abschließend kritisch reflektiert: Minne muß, um sich als verbindliches Modell ritterlicher Bewährung erweisen zu können, unter zeitlichen Bedingungen - hier konkret in der politischen, reichsgeschichtlichen Gegenwart - realisierbar sein[14]. Das Problem der Realisierbarkeit der Minne, das die narrative Darstellung herausarbeitet, läßt sich als Focus des Gattungsexperiments bestimmen: Mit der Transposition der hohen Minnekonstellation auf die Ebene des *mære* kann der Anspruch des literarischen Modells, eine umfassende Orientierung für höfisches Verhalten in der Welt zu geben, diskutiert werden. Das Gattungsexperiment des 'Moriz von Craun', so Ortmanns Fazit, macht den politischen Geltungsanspruch des literarischen Modells explizit[15].

Auch der 'Frauendienst' thematisiert als Ich-Erzählung, die u.a. Lieder, Büchlein, Leich miteinbezieht, die Vermittlung von epischer Darstellung und hoher Minne. Er gibt in Prolog und Epilog Auskunft über Deutungsprämissen und Status der Ich-Erzählung - anders als Hadlaubs Lied C1, das die Ich-Erzählung aufgreift und deren literarische Voraussetzungen nicht eigens aufdeckt. Im 'Frauendienst' Ulrichs wird der Übergang vom Prolog zur Erzählung als Wechsel vom *lob* zum *mære* bezeichnet: *Nâch disem lob sô heb ich an / ein mære, als ich beste kan.* (FD 7,1-2)[16] Die Aussage läßt sich als Ankündigung eines Gattungssprungs verstehen, der 'Frauendienst' aus dieser Perspektive - ähnlich wie der 'Moriz von Craun' - als Gattungsexperiment interpretieren. Diese im 'Frauendienst'-Seminar in Konstanz im Wintersemester 1988/89 von Christa Ortmann entwickelte These[17] kann hier weder in angemessener

---

13 ebenda, S. 398.

14 ebenda, S. 400 f.

15 ebenda, S. 403.

16 zit. nach der Ausgabe von Reinhold Bechstein (Hg.), Ulrich's von Liechtenstein Frauendienst, Erster und Zweiter Theil (Deutsche Dichtungen des Mittelalters, hg. v. Karl Bartsch, Bd. 6 und 7), Leipzig 1888.

17 vgl. dazu jetzt grundlegend den kürzlich erschienenen Aufsatz von Christelrose Rischer, *wie süln die vrowen danne leben?* Zum Realitätsstatus literarischer Fiktion am Beispiel des 'Frauendienstes' von Ulrich von Lichtenstein, in: Gerhard Hahn u. Hedda Ragotzky (Hg.), Grundlagen des Verstehens mittelalterlicher Li-

Form diskutiert noch hinreichend auf die umfassende und kontroverse Forschung zum 'Frauendienst' bezogen werden: Das würde eine intensive Arbeit am Text erfordern, die den Rahmen dieser Dissertation sprengt. Nur die für die Hadlaub-Lieder wesentlichen Ergebnisse möchte ich kurz zusammenfassen.

Anders als im 'Moriz von Craun' agiert das Ich im 'Frauendienst' nicht nur in der Rolle des Minnenden, sondern auch in der des Minnesängers. Damit kommt die Gattung Minnesang selbst ins Blickfeld. Dies wird bereits im Prolog deutlich: Das literarische Ich wird eingeführt in der Rolle des Sängers, der *guoten wîben* huldigt, obgleich ihm in der Rolle des nicht-erhörten Minnedieners die Erfahrung dieser *güete* versagt bleibt (FD 1,1-3). Die konzessive Satzkonstruktion problematisiert den Zusammenhang von Minnediener- und Sängerrolle. Die zentrale Formel des Prologs *daz wîbes güete niemen gar / volloben an ein ende mac* (FD 2,2-3) bringt diese Problematik auf den Punkt: Der Absolutheit und Unendlichkeit von *wîbes güete* auf der Minneebene entspricht auf der Minnesangebene die Absolutheit und Unendlichkeit des *lobs*; *lob* ist, paradox, uneinlösbar und verpflichtend zugleich - weder quantitativ meßbar, noch qualitativ bewertbar, jenseits aller definierbaren literarischen Möglichkeiten, doch aufgrund des absoluten Status von *wîbes güete* unverzichtbar. Der Unfähigkeitstopos, der zum Inventar des Prologs in der Epik gehört, bekommt damit hier eine besondere Note: Aufgrund der Gattungsvorgabe ist aus der Minnesängerrolle das notwendige *lob* der Dame überhaupt nicht zu leisten. Es realisiert sich, wie die 5. Strophe des Prologs zeigt, unabhängig von jeder Ich-Instanz.

Der am Ende des Prologs angekündigte Gattungssprung vom *lob* zum *mære* (FD, 7,1-2) ermöglicht nun zweierlei:

1. Er etabliert ein zeitliches Bezugssystem, das den Aufbau eines Ich-Protagonisten - Träger des Minneprogramms - als einer in Raum und Zeit agierenden Figur ermöglicht, der Minne tatsächlich realisieren und *vreude* prinzipiell erfahren kann. Ähnlich wie im 'Moritz von Craun' de-

---

teratur. Literarische Texte und ihr historischer Erkenntniswert, Stuttgart 1992, S. 133-157. Auch Rischer beschreibt hier den 'Frauendienst' als Gattungsexperiment und versucht aus dieser Perspektive seine Funktion zu bestimmen; besonders aufschlußreich für die folgende Darstellung ist ihre Deutung des Prologs, S. 137-139.

monstriert das Minnedienstleben des *hern Uolrîch* im ersten Teil des 'Frauendienstes' exemplarisch die Umsetzung des Verhaltensentwurfs, den die Minnekanzone vorgibt.[18] Kommunikation per Brief und Bote sowie heimliche Begegnung bezeichnen darin verschiedene Stufen der Annäherung an die hohe Minnedame, in denen der auf sie ausgeübte Druck, *hern Uolrîchs* Werbung anzunehmen und den entsprechenden Lohn für den geleisteten Dienst zu gewähren, ständig wächst. Der Versuch der Dame, sich den Forderungen des *hern Uolrîch* zu entziehen, bestimmt den Handlungsverlauf im ersten Teil des 'Frauendienstes'. Denn wie im 'Moriz von Craun' läßt sich auch hier die Rolle der hohen Minnedame nicht episch realisieren: Sie muß sich, will sie ihren Status als summum bonum nicht zerstören, dem Anspruch entziehen, der mit den zeitlichen Bedingungen des *mære* gegeben ist, nämlich tatsächlich einzulösen, was in ihrer Rolle definiert ist - in letzter Konsequenz die Gewährung der erotischen Erfüllung. Die Fortsetzung der Erzählung verdeutlicht, daß sich die Figur der hohen Minnedame, wie sie im Ich-Reflexionslied des Minnesangs gesetzt ist, nicht in eine Minnegeschichte integrieren läßt. *her Uolrîch* kündigt den Dienst an der hohen Minnedame auf und wählt sich eine neue Dame[19], die entsprechend Walthers Programm der *herzeliebe* bereit ist, die in ihr eindefinierte *güete* tatsächlich zu realisieren und *vreude* erfahrbar zu machen. Der zweite Teil des 'Frauendienstes' kann so episch real vorführen, daß Minne *vreude* bewirkt und damit eine gesellschaftskonstitutive Funktion besitzt, und demonstriert auf diese Weise ähnlich wie der 'Moriz von Craun' den politischen Geltungsanspruch des literarischen Modells.

2. Durch die Doppelung von Minne- und Minnesänger-Ich installiert der Gattungssprung vom *lob* zum *mære* gleichzeitig einen nach den Gattungsvorgaben der Epik mit den entsprechenden literarischen Möglichkeiten ausgestatteten Ich-Erzähler: Sein 'Werk' ist, wie der Prolog be-

---

18 vgl. auch Klaus Grubmüller, Minne und Geschichtserfahrung. Zum 'Frauendienst' Ulrichs von Liechtenstein, in: Geschichtsbewußtsein in der deutschen Literatur des Mittelalters. Tübinger Kolloquium 1983, hg. v. Christop Gerhardt, Nigel F. Palmer u. Burghart Wachinger, Tübingen 1985, S. 37-51, S. 46.

19 vgl. auch Ingeborg Glier, Diener zweier Herrinnen: Zu Ulrichs von Lichtenstein Frauendienst, in: The Epic in Medieval Society, ed. by Harald Scholler, Tübingen 1977, S. 290-306.

tont, im Gegensatz zum literarisch nicht faßbaren *lob* beurteilbar - *daz ez iuch alle dunke guot* (FD 7,6) - und besitzt den im epischen Kontext erforderlichen Wahrheitsanspruch - *ich hab daz liegen dran versworn* (FD 7,8) -, wiederum im Gegensatz zum Minnesänger, dessen *lob* im Modell der hohen Minne ja gerade nicht auf der Erfahrung von *wîbes güete* beruhen kann. Der Wahrheitstopos ist für den mittelalterlichen Erzähler von besonderer Relevanz: Er versteht sich als Vermittler eins bereits vorliegenden Stoffes, als Träger der Überlieferung. Von dieser literarisch definierten Kompetenz her ist die Funktion des Ich-Erzählers im 'Frauendienst' zu bestimmen. Das Heraustreten aus der Gattung Minnesang, die 'epische Außenperspektive' auf die Gattung als Ganzes, ermöglicht eine literarhistorische Diskussion, in deren Verlauf der literarische Rang der Gattung zur Geltung gebracht und ihre literarische Qualität bewertet werden kann. Wie sehr der 'Frauendienst' aus der literarischen Situation des 13. Jahrhunderts mit der Tendenz zur Schriftlichkeit zu begreifen ist, wird im Epilog deutlich. Er greift die zentrale Formel des Prologs *volloben an ein ende*, mit der die Unermeßlichkeit des *lobs* und die Unmöglichkeit, es in seiner literarischen Qualität zu fassen, thematisiert wird, wieder auf: *alsô daz ichz [ditz buoch] voltihtet gar* (FD 1845, 4-5). Das *buoch* fungiert als *lobes hort* (FD 1850, 4), in dem *lob* aufbewahrt und dauerhaft fixiert, damit in seiner literarischen Qualität bewertet werden kann.

Welche Funktion besitzt nun die epische Darstellung in Hadlaubs Lied C1?

Bei Hadlaub fällt der epische Kontext, in den die Lieder bei Ulrich eingebunden sind, gänzlich weg. Es setzt bereits auf einer zeitlichen Ebene an: Die Sentenz des Liedeingangs bestimmt die Position des Ichs temporal. Was Ulrich im *mære* in epischer Breite als aufeinanderfolgende Stationen eines Minnedienstlebens entfaltet, rafft Hadlaub zu einer komprimierten und - als Veranschaulichung der *tougen minne* - fast absurden Begegnungsszene. Die heimliche Begegnung ohne gegenseitiges Erkennen - in der Aussätzigenszene des 'Frauendienstes' diktiert die Dame selbst die Verkleidung und sichert so die Identifizierbarkeit des Minnedieners - und die heimliche Briefübergabe ohne Vermittlungsinstanz - im 'Frauendienst' garantiert der Bote als Vertrauensperson die zuverlässige Über-

mittlung des Briefs und überbringt die Antwort der Dame - können keine Re-aktion, keinen Fortgang der Handlung mobilisieren. Die verschiedenen Aktionsmöglichkeiten, die Dame zum Einstieg in die epische Minnebeziehung zu bewegen, werden so ineinander montiert, daß sie ins Leere laufen. Der Verlauf der Szene macht deutlich, daß sich die Dame gerade nicht unter Zeitbezug setzen und sich dem mit der epischen Darstellung wirksamen Realisierungsanspruch, tatsächlich zu verwirklichen, was in ihrer Rolle definiert ist, nicht unterstellen läßt. Damit wird die Dame in der Rolle der hohen Minnedame identifizierbar. Die Minneszene dient hier dazu, das Modell hoher Minne zu etablieren. Die epische Darstellung konturiert die hohe Minnekonstellation in ihrer Zeitlosigkeit und setzt sie so als gegenwärtig. Offen bleibt allerdings zunächst die mit der epischen Darstellung virulent gewordene Frage nach der Möglichkeit, über die hohe Minne *vreude* zu erfahren, und damit nach der gesellschaftlichen Relevanz der Minne.
An der Pilgerszene läßt sich auch das zweite, nach Huot bei der narrativen Darstellung hoher Minne aus der Ich-Perspektive entstehende Problem - der Sänger bezieht sich mit seiner Aussage auf die eigene personale Erfahrung, der Erzähler begreift sich in der Tradition der Überlieferung - zeigen. Die scheinbar personale Erfahrung von Minneleid, die in Hadlaubs Lied C1 episch inszeniert und gerade dadurch ausdrücklich als 'real', als authentisch ausgegeben wird, rekurriert auf eine erkennbare literarische Folie, den 'Frauendienst' bzw. auf das über den 'Frauendienst' in die Minnesangtradition vermittelte Tristanmotiv. Damit wird das Ich aufgebaut als Träger einer literarischen Rolle und steht explizit in einer literarischen Tradition. Was im 'Frauendienst' die Einführung des Erzählers leistet, wird hier als Ausgangspunkt des Minneliedes gesetzt: Das Ich etabliert sich über den Rückbezug auf die literarische Tradition und bezieht damit eine dezidiert literarhistorische Position. Erst nachdem es in dieser traditionellen Rolle aufgebaut worden ist, beginnt nun im folgenden Liedteil die eigentliche Minnereflexion.

Der zweite Teil des Liedes setzt scheinbar mit einem Bruch der Argumentation ein. Er greift die am Ende der 4. Strophe gestellte Frage nach den Ursachen für das ablehnende Verhalten der Dame nicht auf und thematisiert stattdessen, wie unter zeitlosen Bedingungen die unio mit der Dame vollzogen und Minneidentität eindeutig und positiv definiert werden kann: Die Dame dringt ins Herz ein. Mit dem Bild vom Wohnen der Dame im Herzen kann das Axiom von der Unerreichbarkeit der Dame außer Kraft gesetzt werden, ohne daß ihr Status als hohe Minnedame zerstört wird; sie bleibt *diu hêre* (V. 51) und gewährt trotzdem Erfüllung, *mit wunnen, die si hât* (V. 56). Die Dame im Herzen verhält sich gemäß der Minnenorm (*gefüege*, V. 57), ist *arges frî* (V. 60) - im ersten Liedteil läuft sie davon, bleibt passiv und feindselig. Auf dieser Basis gelingt die positive Bestimmung der Minnerolle des Ichs (*ginesin*, V. 59) - im ersten Liedteil droht ihm der totale Identitätsverlust (*tobig man*, V. 14). Die Konkretisierung des Bildes in den beiden Konzessivsätzen *Sî kan sô gefüege wesin, / swie sî mêr danne mîn herze sî* (V. 57-58) und *swie si drinne gât, des mag ich ginesin* (V. 59) macht transparent, daß in der 'unio im Herzen' die Gesetzmäßigkeiten von Raum und Zeit aufgehoben sind. Der Beginn der 6. Strophe ist parallel zum Beginn der 2. Strophe konzipiert: *Mich dunket, man sæhe* (V. 61) - *Mich dûchte, si dæchte* (V. 13). Auch hier soll über diese Formel eine Bestätigung der Minnerolle des Ichs anvisiert werden - die Beglaubigung der unio durch die Gesellschaft. Im Unterschied zur 2. Strophe leitet der Konjunktivsatz hier keine mögliche, sondern eine deutlich als irreal gekennzeichnete Aussage ein: Man sähe die Dame, würde das Herz aufgebrochen, darin stehen (V. 61-66). Eine Anerkennung der Minne durch die Gesellschaft kann unter diesen Bedingungen nicht erfolgen. Gegen Ende der 6. Strophe findet sich in der bisher ausschließlich im zeitlosen Präsens gehaltenen Passage die erste Zeitangabe: *Nû* (V. 69). Sie macht nochmals die Leistung des Bildes deutlich: im zeitlosen Augenblick die Dame zu vergegenwärtigen. Der Vereinnahmung durch das Ich kann sich die Dame hier nicht entziehen. Auf der Ebene des Bildes kann das Ich mit der 'Dame im Herzen' autark und, wie der anschließende Konzessivsatz (V. 70) zeigt, ohne von ihrem tatsächlichen *frömden* tangiert zu werden, operieren. Der Konzessivsatz aber bringt mit dem Hinweis auf das weiterhin ablehnende Verhalten der Dame die Minnedame als 'reale' Geliebte wieder ins Spiel. Die Konsequenz: Zwischen den *wunnen*, die die Dame im Herzen garantiert (*mit wunnen, die si hât*, V. 56), und den *rechten wunnen* (V. 71), der tatsächlichen körperlichen Erfüllung, die weiter aussteht, muß am Ende differenziert werden. Das Bild vom Wohnen der Dame im Herzen kann punktu-

ell und an den zeitlosen Augenblick gebunden die Minneparadoxie aufheben und die Minneidentität des Ichs herstellen, aber es bezeichnet auch die Diskrepanz zwischen der irrealen unio im Herzen und der realen Erfüllung in der Zeit. Anders als am Ende der Minnegeschichte, an dem die offene - und offengebliebene - Frage nach den Beweggründen der Dame die totale Orientierungslosigkeit des Ichs in Bezug auf die Minnedame signalisiert, präsentiert sich das Ich nun in der Position des Minnenden, der die Dame im Herzen trägt, als solcher jedoch von Seiten der Gesellschaft, die im Lied obligatorisch in der Rolle der *huote* oder *vriunde* die Minneaktivität des Ichs bestätigt und damit die gesellschaftliche Relevanz der Minnebindung aufzeigt, nicht identifizierbar ist und deshalb ohne gesellschaftliche Wertzusprache bleibt.
Der zweite Liedteil macht die literarischen Bedingungen der Minnereflexion explizit: Das Ich entwirft die Minnekonstellation innerhalb einer Reflexion, in der die Dame gesetzt und verfügbar ist. Die Differenzierung zwischen der unio im Herzen und der realen Erfüllung bestimmt den Fluchtpunkt der Minnereflexion: aus der Situation des 'Noch-nicht' die ausstehende Erfüllung und damit die Zeitlichkeit der Minne einzuklagen. Auffällig ist die parallele Konzeption beider Liedteile. Der Aufbau des Bildes 'unio im Herzen' orientiert sich am Aufbau der Pilgerszene und bringt so den Kontrast Zeitlichkeit - Zeitlosigkeit zur Geltung. Und das Bild von der Dame im Herzen, im Minnesang oft verwendet und sehr unterschiedlich akzentuiert[20], besitzt wie die Pilgerrolle eine literarische Tradition. Besonders die Konkretisierung des Bildes ist durch Heinrich von Morungen geprägt, wie Helmut Tervooren in seinem Kommentar zur Morungen-Ausgabe betont[21]. Hadlaubs Gestaltung des Bildes läßt sich z.T. wörtlich auf die einschlägigen Morungen-Strophen zurückführen (besonders MF 126,16; 127,1; 133,5): das gewaltsame Eindringen der Dame ins Herz (MF 126,18; 127,5f.), die Differenzierung unio im Herzen - 'reale' unio (bei Hadlaub *rechte wunnen*, bei Morungen *rehtiu liebe* MF 133,5; 126,18f.; 127.7f), der ungeminderte Rang der Dame (*hêrer* MF

20 Übersicht zur Verwendung des Bildes bei Friedrich Ohly, Cor amantis non angustum. Vom Wohnen im Herzen, in: ders., Schriften zur mittelalterlichen Bedeutungsforschung, Darmstadt 1977, S. 128-155.
21 Helmut Tervooren (Hg.), Heinrich von Morungen. Lieder, Stuttgart 1975, S. 154.

126,17), die Beherrschung des Herzens durch die Dame (MF 126,16), die totale Okkupation (MF 133,9ff.), die Konkretisierung des Bildes in den von Hadlaub fast als Formel zitierten Morungen-Versen *der enzwei brae-che mir daz herze mîn, / der möhte sî schône drinne schouwen* (MF 127,3f.). Der Bildaufbau in C1 läßt sich vor diesem Hintergrund auch als Kombination einzelner, aus verschiedenen Morungen-Strophen isolierter Bildelemente beschreiben - wobei natürlich andere, bei Morungen zentrale Elemente, z. B. das Eindringen durch die Augen, fehlen: Die Montage des Bildes in C1 soll Morungens Minnekonzept nicht ausführen, sondern - als Erkennungszeichen - das Ich als Träger eines traditionellen literarischen Konzepts ausweisen.

Der Zusammenhang von erstem und zweitem Liedteil, von Minnegeschichte und Minnereflexion, läßt sich auf dieser Basis bestimmen. In der Minnereflexion fixiert das Ich mit dem Rückbezug auf Morungen die eigene Position literarisch: Es führt sich über den Rekurs auf ein traditionelles, mit dem Markenzeichen 'Morungen' versehenes Konzept ein. Die Ich-Rolle wird nicht nur episch aufgebaut, sondern konkret mit einem bestimmten literarischen Programm ausgestattet. Sie zeichnet sich damit durch ihren literarischen Status aus als eine Ich-Rolle, die sich als Träger eines literarischen Programms über den Bezug auf die literarische Tradition der Gattung definiert.

Mit dem Ende der 6. Strophe ist die Position des Ichs über den Rekurs auf Morungen literarisch bestimmt: Erfüllung steht weiter aus, das Ich befindet sich im Zustand des Minneleids. Auf dieser Basis realisiert es in der 7. Strophe Minnesang als Minneklage. Das Ich bezieht sich in dieser Klage nicht direkt auf die Dame, sondern auf die Minne als Instanz. In der Wendung an die Minne liegt die besondere Destruktivität dieser Klage: Als universales Prinzip, das nicht taxierbar ist, vermittelt die Instanz Minne keine Aussicht auf Erfüllung, auf die zumindest potentielle, zukünftige Realisierbarkeit des Minneziels. Das Ich ist der Macht der Minne total ausgeliefert. Die Perspektivenlosigkeit des Ichs kommt durch die Häufung der Zeitsignale in der 7. Strophe zum Ausdruck. Damit stellt die letzte Strophe des Liedes C1 die Frage, welche *vreude*-Möglichkeit diese im Rekurs auf ein traditionelles Konzept definierte Ich-Rolle letztlich besitzt. Eine Anerkennung durch die Gesellschaft, wie sie bereits mit der Formel *Mich dunket, man sæhe* aufgerufen und im vorletzten Vers mit dem Stichwort *huote* konkret anvisiert wird, steht weiter aus. So gibt das Lied C1 am Ende eine Perspektive auf das folgende Lied C2 vor, in dem die Minnegesellschaft in Aktion treten wird.

LIED C2

Volker Mertens parallelisiert in seinem Aufsatz die Lieder C1 und C2. Aber dazu sind sie von ihrer Anlage her zu verschieden: C2 enthält zwar wie C1 eine Minneszene, aber keinen mit C1 vergleichbaren Reflexionsteil, identifiziert stattdessen in einem zweiten Teil die in der Minneszene anonym eingeführten Akteure als historisch reale Personen. C2 besitzt damit einen deutlich anderen Schwerpunkt als C1: Die Gesellschaft kommt als die dritte im Minnemodell obligatorische Rolle hinzu.

> *Ich diene ir sît daz wir beidiu wâren kint.*
> *diu jâr mir sint gar swær gesîn,*
>
> *Wan si wag so ringe mînen dienest ie:*
> *sin wolte nie geruochen mîn.* (V. 1-4)

Der Liedeingang von C2 setzt mit der *ich diene*-Formel eine neue Ausgangsposition: Minne wird definiert als Bewährungsbereich - das Ich kann sich im Dienst an der Dame qualifizieren und so dem Erfüllungsaufschub eine positive Bedeutung abgewinnen - und als Rechtsbeziehung - das Ich kann die Erfüllung als Lohn für geleisteten Dienst einklagen. Bewährungsbereich bleibt die Minne allerdings nur, solange für das Ich die begründete Hoffnung auf Einlösung des Lohns durch die Dame besteht. Der 2. Stollen des Aufgesangs problematisiert die ausbleibende Reaktion der Dame auf den bisher geleisteten Dienst. Wieder wird dabei ein zeitlich abgeschlossener Vorgang aus der Perspektive des Erzählers berichtet und beurteilt: Die Dame vermittelt definitiv (Präteritum) keine Aussicht auf Erfüllung in der Zeit (Binnenreim *ie - nie*), was der in C1 herausgearbeiteten Definition der nicht unter Zeitbezug zu stellenden hohen Minnedame entspricht. Mit der Dienst-Lohn-Konzeption gibt der Liedeingang eine neue Perspektive für das Ich vor und stellt sie durch den Rekurs auf die 'klassische' Damenrolle sogleich wieder in Frage: In den beiden Stollen des Aufgesangs werden die Positionen von Ich und Dame jeweils in unterschiedlichem Tempus bestimmt (*ich diene - si wag*), die Minnerollen lassen sich aktuell nicht aufeinander beziehen, die Minnedienstkonstellation ist nicht herstellbar. An diesem Punkt ergreift die Minnegesellschaft die Initiative:

> *Daz wart irbarmende herren, dien wartz kunt,*
> *daz ich nie mit rede ir was giwesen bî.*
> *des brâchten sî mich dar zestunt.* (V. 5-7)

irbarmende herren arrangieren ein präzise in Raum und Zeit fixiertes Treffen zwischen Ich und Dame. Wie in C1 kippt auch hier die mit der *ich diene*-Formel angekündigte Minnereflexion in eine Minnegeschichte. Doch die epische Darstellung in C2 kann an einer anderen Position innerhalb des Rollenschemas ansetzen. Denn in der Dienst-Lohn-Konzeption ist die gesellschaftliche Relevanz der Minne - anders als im Konzept der *tougen minne* in C1 - von vornherein unmittelbar enthalten: Dienst als Akt der Bewährung fordert nicht nur von Seiten der Dame Anerkennung, auch die Gesellschaft muß die im Dienst erwiesene Qualifikation des Ichs als sozialkonstitutive Leistung bestätigen. Dementsprechend steht hier die Gesellschaft im Mittelpunkt: Sie setzt das in der Rolle der *vriunde* bzw. *helfære* - s. das entsprechende Attribut *irbarmende* - vorgezeichnete Programm der Zustimmung zur Minne und der Bereitschaft zur Unterstützung der Werbung des Ichs aktiv um; das Ich bleibt passiv und berichtet, was ihm geschieht.

> *Swie ich was mit hôhen herren komen dar,*
> *doch was si gar hert wider mich.*
>
> *Si kêrt sich von mir, do sî mich sach, zehant:*
> *von leide geswant mir, hin viel ich.*
>
> *Die herren huoben mich dar, dâ si saz,*
> *unde gâben mir balde ir hant in mîn hant.*
> *do ich des bevant, do wart mir baz.* (V. 12-14)

Die Gesellschaft bringt das Ich zur Dame, die Dame wendet sich ab, das Ich fällt in Ohnmacht. Die Ohnmacht des Ichs ist wiederum Zeichen totalen Identitätsverlusts und totaler Ausrichtung auf die Dame, ähnlich wie in C1 die Kennzeichnung *tobig man*. Dadurch wird die Dame gegenüber der Gesellschaft als ausschließliche Orientierungsfigur in Szene gesetzt. Mit dieser traditionellen Definition der Rollenbeziehungen erstarrt die epische Konstellation. Erneut ergreift die Gesellschaft die Initative: Sie arrangiert die Minnedienstkonstellation. Anders als in der 1. Strophe liegt hier der Akzent nicht mehr auf der *helfe*-Rolle der Gesellschaft (Attribut *irbarmende*), sondern durch das Attribut *hôh*, das im Minnemodell eigentlich den absoluten Status der Dame bezeichnet, auf ihrem ständischen Rang. Der gemeinsame Auftritt inmitten *hôher herren* bringt die gesellschaftliche Anerkennung des Ichs zum Ausdruck, die für die Dame allerdings, wie das konzessive *swie* zu Beginn der 2. Strophe signalisiert, irrelevant ist. Damit läuft die Minnehandlung auf einen kritischen Punkt zu: Die Minnegeschichte würde die Wertzusprache von Seiten einer ranghohen ständischen Position als unverbindlich ausweisen. Erst durch die erneute Initiative der Gesellschaft kann dieser kritische Punkt überwunden werden.

Die epische Darstellung mit der Gesellschaft als Handlungsträger thematisiert hier die Paradoxie hoher Minne unter einem neuen Blickwinkel: als Widerspruch zwischen der Dienst als Akt der Bewährung anerkennenden Wertzusprache durch dic Gesellschaft und der Lohnverweigerung durch die Dame. Die Gesellschaft stellt die Minnedienstkonstellation her und beharrt so auf der Verbindlichkeit und Eindeutigkeit gesellschaftlicher Anerkennung.

Die Gesellschaft agiert - das Ich interpretiert und kommentiert die Minnehandlung wie in C1 aus seiner eigenen Perspektive: *Mich dûchte, daz ...* (V. 15). Es deutet die Geste des Handreichens als verantwortungsbewußtes, freiwilliges Einlenken der Dame und setzt so die notwendige Souveränität und Unabhängigkeit der Minnedame von der Gesellschaft frei (V. 15-21). Dadurch kann es dem Verhalten der Dame ein Erfüllungsversprechen entnehmen - die Wendung *recht geschowen* (V. 24) konnotiert die in C1 eingeklagten *rechten wunnen*. Die Verheißung der Erfüllung löst *fröide* aus, die - als Teilnahme an dem in der Dame verkörperten Wert (*suoze*, V. 27) - in ihrer Absolutheit nicht mehr überbietbar ist (*wa wart ie man so fröiden vol?*, V. 25; *mîn fröide nie mêr wart so grôz*, V. 28). In der Interpretation der Szene aus der Ich-Perspektive kann die Identität des Ichs positiv und episch real bestimmt werden. Doch in der 5. Strophe entsteht ein neues Dilemma: Das Ich beharrt gegenüber der Dame ausdrücklich auf dem - bisher nur über die eigene Interpretation vermittelten - Erfüllungsmoment, die Dame entzieht sich der geforderten definitiven Bestätigung und beißt das Ich in die Hand. Das mit höfischen Verhaltensformen nicht zu vereinbarende Zubeißen der Dame ist als Signal dafür anzusehen, daß die Situation - ähnlich wie in manchen schwankhaften Passagen des 'Frauendienstes' und des 'Moriz von Craun'[22] - außer Kontrolle gerät. Denn die epische Inszenierung hat die Dame wiederum in eine Zwangssituation manövriert, in der sie vor der destruktiven Alternative definitive Erfüllungszusage bzw. definitive Erfüllungsverweigerung steht. Der Biß der Dame läßt sich mit dieser Alternative nicht verrechnen, er kann aus der Ich-Perspektive ambivalent gedeutet werden:

Si wânde, daz es mir wê tæt, do froete ez mich:
so gar suozze ich ir mundes bevant.

Ir bîzzen was so zartlich, wîblich, fîn,
des mir wê tet, daz sô schiere zergangen was.
mir wart nie baz, daz muoz wâr sîn! (V. 31-35)

Die Dame scheint - physisch konkretisiertes - Leid zufügen zu wollen; das Ich rezipiert den Biß jedoch als Akt der Zuwendung, attestiert der Dame minnegerechtes Verhalten (*zartlich, wîblich, fîn*) und empfindet erst durch das Ende dieses 'liebevollen' Aktes Leid. Über die Deutungsperspektive des Ichs auf die Minnehandlung kann zunächst absolute *fröide* freigesetzt und dann als zeitbezogener Erfüllungsmoment in die epische Szene integriert werden. Die Bekräftigungsformel im Präsens am Schluß der 5. Strophe - *daz muoz wâr sîn* - demonstriert, daß *fröide* für das Minne-Ich tatsächlich real erfahren worden ist, die entsprechende Interpretation der Szene aus der Ich-Perspektive jedoch einer Bestätigung bedarf.

Erneut greift die Gesellschaft als zuständige Instanz ein. Sie appelliert in der 6. Strophe an die Dame, durch ein Minnepfand die Minnebindung auf Dauer zu etablieren und offiziell zu bestätigen. Wieder bleibt die epische Darstellung mehrdeutig: Die Gesellschaft faßt das Zuwerfen des *nâdilbeins* (V. 38) als unwillige Geste auf, die nicht eindeutig auf ein Einverständnis der Dame schließen läßt, und beharrt auf einer Wiederholung der Pfandübergabe; das Ich akzeptiert dagegen bereits die erste Über-

22 K. Grubmüller, Minne und Geschichtserfahrung, S. 41; C. Ortmann, Die Bedeutung der Minne im 'Moriz von Craun', S. 397 f.

gabe und sieht in der Wiederholung nur eine Zeitverzögerung, einen Aufschub der endgültigen Erfüllungszusage. In Erwartung der zweiten Übergabe, die nicht mehr thematisiert wird, definiert es sich, entsprechend der klassischen Ich-Rolle des unerhörten, auf baldige Erfüllung hoffenden Minnedieners, paradox: *in sender nôt wart ich so frô* (V. 42). Durch das Präteritum wird in der Zeit real fixiert, was durch die Simultanität von Liebe und Leid einer zeitlichen Bestimmung gerade enthoben ist.
Die Minneszene in C2 ist anders aufgebaut als in C1 und zeitigt ein anderes Ergebnis. Die Gesellschaft setzt das Programm der *helfe*-Rolle in Handlung um: Sie initiiert die Minnebegegnung, arrangiert die Minnedienstkonstellation, bestätigt schließlich deren Gültigkeit. Das Ich interpretiert die Szene aus der eigenen, ebenfalls rollenspezifischen Perspektive: Es kann sich positiv auf die Dame beziehen, erfährt *fröide* und in der Minnerolle gesellschaftliche Wertzusprache. Durch die Kombination 'Aktion der Gesellschaft' - 'Deutung des Ichs' kann die Dame ambivalent inszeniert werden. In dieser Ambivalenz ist auch die hohe Minnedame in eine Minnegeschichte zu integrieren: Die Minneszene endet nicht in epischer Eindeutigkeit, die Paradoxie hoher Minne löst sich mit der Transposition auf eine zeitliche Ebene nicht auf.
C2 setzt mit der Definition der Minne als Dienst-Lohn-Beziehung den Akzent von Beginn an auf die gesellschaftliche Relevanz der Minne. Die Gesellschaft mobilisiert die Handlung und stellt die Minnedienstkonstellation an dem Punkt her, an dem die definitive Verweigerungshaltung der Dame diese gesellschaftliche Relevanz in Frage stellt: Als Identifikationsfigur, in der sich die Gesellschaft ein ideales Selbstbild setzt, muß die Dame einen zumindest potentiell erreichbaren Wert verkörpern. Das Eingreifen der Gesellschaft macht die Bedingungen, unter denen Minne als Rollenspiel überhaupt erst funktionsfähig ist, explizit. Die Rolle der Gesellschaft rückt hier in eine zentrale Position: Sie arrangiert die Minnedienstkonstellation, integriert die hohe Minnedame, identifiziert das Ich in der Rolle des Minnedieners und ermöglicht ihm die Erfahrung von *fröide*, damit das Bewußtsein des eigenen Werts.

Mit der Inszenierung des Rollenspiels garantiert die Gesellschaft die Funktionsbedingungen des Minnemodells. Die Strophen 7 - 9 machen die Bedeutung dieser Inszenierung explizit. Das Ich identifiziert zunächst die

Minneakteure: Über den Zeitbezug der epischen Darstellung, die das Minnespiel als real setzt, kann die im Minnelied eigentlich anonyme Rolle der Minnegesellschaft mit realen Akteuren besetzt werden. Eine entsprechende Ansage enthält bereits die Szene selbst in der Kennzeichnung der ansonsten allgemein als *huote* oder *vriunde* eingeführten Minnegesellschaft als *irbarmende herren* bzw. *hôhe herren*. Mit der namentlichen Nennung - *der vürste von Konstenz, diu vürstîn von Zürich, der vürste von Einsidellen, grâf Friderîch von Toggenburg, der Reginsberger, der abt von Pêtershûsen, her Ruodolf von Landenberg, her Albrecht, her Rüedge Manesse* - weist das Ich reale, historisch bezeugte Personen aus der weiteren Region um Konstanz und Zürich[23] in die Rolle der Minnegesellschaft ein; die Titel *vürst* - *vürstîn*, *grâf*, *her* betonen ihren politischen Rang als aristokratische Gruppe von Herrschaftsträgern, die aus *Edil frowen, hôhe[n] pfaffen, ritter guot* (V. 52) besteht.
Wiederum bietet sich die Parallele zum 'Frauendienst', der mit historisch bezeugtem Personal bevölkert ist, an. Im Unterschied zum 'Frauendienst' werden die Minneakteure jedoch nicht im Verlauf der epischen Szene identifiziert, sondern im Anschluß daran. Das Ich, das durch die Aktion der Gesellschaft in seiner traditionellen Rolle anerkannt worden ist, kann nun im Medium des Preises konstatieren, daß diese konkrete Gesellschaft entsprechend der Minnenorm gehandelt hat. Damit kommt ein neuer Gesichtspunkt ins Spiel: Es geht nicht allein um die reale Setzung des Rollenspiels Minne, sondern auch um die Qualifizierung der dafür verantwortlichen Gesellschaft. Dies macht besonders die 9. Strophe deutlich:

Dem die besten helfent, daz vervât ouch icht.
diu zuoversicht wart mit wol schîn,

Wan der vürste von Konstenze loblich, gerecht,
und her Albrecht, der bruoder sîn,

Und her Rüege Manesse, die werden man,
hulfen mir vür mîn edlen frowen klâr,
des manger jâr nie mochte irgân. (V. 57-63)

Das Ich setzt hier die Akteure mit den *besten* gleich, denen es allein zu

23 zu den lokalgeschichtlichen Quellen H. Renk, Manessekreis, S. 14-99; zu den Verbindungen des Personenkreises als 'regionale Adelsgruppe' s. a. U. Peters, Literatur in der Stadt, S. 104.

verdanken ist, daß die Begegnung mit der Dame positiv verläuft. Kriterium der Wertzusprache an die Gesellschaft ist folglich die Mitwirkung am Minnespiel, die dabei bewiesene Fähigkeit, das Spiel so zu arrangieren, daß die Minnekonstellation hergestellt werden kann und am Ende die traditionelle Ich-Rolle etabliert ist. Die eigentlich politische Begrifflichkeit *rât* und *helfe*, mit der das Eingreifen der Gesellschaft bezeichnet wird (V. 47; s. auch V. 89) und die sich als volkssprachliche Übersetzung des lateinischen consilium et auxilium interpretieren läßt - eine der zentralen Formeln des Lehnsvertrags, mit der sich beide Parteien zu gegenseitigem Beistand verpflichten -, dient zur Kennzeichnung rechtsverbindlichen Handelns im Minnebereich. Auf dieser Basis wird hier gesellschaftliche Identität definiert: Das Gelingen der Inszenierung, das die Beherrschung der Regeln des Minnespiels voraussetzt, qualifiziert diese Gesellschaft. Mit dem Preis der historisch identifizierten Akteure gibt das Ich eine neue Definitionsmöglichkeit gesellschaftlicher Identität vor - die Minnekompetenz. Die regelgerechte Inszenierung des Rollenspiels Minne zeichnet hier eine historisch reale Gesellschaft aus. Die Minnekompetenz wird zum Maßstab für die Wertzusprache an die Gesellschaft. Das Ich, in C1 als Träger eines traditionellen literarischen Konzepts eingeführt und in C2 von der Gesellschaft in der traditionellen Minnedienerrolle anerkannt, ist nun seinerseits dazu fähig, im Rahmen der epischen Darstellung die Identität der Akteure eindeutig - historisch - zu bestimmen und die Idealität dieser historisch realen Gesellschaft aufgrund ihrer Kompetenz im Minnebereich zu proklamieren.

In den Strophen 10 und 11 rekapituliert das Ich die Entwicklung der Minnebeziehung zur Dame bis in die Gegenwart (Präsens, V. 64): die vor langem eingegangene totale Bindung an die Dame; die anschließende *fröide*-lose Zeit, die durch die ablehnende Haltung der Dame (*ungruozlîch*, V. 66) gekennzeichnet war und angesichts der als ausweglos empfundenen Situation zur Resignation führte (*verzagt dan ich*, V.70). Damit wird die in C1 dargestellte Ausgangsposition zitiert. Die folgende Strophe arbeitet den Zusammenhang zwischen C1 und C2 noch deutlicher heraus: Das traditionelle Bild von der 'Veräußerung des Herzens' (V. 71) ist als Verkehrung des Bildes 'unio im Herzen' zu erkennen. Es wird unmittelbar auf die *fröide*-Erfahrung in der Begegnung zwischen Ich

und Dame bezogen, die kontrastiv zur zeitlosen 'unio im Herzen' eine in der Zeit reale *fröide* thematisiert. Das *fröide*-Ereignis in C2, das - wie die Formulierung *von rechten minnen* (V. 76) zeigt - die in C1 gestellte Forderung der *rechten wunnen* einlöst, wird am Ende als *geschicht* (V. 77), als in der Zeit reale Begebenheit, bezeichnet. Der Rekurs der Strophen 10 und 11 stellt eine chronologische Beziehung zwischen der in C1 dokumentierten Perspektivenlosigkeit des Ichs und der durch den Beistand der Gesellschaft arrangierten Minnebegegnung in C2 her. In C1 definiert sich das Ich im Rückgriff auf das klassische Konzept Morungens, dem sich aber - wie die destruktive Minneklage am Ende des Liedes verdeutlicht - keine *fröide*-Möglichkeit abgewinnen läßt. Erst das Arrangement des Rollenspiels durch die Gesellschaft in C2 garantiert reale *fröide*. Damit sichert die Gesellschaft die aktuelle Verbindlichkeit der Minne.
Die letzten beiden Strophen, ein Frauenpreis (Str. 12) und ein Fürstenpreis (Str. 13), lassen sich mit einem von Gerhard Hahn am Beispiel Walthers herausgearbeiteten, sogenannten 'Probevortrag'[24] vergleichen: Nachdem die Bedingungen für das Funktionieren von Minnesang geklärt sind und das Stichwort *geschicht* einen endgültigen Schlußpunkt unter den epischen Teil des Liedes gesetzt hat, kann das Ich - entsprechend der Minneklage am Ende von C1 - seine Fähigkeit unter Beweis stellen, Minnesang zu realisieren. Interpretiert man diese beiden Strophen als 'Probestrophen', so ist ihr Zusammenhang mit dem Liedganzen offensichtlich; die Absetzung der letzten Strophe in den Ausgaben von Bartsch und Schiendorfer ist deshalb störend, denn sie trennt den Fürstenpreis als Fremdkörper vom übrigen Lied ab.
Minnesang realisiert sich als Frauenpreis. Die Verbindung von einleitender Interjektion *Ach* und Präteritum der Wahrnehmung - *ich hôrte* (V. 78) - signalisiert, daß sich - als Konsequenz der epischen Szene - der Preis der Dame unmittelbar aus ihrer realen Erscheinung und der dieser Realität entnommenen Erfüllungsverheißung (*süez*, V. 78) ableiten kann. Was der anschließende Vers *si reiner hort, des hât si prîs* allgemeingültig reklamiert, die absolute Vollkommenheit dieser Dame im Preis zu vergegenwärtigen, wird an die Erfahrung des Ichs (*Sô sach ich*, V. 80) gebunden und kann damit - anders als der Entwurf des Idealbildes Dame

24 G. Hahn, Zum sozialen Gehalt von Walthers Minnesang, S. 135.

im Rahmen einer gängigen Minnereflexion - den Anspruch auf Authentizität stellen. Die topische Aufzählung der Schönheitsattribute schließt mit einer Klage über das Ende der Minnebegegnung (V. 83f.) und fordert so die zeitlose Geltung der Minne ein.
Minnesang realisiert sich als Fürstenpreis:

Wol uns, daz der Klingenberger vürste ie wart!
die rechten vart, die vuoren sî,

Dien ze herren walten. er kan wîse unde wort,
der sinne hort, der wont im bî.

Sîn helfe, sîn rât, sîn kunst sint endelich.
des die wîsen habten sîn ze herren ger,
des heizzet er bischof Heinrîch. (V. 85-91)

Im Gegensatz zum Frauenpreis tritt das Ich hier nicht mehr aus dem Kollektiv heraus. Der Ausruf *Wol uns* bringt seine Integration in die Gesellschaft zum Ausdruck. Reine *fröide* als Bewußtsein idealer höfischer Identität kann kollektiv freigesetzt werden. Sie wird proklamiert anhand eines politischen Ereignisses, der Wahl Heinrichs von Klingenberg zum Bischof von Konstanz (historisch bezeugt 1293). Die Rechtmäßigkeit der Wahl, die als ritueller Akt die Übereinstimmung einer konkreten Person mit dem Herrscherideal konstatiert[25], wird hier im Rückblick (vgl. das Präteritum!) legitimiert. In Entsprechung zum Preis der Gesellschaft aufgrund ihrer Minnekompetenz zeichnet hier Minnesangkompetenz, die Beherrschung von *wîse unde wort*, die Vollendung in der *kunst*, den idealen Herrscher aus. Maßstab der Übereinstimmung von konkreter Person und Herrscherideal ist der qualifizierte Umgang mit dem Medium Minnesang selbst. Diesen Maßstab machen die *wîsen* (V. 90), diejenigen, die eine umfassende Einsicht in die rechte Ordnung besitzen, zur Grundlage ihrer Wahlentscheidung: Die Legitimation politischen Rangs über Kunstkennerschaft beansprucht Verbindlichkeit. Heinrich, so schließt die Argumentation, trägt seinen Titel zu Recht.

Der Fürstenpreis auf Heinrich von Klingenberg läßt sich als Zielpunkt des Liedes bestimmen. Um seine Verbindung mit dem Liedganzen herauszuarbeiten und seine Funktion in diesem Kontext aufzuzeigen,

---

25 C. Ortmann u. H. Ragotzky, Minnesang als "Vollzugskunst", S. 230-232.

möchte ich ihn zunächst in die literarische Tradition der Gattung einordnen und dann an die epischen Szenen in C1 und C2 anbinden.
Die Analogie von Frauenpreis und Fürstenpreis ist nicht erst bei Hadlaub belegt. Bereits der Tannhäuser arbeitet mit ihr und ihre Voraussetzungen lassen sich auf Walther zurückführen. Walther setzt, wie in der Einleitung im Rekurs auf die Arbeiten von Gerhard Hahn, Christa Ortmann und Hedda Ragotzky ausführlich dargelegt[26], mit dem literarisch an die Rolle des Spruchdichters gebundenen Prinzip der Wertverwirklichung die Bedingungen für die Gattung Minnesang am Hof neu fest. Er bezieht die repräsentative Darstellung der höfischen Gesellschaft im Medium Minnesang unmittelbar auf den realen Zustand dieser Gesellschaft und macht deren Bereitschaft, jenes Selbstbild, das sie im gemeinsamen Rollenspiel für sich beansprucht, auch tatsächlich zu verwirklichen, zur Bedingung für das Gelingen von Minnesang. Die Gattung Minnesang wird damit Maßstab für die reale Verfassung des Hofs und Medium der Hofkritik.
Auch der Tannhäuser verfügt, wie Gabriela Paule darlegt[27], über die Gattungsperspektive des Spruchdichters und kann aus dieser Position seiner Aussage einen konkreten politischen Bezug verleihen. So weist er in Leich I dem Babenberger Herzog Friedrich in einem ersten Schritt politische Qualitäten zu und demonstriert dessen Übereinstimmung mit dem in der Spruchdichtung fixierten idealen Herrscherbild. In einem zweiten Schritt wird Friedrich in seiner höfischen Qualität daran gemessen, inwieweit er den Minnenormen entspricht. Der Herrscher, der auch hier absolute Vollkommenheit verkörpert, kann der Minnedame gleichgesetzt werden. Fürstenpreis und Frauenpreis lassen sich beim Tannhäuser unmittelbar analogisieren.
Hadlaub wählt ein ganz anderes Verfahren. Bei ihm ist die Ich-Rolle nicht mit einer entsprechenden spruchdichterlichen Kompetenz ausgestattet. Ansatzpunkt ist hier der Zeitbezug der epischen Darstellung. Mit dem Zeitbezug aufgeworfen wird das Problem der Realisierbarkeit der Minne und so - wie die Ausführungen zum 'Moriz von Craun' und zum 'Frauendienst' zeigen sollten - die Frage nach der Möglichkeit der Minne,

26 vgl. Einleitung, S. 25-28.
27 G. Paule, Der Tanhûser, S. 216-222.

fröide zu bewirken. Ähnlich wie im 'Frauendienst' rückt dabei in C1 zunächst die Figur der hohen Minnedame ins Zentrum, die sich jedoch nicht unter Zeitbezug stellen läßt. Doch während der 'Frauendienst' im zweiten Teil die hohe Minnedame durch eine neue, erfüllungsbereite Dame ersetzt, hält Hadlaub an ihr fest und setzt stattdessen jene Position episch in Aktion, über die im literarischen Modell der hohen Minne der Öffentlichkeitsbezug der Minne und ihre gesellschaftliche Relevanz thematisiert werden kann: Unter der Anleitung der Minnegesellschaft gelingt es in C2, in der hohen Minne erfahrbare *fröide* episch real vorzuführen. Hier wird ganz deutlich, wie C2 auf C1 aufbaut: Während C1 die traditionelle hohe Minnebeziehung im Rahmen einer epischen Szene konturiert und das Ich als Träger der traditionellen Rolle des hohen Minnenden einführt, die mit der epischen Darstellung aufgeworfenen Frage nach der Verwirklichung der Minne zunächst allerdings offen läßt, bindet C2 die in C1 als *tougen* apostrophierte und in ihrem gesellschaftlichen Wert deshalb nicht faßbare Minne über die *dienst-lôn*-Konzeption gesellschaftlich ein. Die Gesellschaft stellt dabei die Minnekonstellation her, garantiert die Möglichkeit der Minne, *fröide* zu bewirken und macht ihre gesellschaftskonstitutive Funktion explizit.
Die epische Darstellung zeitigt noch ein weiteres wichtiges Ergebnis, das ebenfalls erst in C2 zum Tragen kommt. Sie erlaubt es, die eigentlich anonymen Minnerollen konkret zu besetzen und so das zeitlose Modell der hohen Minne in der geschichtlichen Gegenwart zu verankern. Damit kann eine historisch reale Gesellschaft ins Blickfeld rücken und die maßstäbliche Funktion, die der Gattung seit Walther zu eigen ist, implizit - ohne daß ihre normativen Bedingungen eigens reflektiert werden müssen - aufgerufen werden: Die Gesellschaft, die den Wert der Minne garantiert und das Rollenspiel Minne als funktionsfähig etabliert, wird als ideale Gesellschaft identifiziert. Gegenüber Walther hat sich die Argumentation verselbständigt: Zur Diskussion steht nicht mehr die Verwirklichung der im Medium Minnesang definierten Werte. Da Minnesang nach Walthers Prämisse nur dort gelingen kann, wo sich die Gesellschaft entsprechend der literarisch vorgegebenen Normen verhält, kann umgekehrt bereits das Gelingen des Rollenspiels Minne selbst zum Indikator für die Vorbildlichkeit einer konkreten historischen Gesellschaft werden. Über den Kunstgriff der epischen Darstellung wird auf einer anderen

strukturellen Ebene das erstmals von Walther reklamierte Prinzip der Wertverwirklichung und die daran gebundene maßstäbliche Funktion der Gattung ohne entsprechende normative Diskussion aufgerufen. Die Lieder C1 und C2 bringen folglich keine neuen Aspekte ins Spiel, sie besitzen eine rein aufbauende Funktion: Sie etablieren im Rückgriff auf die literarische Tradition der Gattung das Rollenspiel Minne und demonstrieren dessen gesellschaftskonstitutive Funktion. Die Probestrophen am Ende von C2 signalisieren, wie sich auf dieser Basis Minnesang nun realisieren kann, als obligatorischer Frauenpreis und als Fürstenpreis, der die Übereinstimmung einer konkreten Person mit dem literarisch vorgegebenen Idealbild konstatieren kann. Die Minnesangkompetenz wird dabei zum Maßstab erklärt, an der die Idealität eines Herrschers gemessen werden soll, so daß eine rein literarische Qualifikation hier den Herrscher, der in seiner Vollkommenheit der Dame gleichgesetzt werden kann, auszeichnet. Der Fürstenpreis am Ende von C2 bezeugt letztlich, daß die Inszenierung des Minnespiels gerade nicht die Unverbindlichkeit des literarischen Modells zum Ausdruck bringt, sondern mit der Möglichkeit, die ideale Identität eines Herrschers anläßlich eines politisch bedeutsamen Wahlakts aufgrund seiner Minnesangkompetenz zu bestimmen, dessen absoluten Geltungsanspruch unterstreicht. Die letzte Strophe von C2 eröffnet damit eine Perspektive auf das in der Handschrift folgende Lied C3, das Preislied auf die Manesse.

b. Der Preis der Manesse

Hadlaubs berühmtes 'Manesse-Lied' folgt in der Hs.C direkt auf C2; C3 entspricht also BMS 8 (s. Tabelle im Anhang). Die Gattungszuordnung des Liedes bereitet Probleme, wie der Bestimmungsversuch Hugo Kuhns zeigt: "Die drei 'Manesse'-Strophen klingen wie Preisstrophen eines Spruchtons. Aber sie haben ähnliche Form und stehen zusammen mit einem, nur Hadlaub eigenen, Lied-Typ von sentimentalen Minneszenen, die den Anfang und Schluß der Sammlung seiner Lieder in C bilden."[1] Schiendorfer und Renk rechnen das Lied zu den 'Erzählliedern' bzw. 'Romanzen' - unter diesen Begriffen subsummieren sie jeweils die Lieder mit den Minneszenen[2]. Nun nennt C3 zwar historische Personen - den Manesse und dessen Sohn -, aber diese Personen treten nicht innerhalb einer Minneszene auf: Das Lied berichtet, z.T. im Präteritum, daß die Manesse Lieder sammeln. Von den in der Handschrift vorausgehenden und nachfolgenden Liedern - eben den sog. 'Erzählliedern' - unterscheidet es sich außerdem in einem ganz zentralen Punkt: Die Ich-Aussage fehlt. Unter diesen beiden Aspekten - der Bedeutung des Sammelns und dem Fehlen der Ich-Aussage - möchte ich das 'Manesse-Lied' analysieren, dabei den Hinweis Hugo Kuhns[3] auf den Kontextbezug des Liedes weiterverfolgen, die Gattungsfrage jedoch zunächst zurückstellen.

Wa vunde man sament so manig liet?
man vunde ir niet in dem künigrîche,
als in Zürich an buochen stât.

Des prüevet man dike da meister sang.
der Manesse rank darnâch endelîche,
des er diu liederbuoch nu hât.

---

1 H. Kuhn, Manessesche Handschrift, S. 101.

2 H. Renk, Manessekreis, S. 160-176; M. Schiendorfer, Hadlaub, S. 202-206, 215-217.

3 Zur folgenden Interpretation des Liedes s. H. Kuhn, Manessesche Handschrift, S. 100-105. Die von Kuhn angedeuteten Verbindungen zwischen dem Manesse-Lied und der Hs.C vollziehe ich hier nicht nach. Mir geht es zunächst nur um die am Text selbst ablesbare Bestimmung des Sammelns.

Gegen sim hove mechten nîgin die singære,
sîn lob hie prüven und andirswâ,
wan sang hât boun und würzen dâ.
und wisse er, wâ guot sang noch wære,
er wurbe vil endelîch darnâ. (V. 1-11)

Das Lied beginnt mit einer Frage. Der 1. Stollen beantwortet sie, indem er die Stadt Zürich[4] als den Ort des Sammelns benennt und ihr über den Vergleich mit dem *künigrîche* eine exponierte Stellung zuweist. Die allgemeine Aussage *sament so manig liet*, die zunächst nur die Fülle der vorliegenden Strophen betont, wird dabei präzisiert, die *manig liet* werden als *liet an buochen* qualifiziert, so daß ihr *buoch*-literarischer Status explizit wird. Der 2. Stollen bestimmt den nicht mehr an die Aufführung, sondern an das Medium *buoch* gebundenen Umgang mit den *liet*: Aufgrund der unvergleichlichen "Ansammlung" von *liet an buochen* ist es möglich, *meister sang* zu identifizieren und beurteilend zu erkennen (*prüeven*). Die Bezeichnung *meister sang* signalisiert, daß das meisterliche Können der Autoren der Maßstab ist, an dem der Wert des Sangs gemessen wird, betont damit dessen artifizielle Qualität und nennt implizit das übergeordnete Kriterien für den Akt des Sammelns und *prüevens*. Der Manesse wird nun namentlich hervorgehoben als derjenige, der sich in dieser Hinsicht besonders umfassend (*rank endelîche*) bemüht hat. Aus diesem Grund besitzt er gegenwärtig *diu liederbuoch*. Die hier erwähnten *liederbuoch* hat die Forschung immer wieder in Verbindung mit der Hs.C gebracht, wobei der Plural als besonders erklärungsbedürftig erschienen ist, denn er läßt eine eindeutige Identifikation mit der vorliegenden Handschrift nicht zu. Meist hat man in den bei Hadlaub genannten *liederbuochen* Vorlagen der Handschrift vermutet. Sie ließen sich nach Gisela Kornrumpf eventuell als Hinweis auf die Existenz einer "reichen, vielgestaltigen 'Bibliothek' der Manesse [...]"[5] deuten. Letztlich kann zwischen den hier erwähnten *liederbuochen* und der Hs.C methodisch keine direkte Verbindung hergestellt werden[6]. Dem Aufgesang der 1. Strophe läßt sich

---

4 Zur Geschichte der Stadt Zürich, die im 13. Jahrhundert durch das Streben nach politischer Unabhängigkeit, durch die Ausbildung einer städtischen Selbstverwaltung sowie durch einen wirtschaftlichen und kulturellen Aufschwung geprägt ist, s. H. Renk, Manessekreis, S. 23-29.

5 G. Kornrumpf, Anfänge, S. 295.

6 H. Kuhn, Manessesche Handschrift, S. 104.

zunächst nur eine ganz allgemeine Aussage über die Tätigkeit des Sammelns entnehmen: Sie hängt zusammen mit dem *buoch*-literarischen Status der *liet*; sie begreift in sich einen Akt des Beurteilens, unterscheidet folglich den Bestand im Hinblick auf den Wert des Gesammelten; Maßstab für diesen Wert ist die Qualifizierung der *liet* als *meister sang*, die mit dem Begriff *meister* eine nicht näher definierte autorspezifische Größe einführt. Auffällig ist die dabei verwendete Terminologie: Der Vergleich mit dem *künigrîche* erinnert an eine minnesangspezifische Preisformel, die dem Rang der Dame Ausdruck verleihen soll, die Bezeichnung *rank endelîche* für das Streben des Manesse an die im Dienst an der Dame bewiesene Qualifizierung des Minnenden.

Im Abgesang folgt die Aufforderung an die *singære*, sich vor dem *hove* des Manesse zu verneigen. Sie sollen diesen *hov* anerkennen und das *lob* des Manesse *prüeven* - es als solches identifizieren und in seiner Rechtmäßigkeit beurteilen. Von zentraler Bedeutung erscheint mir wieder die Terminologie zu sein: Die Kombination der Begriffe *singære*, *hov* und *lob* ruft die Gattung Minnesang als entsprechenden Kontext auf - ihre höfische Situierung, den Frauenpreis als Grundmotiv und die Minnesänger als diejenigen, die Frauenpreis zuteilen. Doch werden die Begriffe hier anders gefüllt: Es geht nicht um Frauenpreis, sondern um die Wertzusprache an den Manesse (*sîn lob*). Die *singære* sollen *lob* nicht inszenieren, sondern bereits bestehendes *lob*, das selbstreflexiv als Verweis des Autors auf sein eigenes, den Manesse-Preis ins Werk setzendes Lied gedacht sein könnte, beurteilen, wobei Kriterium für die Wertzusprache an den Manesse dessen Sammeltätigkeit ist. Und Bezugspunkt ist schließlich nicht *hov* als ein mit realen politischen Funktionen ausgestatteter Herrschaftssitz, sondern *hov* konstituiert sich hier anscheinend erst über die Sammeltätigkeit des Manesse und markiert einen ausschließlich 'kunstherrschaftlichen' Anspruch. Offensichtlich wird die Gattung Minnesang und ihre konkrete literarische Situation zum Thema, allerdings nicht im Rahmen eines gängigen Minneliedes - die das Minnelied organisierende Ich-Rolle fehlt -, sondern eines Preisliedes, das sich, ähnlich wie die Klingenberger-Strophe am Ende von C2, auf eine historisch reale Person bezieht.

Die Metapher des folgenden Verses - *wan sang hât boun und würzen dâ*[7] - betont die Bandbreite des Unternehmens: Es vereint die gesamte Liedkunst. Und sie differenziert diese Vorstellung von der Gesamtheit des Sangs als *boun und würzen* im Sinne von "Ursprung und Ausbreitung"[8]. Der Akt des Sammelns bringt beides im neuen Medium *buoch* zur Geltung. Er bezieht sich damit ausdrücklich nicht auf eine dem drohenden Vergessen ausgesetzte Liedkunst: Aus den 'Wurzeln' als den Ursprüngen kann sich der 'Baum' als die Entfaltung des Sangs nähren.

Die Strophe endet mit dem Hinweis, daß sich der Manesse, wüßte er, wo noch *guot sang* zu finden wäre, weiter darum bemühen würde. Der erreichbare Bestand ist gesammelt, das Sammelunternehmen als solches allerdings prinzipiell offen und unabgeschlossen; Kriterium ist wiederum die Qualität des Sangs (*guot*). Nochmals fällt hier die Minneterminologie auf: *er wurbe vil endelîch darnâ*. Die Ausrichtung auf ein Ziel und das Festhalten am gesetzten Ziel kennzeichnen Sammeln als Akt der Qualifizierung; diesen Aspekt wird die 2. Strophe präzisieren.

Sîn sun, der kuster, der treibz ouch dar,
des si gar vil edils sanges,
die herren guot, hânt zemne brâcht.

Ir êre prüevet man dabî.
wer wîste sî des anevanges?
der hât ir êren wol gidâcht.

Daz tet ir sin, der richtet sî nach êren;
daz ist ouch in erborn wol an.
sang, dâ man dien frowen wolgetân
wol mitte kan ir lob gemêren,
den wolten sî nit lân zergân. (V. 12-22)

---

7 Mit der Baum-Metapher greift der Autor eine in den literarischen Reflexionen seiner Zeit gebräuchliche Begrifflichkeit auf: Gottfried von Straßburg spricht beispielsweise im Literaturexkurs des 'Tristan' in der Veldeke-Passage vom Baum der Dichtung - *er inpfete daz erste rîs / in tiutscher zungen* (V. 4736 f.); Konrad von Würzburg vergleicht im Partonopier-Prolog die Dichtung mit einem Baum, der nach der Blüte Früchte trägt (V. 42-68). Sicher läßt sich - schon gattungstypologisch - hier keine unmittelbare Verbindung ziehen. U. a. weist jedoch die Ähnlichkeit der verwendeten Bilder das Lied C3 als den Ort literarischer Reflexion bei Hadlaub aus und zeigt seinen programmatischen Charakter.

8 vgl. die Übersetzung des Liedes bei H. Kuhn, Manessesche Handschrift, S. 101.

Die 2. Strophe bezieht in den Preis des Manesse dessen Sohn mit ein, historisch identifizierbar als Johannes Manesse, gestorben 1297, als Küster am Zürcher Großmünster 1296 bezeugt[9]. Es hebt die Beteiligung einer Person am Sammelunternehmen hervor, die anders als der in der 1. Strophe genannte Manesse über ihre Tätigkeit im kirchlichen Bereich identifiziert wird. In den ersten Liedern wird die Differenz laikal - klerikal mehrmals thematisiert, innerhalb der Gattung Minnesang ein auffälliges Phänomen: *künigrîche*, *hov*, *hôhe herren*, *vürst*, *vürstîn*, *grâf*, *ritter* - *kuster*, *abt*, *hôhe pfaffen*, *bischof*, *pilgerîn*, *mettîn*. Dabei zeichnet in C2 die Minnekompetenz die *hôhen pfaffen*, die Minnesangkompetenz den *bischof* als einen geistlichen, mit weltlichen Herrschaftsfunktionen ausgestatteten Herrn aus. Auch das gesellschaftliche Ansehen des *kusters* leitet sich in C3 aus seiner Beteiligung am Sammelunternehmen ab. Das Interesse an der volkssprachlichen Liedkunst bezieht hier ausdrücklich Vertreter des klerikalen Bereichs mit ein. Sogar in der Miniatur schlägt sich dies nieder: Zinne und Kirche verweisen jeweils auf den weltlichen bzw. auf den geistlichen Bereich. Die Bezugnahme auf beide deutet auf einen Geltungsanspruch, der die Trennung von Klerikern und Laien, die auch eine Trennung von Literaten- und Illiteratenkultur darstellt, übergreift[10]. Der *buoch*-literarische Status des volkssprachlichen Liedes scheint hier als Klammer, die jene Trennung in Literaten- und Illiteraten gegenstandslos macht, zu fungieren.

Anhand der Tätigkeit des Sammelns, so die These des 2. Stollens, läßt sich das gesellschaftliche Ansehen der Manesse beurteilen (*prüeven*). Im einzelnen wird in den Versen 15-19 folgendermaßen argumentiert: Die *êre* der Manesse leitet sich von ihrem Tun, dem Sammeln von *edil sang*, ab, wobei dieses auf den *sin*, das Urteilsvermögen als Disposition zum richtigen Tun, zurückzuführen ist und der *sin* zugleich auf die *êre* ausrich-

---

9 H. Renk, Manessekreis, S. 53. Das Präteritum in diesem Vers weist nicht zwingend darauf hin, daß der Manesse-Sohn zum Entstehungszeitpunkt des Liedes bereits gestorben ist; es bezieht sich auf den derzeitigen Stand des Unternehmens, die Sammlung des erreichbaren Liedbestandes (s. V. 10 f.); im Verlauf der 2. Strophe wird von beiden Manesse im Präsens (V. 15, 18, 19) gesprochen - das Lied C3 ist deshalb wohl vor 1297 zu datieren.

10 Auf die Mitwirkung *hôher pfaffen* bzw. des *kusters* hat bereits H. Kuhn, Manessesche Handschrift, S. 101-103, hingewiesen, ohne auf ihre mögliche Bedeutung weiter einzugehen.

tet. Die Ausrichtung auf die *êre* wird nun wiederum an den *art* der Manesse gebunden (*erborn an*).
Die Wertschätzung von *edil sang* wird hier zum Maßstab gesellschaftlichen Rangs. Das aber läßt sich wohl kaum auf einen Eigenwert des Ästhetischen zurückführen, sondern weist ähnlich wie in C2 auf jene nach Christa Ortmann und Hedda Ragotzky erstmals bei Walther explizite Qualität der Gattung Minnesang: die ideale Verfassung einer Gesellschaft dort anzuzeigen, wo Minnesang in Ehren steht[11]. Wie an anderer Stelle bereits angedeutet[12], werden bei Walther aus der Gattungsperspektive der Spruchdichtung das im Minnesang gesetzte ideale höfische Selbstbild und der reale Zustand der Gesellschaft messend aufeinander bezogen. Er unterstellt - in Entsprechung zu seiner Neukonzeption der Damenrolle - die Gesellschaft dem Prinzip der Wertverwirklichung: Sie muß fähig sein, die im Minnesang angebotenen Normen tatsächlich zu realisieren, und so die geeigneten Bedingungen für das Funktionieren von Minnesang schaffen. Die Forderung, daß sich der Hof minnesangfähig erweisen muß und erst auf dieser Basis Minnesang gelingen, d.h. eben ideale höfische Identität freigesetzt werden kann, hat letztlich zur Konsequenz, daß sich die Gattung vom konkreten Hof ablösen und "Hof" dort herstellen kann, wo die entsprechenden Bedingungen für das Gelingen von Minnesang geschaffen werden.[13] Bei Hadlaub hat sich die Argumentation verselbständigt, eine entsprechende spruchdichterliche Gattungsperspektive ist, wie ich bereits bei C2 zu zeigen versucht habe, nicht mehr identifizierbar, die Gattungszuordnung des Manesse-Liedes deshalb schwierig. Festhalten läßt sich nur der Befund der ersten beiden Strophen: Ideale "höfische" Identität kann unabhängig vom realen Hof durch die mit der Sammeltätigkeit der Manesse demonstrierte Wertschätzung von *edil sang* zur Geltung kommen. Gesellschaftlicher Rang wird damit nicht mehr ständisch definiert, sondern legitimiert sich ausschließlich auf einer literarischen Ebene, über Kunstkennerschaft.
Am Schluß der 2. Strophe folgt nun erstmals eine präzise Gattungsde-

---

11 vgl. C. Ortmann u. H. Ragotzky, Minnesang als "Vollzugskunst", S. 251.
12 s.v. Einleitung, S. 25-28 u. Kap. I, S. 88.
13 zur Ablösung des Minnesangs vom konkreten Hof s. C. Ortmann u. H. Ragotzky, Minnesang als "Vollzugskunst", S. 254.

finition: Das Interesse der Sammler konzentriert sich auf *frowen lob*, auf die Gattung Minnesang also. Im Zentrum dieser Definition steht der Hinweis auf die aktuelle Bedeutung, die dem Minnesang gegenwärtig - man beachte den Wechsel Präteritum/Präsens - zukommt: Mit ihm läßt sich der Preis der Frauen aktuell vermehren (*lob gemêren*). Diesen Sang wollten die Sammler *nit lân zergân*, nicht vergehen lassen. Ziel des Sammelunternehmens ist offensichtlich nicht die Konservierung und Erhaltung eines mittlerweile historisch gewordenen, möglicherweise dem Vergessen ausgesetzten Liedbestandes. Ausdrücklich wird dessen aktuelle Geltung betont. Die in der Wendung *nit lân zergân* deutliche Absicht der Sammler, den Sang zu bewahren, ist auf diesen aktuellen Geltungsanspruch im neuen Medium *buoch* zu beziehen. Damit zeichnet sich als Intention des Sammelns ab: dem eigentlich an die Mündlichkeit der Aufführung gebundenen Sang im *buoch* Dauer zu verleihen und so seinen überzeitlichen Wert zur Geltung zu bringen. Sammeln wird als eine neue Form des Gebrauchs, die den dauerhaften Wert der Gattung begründet, beschrieben und nicht als retrospektiver Umgang mit Minnesang.

Das Attribut *edil*, das in diesem Lied erstmals bei der Würdigung des Sammelunternehmens beider Manesse fällt, scheint diesen Wert des Sangs zum Ausdruck zu bringen. Die Bedeutung des Wortes *edil* läßt sich hier nicht exakt festlegen[14]. In C2 bezeichnet es in der Reihe *Edil frowen, hôhe pfaffen, ritter guot* (V. 52) bzw. in der Wendung *vür mîn edlen frowen klâr* (V. 62) den absoluten Wert der Damen bzw. der Minnedame, als Auszeichnung parallel zu, aber in seiner Bedeutung nicht deckungsgleich mit ständischem Rang (*hôh*) und ethischer Vorbildlichkeit (*guot*); in C3 bestimmt es den Wert des Sangs im Kontext von Sammeln und *buoch*. Die 3. Strophe setzt nun über das Wort edil verschiedene Begriffe in Relation zueinander.

---

14 vgl. Mittelhochdeutsches Wörterbuch. Mit Benutzung des Nachlasses von Georg Benecke. Ausgearbeitet von Wilhelm Müller u. Friedrich Zarncke, 3 Bde, Nachdruck der Ausgabe Leipzig 1861, Hildesheim 1963, hier Bd. 1, S. 8 f.: *edel* kann sowohl auf die Abstammung - die hohe Geburt - als auch auf vortreffliche Eigenschaften verweisen.

Swem ist mit edlem sange wol,
des herze ist vol gar edler sinne.
sang ist ein sô gar edlez guot:

Er kumt von edlem sinne dar,
dur frowen clâr, dur edil minne,
von dien zwein kumt so hôher muot.

Waz wære diu welt, wæren wîb nicht so schoene?
dur sî wirt sô vil süezzekeit,
dur sî man wol singet unde seit
so guot geticht und süez gedoene:
ir wunne sang ûz herzen treit. (V. 23-33)

Die 3. Strophe verallgemeinert die bisher nur auf die beiden Manesse bezogene Aussage (*swem*) und besitzt insgesamt einen programmatischen Stellenwert. In Analogie zu *sang* wird zunächst der *sin* als *edil* apostrophiert. *Sang* und *sin* werden so in Bezug zueinander gesetzt. Der Terminus *sin*, der in C1 und C2 allgemein die Auffassungs- und Urteilsfähigkeit bezeichnet, meint nun dezidiert ein literarisch definiertes Vermögen.[15] An der Wertschätzung *edlen sangs* ist *edil sin* identifizierbar - die Prämisse einer solchen Relation nennen die anschließenden Verse: Sang als *edlez guot*, als Qualität von absolutem Rang, geht aus *edlem sin* hervor. Das Wort *edil* definiert absoluten Wert, ohne daß es sich auf eine spezifische Bedeutung fixieren läßt. Aber es setzt hier unterschiedliche Begriffe in Relation zueinander und besitzt so eine systembildende Funktion: Es legt den im Medium des *buochs* literarisch begründeten Rang des *sangs* fest, leitet daraus den des *sins*, des literarischen Urteilsvermögens, als Disposition zum Umgang mit Sang ab und definiert schließlich den Wert der *minne*, des Gegenstandes des Sangs. Damit rückt schließlich die Minne in den Mittelpunkt der Argumentation: Sie wird als dauerhafter, objektiv gültiger Wert neu definiert. Von diesem dauerhaft etablierten Wert, von *frowen clâr* und von *edil minne*, leitet sich *hôher muot*, aristokratisches Selbstwertbewußtsein, ab: Am Ende dieser systematischen Zuordnung wird die Programmatik hoher Minne und ihre gesellschaftskonstitutive Funktion aufgerufen.

---

15 Diese Bedeutung läßt sich im 13. Jahrhundert sehr häufig finden, wie die Vielfalt der Belege bei Walter Haug, Literaturtheorie im deutschen Mittelalter. Von den Anfängen bis zum Ende des 13. Jahrhunderts, Darmstadt 1985, v.a. S. 214 f., 295 f., 348 f. zeigt.

Auf dieser Basis wird Minnesang nun im Abgesang aktuell (Präsens) legitimiert - von einer absolut traditionellen Ausgangsposition aus: die Schönheit, die äußere vollkommene Erscheinung der Frauen gilt als zentraler Wert der Welt; deren *süezzekeit*, die erotische Anziehungskraft, die sich eigentlich auf den Zwang zur Minne bezieht, löst hier, wie die Formel *singen und sagen* bzw. das Wortpaar *guot geticht und süez gedoene* signalisiert, aktuell Minnesang aus. Auffällig ist die reimtechnische Akzentuierung von *geticht*: Nach dem Reimschema der ersten beiden Strophen müßte an dieser Stelle eigentlich ein Reim auf *seit* folgen - Bartsch ersetzt dementsprechend gegen die Handschrift *geticht* durch *gereit* und bildet so den Reim auf *seit*. Inwieweit die Waise eine besondere Bedeutung des Wortes *geticht* hervorheben soll, läßt sich schwer abschätzen. *geticht* bezeichnet vorzugsweise schriftlich Aufgezeichnetes[16] und könnte hier in Verbindung mit dem Begriff *gedoene*, der das sangbare, kunstvoll gebaute, strophische Gebilde meint, als neue Formel für den literarischen Status der Gattung fungieren. Dem ließe sich die Aussage des letzten Verses, der den Abgesang programmatisch zusammenfaßt, zuordnen: Die *wunne* der Damen 'zieht' den Sang aus dem Herzen. Das Lied endet mit dem Hinweis auf die aktuelle Relevanz von Minnesang. Sammeln und Singen stehen am Ende nicht als zwei einander ablösende Gebrauchsrealitäten nebeneinander, sondern auf der Basis des Sammelns und des damit bestimmten *buoch*-literarischen Status des Liedes ist Minnesang neu zu realisieren.

Die Ergebnisse der Interpretation möchte ich im folgenden zusammenfassen, dabei den Bezug zwischen C3 und C2 herstellen und daraus abschließend eine These zum Fehlen der Ich-Aussage ableiten.
Focus des Liedes C3 ist die literarische Definition von Minnesang im Medium *buoch*. Sammeln wird als Akt der Beurteilung beschrieben, als Bewertung der volkssprachlichen Liedkunst anhand eines objektivierbaren Maßstabes, des Meistertums der Autoren - wobei die Größe *meister* noch nicht konkret gefüllt ist. Das Verb *prüeven* definiert anscheinend die dieser neuen literarischen Ebene entsprechende Aktivität: Die Sammler *prüeven* das Liedgut, die Sänger sollen wiederum den Preis des Manesse

16 Mittelhochdeutsches Wörterbuch, Bd. 3, S. 36.

prüeven, "man" kann den gesellschaftlichen Rang der beiden Manesse anhand ihrer Tätigkeit, des Sammelns, *prüeven*. In der Kennzeichnung des Sangs durch das Attribut *edil* wird zugleich deutlich, daß auf dieser neuen literarischen Ebene auch der Wert des Minnelieds neu festgesetzt werden kann. Was diese Neubewertung letztlich impliziert, ist aus der Intention des Sammelns abzuleiten: Die Sammler wollen dem Sang im *buoch* Dauerhaftigkeit verleihen, seine nicht mehr an den Akt der Aufführung gebundene zeitlose Geltung erweisen. Die Buchvorstellung, die sich hier in Hadlaubs Lied C3 abzeichnet, ähnelt derjenigen, die Curschmann in seiner Untersuchung des Illustrationsprogramms der Hs.C herausgearbeitet hat: Mit der Schriftrolle als Attribut des Sängers greifen die Illustrationen auf die kirchliche Ikonographie zurück, in der die Schriftrolle das mündliche Wort darstellt und im Gegensatz dazu das Buch das objektiv verschriftlichte, kanonische Geltung beanspruchende Wort[17]. Inwieweit sich auf diese Weise, über die Bewertung des Buchs als eines Mediums, das Dauer verleiht, eine Beziehung zwischen dem Manesse-Lied und der Hs.C herstellen läßt, kann nur eine genauere Beschreibung und Abgrenzung des *buochs* als spezifisch volkssprachlichen Mediums zeigen. Festhalten läßt sich bisher nur, daß das Manesse-Lied als Ort, an dem die *buoch*-Existenz von Minnesang reflektiert wird, Auskunft über den veränderten literarischen Status des Minnesangs und einen entsprechenden Wandel des Gebrauchs um 1300 gibt, und daß es diesen veränderten Status ausdrücklich bewertet: Das Sammeln von Minnesang und die damit einhergehende schriftliche Aufzeichnung im Medium *buoch* stellen einen Höhepunkt in der Entwicklung der Gattung dar und markieren nicht retrospektiv den Zeitpunkt des Verfalls. Insbesondere die letzte Strophe, die über das Wort *edil*, das jenen neuen Wert der Gattung bezeichnet, die Begriffe *sang*, *sin* und *minne* einander systematisch zuordnet, zeigt, daß auf der mit der *buoch*-Existenz dokumentierten neuen literarischen Ebene Minnesang aktuell ins Werk gesetzt werden kann.
Über den Akt des Sammelns definiert sich in C3 die Gesellschaft. Gesellschaftliche Identität - die herausragende Stellung Zürichs, die Bedeutung des Manesse-*hovs*, der Rang der Manesse - wird ausschließlich kulturell,

17 Curschmann, Pictura, (S. 17); s. dazu die ausführliche Darstellung in der Einleitung, S. 39-41.

über das Sammelunternehmen und das Kunstverständnis der Sammler, legitimiert. Der Umgang mit Minnesang, mit meisterlicher Liedkunst im Zeichen literarischer Kennerschaft, konstituiert den Rang der Gesellschaft - die kulturelle Selbstdefinition der Gesellschaft wird von der ständischen gelöst. Auch hier deutet sich eine Verbindung zur Hs.C an, deren Konzeption nach Kuhn auf den "zeremoniellen Repräsentationswert"[18], den die Liedkunst für die Sammler besitzen muß, weist.

C3 knüpft an die ersten beiden Lieder, besonders an C2, in mehrfacher Hinsicht an. Es rückt die Person des Manesse ins Zentrum, der in C2 als Akteur des Minnespiels identifiziert und dessen Name in der Handschrift bereits dort durch einen roten Auszeichnungsstrich am ersten Buchstaben aus denen der übrigen Beteiligten hervorgehoben wird. Es preist eine historisch identifizierbare Gesellschaft, setzt allerdings gegenüber C2 auf einer erweiterten thematischen Ebene an: In C2 wird die Gesellschaft für ihre Kompetenz zum Arrangement des Minnerollenspiels gepriesen, in C3 der Manesse und dessen Sohn für ihre literarische Kompetenz, Minnesang zu sammeln. Bindeglied zwischen den Liedern ist die letzte Strophe von C2, der Preis auf den Klingenberger: Die Minnesangkompetenz identifiziert hier den idealen Herrscher. Und während die Gesellschaft in C2 die Funktionsfähigkeit des Rollenspiels Minne herstellt, das Ich in der - traditionell definierten - Minnedienerrolle bestätigt und so am Ende Frauen- und Fürstenpreis ermöglicht, garantiert sie in C3 den neuen literarischen Rang der Gattung.
In der unterschiedlichen Ebene der Lieder - Minneebene in C1 und C2, Minnesangebene in der Preisstrophe am Ende von C2 und in C3 - sehe ich den Ansatzpunkt, von dem aus sich das Fehlen der Ich-Aussage in C3 erklären läßt. In C1 wird die Ich-Rolle episch aufgebaut und über den Rekurs auf Morungen als Träger eines traditionellen Konzepts ausgewiesen, in C2 das Ich über die *dienst-lôn*-Konzeption in dieser traditionellen Rolle von der Gesellschaft bestätigt. Nachdem die Minnekonstellation so installiert worden ist, kann das Ich aus dieser Position in den Probestrophen am Ende von C2 Minnesang als Frauenpreis, der den absoluten

18 H. Kuhn, Manessesche Handschrift, S. 104 f.; s. auch hierzu die Darstellung in der Einleitung, S. 15 f.

Rang der Dame als für alle verbindlich inszeniert, und als Fürstenpreis, der die ideale Identität der Gesellschaft aufgrund ihrer Fähigkeit, die geeigneten Bedingungen für das Gelingen von Minnesang zu schaffen, d.h. eben hier konkret die Minnekonstellation zu etablieren, realisieren. Über die Klingenberger-Strophe wird der Zusammenhang mit C3 gesichert: C3 rückt eigentlich nur an die Position des *vürsten* Heinrich von Klingenberg die beiden Manesse und setzt so an die Stelle ständisch definierten Rangs, der freilich bereits in C2 über die Minnesangkompetenz des Klingenbergers legitimiert wird, eine ausschließlich kulturelle Selbstdefinition. Auffallend sind dabei die minnesangspezifischen Formeln, mit denen besonders der Manesse gepriesen wird. Und von besonderer Bedeutung scheint mir die neue Ebene der Reflexion zu sein, die der Preis der Manesse markiert: Gepriesen wird die historisch identifizierte Gesellschaft nicht mehr wegen ihrer Minne- bzw. Minnesangkompetenz, sondern wegen ihrer Sammeltätigkeit, wegen der dabei bewiesenen Fähigkeit, Minnesang zu beurteilen, und so den neuen literarischen Status der Gattung im Medium *buoch* zu dokumentieren. Die Gesellschaft ist es hier, die über den Akt des Sammelns den Wert der Gattung festsetzt. Eine entsprechende Ich-Aussage fehlt auf dieser Ebene. Daraus möchte ich folgende These ableiten: C3 formuliert auf einer neuen literarischen Ebene auch ein Programm für die in C1 und C2 aufgebaute Ich-Rolle. Das Fehlen der Ich-Aussage in C3 läßt sich dahingehend interpretieren, daß die Position des Ichs unter den in C3 vorgegebenen Prämissen auf der literarischen Ebene neu aufgebaut werden muß als Rolle, die Träger dieser Reflexion von Minnesang sein kann. Nun führt C3 eine neue literarische Größe ein, die zum Maßstab für den Wert der Gattung wird: den *meister*. Und es bestimmt als die dem *buoch*-Status entsprechende literarische Aktivität das *prüeven*. Inwieweit damit ein Programm für die Definition der Ich-Rolle auf der mit C3 festgesetzten neuen literarischen Ebene vorgegeben wird, soll die Interpretation des Textcorpus im einzelnen klären. Das Postulat der letzten Strophe, Minnesang zu realisieren, deutet dies an.

c. Kontur einer neuen Ich-Rolle

Das Lied C4 ist in der Handschrift durch die identische Farbe der Lombarden als formale Einheit gekennzeichnet. Auch der Argumentationsaufbau weist, wie ich in der folgenden Interpretation zeigen möchte, auf die Einheit des Liedganzen. Beides spricht gegen die von Bartsch und Schiendorfer befürwortete Zweiteilung des Liedes (BMS 3 und 4). Bartsch und Schiendorfer ordnen das Lied, unterteilt als Lied 3 und 4, außerdem gegen die Liedfolge der Handschrift aufgrund der formalen Übereinstimmung unmittelbar C2 zu.

An den letzten Vers von C3 - *ir wunne sang ûz herzen treit* (V. 33) - knüpft C4 über das Stichwort *wunne* an:

> *Waz man wunnen hoerte und sach, do voglîn schal*
> *so suozze hal den sumer clâr!* (V. 1-2)

Über den *wunne*-Begriff wird der Natureingang und damit explizit die Gattung Minnesang aufgerufen. Die 1. und 2. Strophe setzen die beiden Jahreszeiten Sommer und Winter zueinander in Opposition. Dabei wird der Sommer im Präteritum beschrieben, der Winter im Präsens - ein Lied mit Wintereingang also, in dem der Rückblick auf den Sommer breiten Raum einnimmt und auf diese Weise der Gegensatz Sommer - Winter zur Darstellung gelangen kann. Der Sommer ist als Zeit der *wunne*, als Minnesaison charakterisiert: Die Damen legen ihre schweren Kleider ab, ihre Schönheit kann zur Erscheinung kommen (V. 3-7)[1]. Umgekehrt bleibt die *wunne* der Damen im Winter verborgen: *antlüt*, *nekil*, *kelen*, *hende wîz* - Topoi des Frauenpreises werden aufgezählt - sind wegen der Kälte bedeckt, die Damen halten sich in den *stuben* auf (V. 8-13). In beiden Strophen bleibt die Aussage allgemein, deutlich in der häufigen Verwendung von *man*. Die argumentative Funktion, die der Natureingang im Minnelied im Hinblick auf die Ich-Rolle besitzt, läuft damit ins Leere. Denn vor allem im Minnesang des 13. Jahrhunderts dient der Na-

---

1 Die Begriffe *wunne* - *schoene* - *süeze* werden bei Hadlaub nicht mehr differenziert; sie beziehen sich alle auf die vollkommene äußere Erscheinung der Minnedame(n), meist in Kombination mit Adjektiven wie *clâr*, *hell*, *rein*, *liecht* usw.

tureingang dazu, die Desintegration des Ichs aus der Gesellschaft - Ausgrenzung aus der kollektiven *fröide* im Mai bzw. Überbietung der kollektiven *swære* im Winter durch das Minneleid des Ichs - anzuzeigen und daraus einen Appell an die Dame abzuleiten, die in ihrer naturgeschaffenen Schönheit das Ich zwar zur Minne zwingt, Erfüllung jedoch verweigert und so der naturgesetzlichen Verpflichtung zur *fröide* im Mai entgegensteht bzw. die naturgesetzlich determinierte *swære* im Winter verschärft.[2] In Hadlaubs Lied C4 demonstriert der Natureingang stattdessen, daß die Manifestation von Schönheit selbst unmittelbar dem Naturgesetz untersteht. Bezugspunkt des Gegensatzes zwischen Sommer und Winter ist ausschließlich die Präsenz bzw. Absenz von *wunne* und Schönheit, die daran gebundene Möglichkeit, diese Schönheit wahrzunehmen - Verben der Wahrnehmung wie *sehen*, *hoeren*, *war nemen* dominieren - und auf diesem Weg *fröide* zu erfahren (V. 14). Der Natureingang besitzt hier folglich keinerlei appellative Funktion gegenüber der Dame. Er dient nicht dazu, den absoluten Rang der Minnedame aus der Ich-Perspektive zu inszenieren. Mit der naturgesetzlichen Bindung der *wunne* an den Wechsel der Jahreszeiten werden in C4 *schoene frowen* als fest etablierter, je nach Jahreszeit zur Geltung kommender und damit als unabhängig von der Ich-Perspektive kollektiv verbürgter Wert ausgewiesen.

Der Aufgesang der 3. Strophe bringt nun eine neue, diametral entgegengesetzte Variante naturgesetzlicher Argumentation ins Spiel:

> *Nieman mag die sumerzît verklagen wol,*
> *wan der, der sol sîn lieb umbvân.*
>
> *Dem ist winter lieb, dur daz diu nacht ist lang,*
> *vür voglîn sang, vür schoenen plân.* (V. 15-16)

Der Winter gilt hier im Gegensatz zum Sommer als Minne-Zeit, was mit den langen Winternächten legitimiert wird. Die Verbindung des Wintereingangs mit dem Thema erfüllter Minne kennt der frühe Minnesang - z.B. Dietmar von Aist: *der winter und sîn langiu naht / diu ergetzent uns der besten zît, / swâ man bî liebe lange lît* (MF 39,30). Wiederum dient der Natureingang nicht dazu, die naturgesetzliche Erfüllung gegenüber der

2 zur Funktion des Natureingangs vgl. C. Ortmann u. H. Ragotzky, Minnesang als "Vollzugskunst", S. 248, sowie C. Ortmann, H. Ragotzky u. C. Rischer, Literarisches Handeln, S. 5.

Dame argumentativ einzufordern. Mit der Beschreibung des Winters als Minnezeit läßt sich über den Aspekt 'lange Winternächte' *fröide* als *umbvân*, als erfüllte Minne thematisieren. Dies setzt eine erfüllungsbereite Minnepartnerin voraus: Die Damenrolle kann direkt anvisiert werden.

Mir wære ouch sô, tæte si gnâde mir;
noch tuot sî recht, als daz niemer sül irgân.
ûf lieben wân diene ich doch ir. (V. 19-21)

Die Ich-Rolle konturiert sich hier auf einer literarischen Ebene: Nicht im Medium des Natureingangs bestimmt sich das Ich über die Minnebeziehung zur Dame und grenzt sich als einzelner gegenüber der Gesellschaft ab, sondern es definiert in Absetzung zur Konzeption erfüllter Minne die eigene Dame als nicht erfüllungsbereit, als traditionelle hohe Minnedame. Es weist sich selbst zugleich als Träger der traditionellen Rolle des hohen Minnenden, des unerhört um eine Dame Werbenden aus. Die anschließende Dienstversicherung erinnert an die Ausgangsposition des Liedes C2: Anhand der Dienstthematik kann dort die Minne als Akt der Qualifizierung definiert und damit in ihrer gesellschaftlichen Relevanz erfahrbar gemacht werden. Doch während in C2 die Gesellschaft in der *helfe*-Rolle Beistand spielt, die Minnekonstellation arrangiert und das Ich in seiner Minnerolle bestätigt, tritt sie hier in der Rolle der *merker* und der *huote* auf, die eine Begegnung mit der Dame zu verhindern versuchen (V. 22-25). Die ausführliche Verfluchung der *huote* (V. 26-35) kennzeichnet die Minne nun zwar als Normbruch, als Verstoß gegen gesellschaftliche Konventionen, der von der Gesellschaft geahndet werden muß. Die vorangestellte *ich diene*-Formel, die den in C2 demonstrierten gesellschaftlichen Wert der Minne nochmals vergewissert, zeigt jedoch, daß es hier nicht darum gehen kann, die Relation Ich-Gesellschaft erneut zu diskutieren. Die traditionelle *huote*-Schelte rückt vielmehr die - Anfeindungen ausgesetzte - Minnebeziehung zwischen Ich und Dame selbst ins Zentrum. Das Ich kann sich gegenüber der Gesellschaft als *huote* eindeutig definieren und wird von dieser - ex negativo - ebenso eindeutig in seiner Minnerolle bestätigt. Gleichzeitig setzt der Bezug auf die *huote* die Dame frei: Der Hinderungsgrund für die Minnebegegnung wird von der Dame weg in die gesellschaftliche Interaktion verlegt. Mit dem Ende der 5. Strophe, nach der Bartsch und Schiendorfer ein neues Lied beginnen lassen, steht die Dame selbst und die Möglichkeit des Ichs, über die

Minne zur Dame *fröide* zu erfahren, zur Disposition.
Die Gesellschaft in der Rolle der *huote* verhindert Nähe, schafft Distanz zwischen Ich und Dame. Das ist die Ausgangsbasis der nun folgenden epischen Szene:

Ach, ich sach si triuten wol ein kindelîn,
davon wart mîn muot liebes irmant.

Sie umbevieng ez unde truchte ez nâhe an sich,
davon dâchte ich lieblîch zehant.

Si nam sîn antlüte in ir hende wîz
und truchte ez an ir munt, ir wengel clâr.
owê, so gar wol kuste sîz! (V. 36-42)

Die Dame steht im Mittelpunkt der Szene. An die Stelle des Minnenden rückt das Kind, das keine Konkurrenz für den Minnepartner darstellt. Das Ich selbst befindet sich in der Position des außenstehenden, unbeteiligten Beobachters. Aus dieser Perspektive - *ich sach, ich nam war* - wird die Szene als episch real beschrieben. Die Terminologie der Beschreibung entstammt dem Minnevokabular: In der Liebkosung des Kindes kommt die Dame in ihrer Eigenschaft als Minnedame zur Erscheinung, ihre Minneaktivität kann real vorgeführt werden. Die Paradoxie hoher Minne, daß die Minnedame Erfüllung letztlich nicht gewähren darf, weil sie gerade dadurch ihren eigentlich unermeßlichen Status definieren würde, wird in dieser epischen Darstellung - anders als in C1 - gerade nicht zum Dilemma: Über die Einweisung des Kindes in die Minnerolle gelingt es, die hohe Minnedame als diejenige, die Minne gewährt, zu inszenieren und sie in ihrer Minnequalität damit als episch real zu setzen.
Die Wahrnehmung dieser Szene aus der Beobachterposition wird nun durchsetzt von Deutungsakten des Ichs, wie die Ankündigung zu Beginn der Szene - *davon wart mîn muot liebes irmant* (V. 37) -, die häufige Verwendung der Formeln *ich dâchte, mich dûchte* (V. 39, 46, 48, 52) und besonders explizit der Vergleich Kind - Ich in der 7. Strophe zeigen:

Ez tet ouch zwâr, als ich hæte getân
ich sach umbvân ez ouch si dô. (V. 43-44)

Das Ich interpretiert den Part des Kindes im Rahmen der eigenen Minnerolle. Über diesen Interpretationsakt entnimmt es der Umarmungsszene die Möglichkeit, an dem real in der Dame zur Darstellung kommenden Minnewert zu partizipieren:

Ez dûchte mich so guot, wan sîz ê druchte an sich,
davon wart ich sîn sô gar frô.

Ich umbevieng ez, wan siz ê schône umbevie,
und kustz an die stat, swâ ez von ir küsset ê was.
we mir doch daz ze herzen gie! (V. 52-56)

Das Kind erscheint durch die Umarmung der Dame als ebenso vollkommen, so daß es zum Vermittler dieser Vollkommenheit wird. Durch eine erneute Umarmung des Kindes kann auch das Ich an dieser Vollkommenheit teilhaben. Über den Interpretationsakt, das Kind als Medium für die Vollkommenheit der Dame zu begreifen, kann es am Ende der Szene nicht-paradox bestimmte *fröide* erfahren.

Die Schlußstrophe von C4 bringt nun die Position der Gesellschaft wieder ins Spiel:

Man gicht, mir sî nicht als ernstlîch wê nach ir,
als sis von mir vernomen hânt:

Ich sî gesunt - ich wær vil siech und siechlîch var,
tæt mir so gar wê minne bant.

Daz manz nicht an mir sicht, doch lîde ich nôt,
daz füegt guot geding, der hilfet mir alda her,
und liezze mich der, so wære ich tôt. (V. 57-63)

Die Gesellschaft (*man*) zweifelt an der Aufrichtigkeit der Minneklage. Krankheitssymptome, die eine existentielle Ausrichtung auf die Minne signalisieren, lassen sich nicht erkennen. Für die Gesellschaft ist das Ich als Minnender nicht identifizierbar: Die Überwindung der Distanz zwischen Ich und Dame in der epischen Szene - Partizipation über das Medium Kind - läßt sich nicht mehr durch die *huote* als Verstoß gegen gesellschaftliche Konventionen ahnden; ebensowenig kann das Ich, dessen *fröide*-Erfahrung sich ausdrücklich über einen Interpretationsakt begründet, in seiner Minnerolle von außen erkannt werden. Am Ende des Liedes bleibt nurmehr der zwar optimistische, aber sehr allgemeine Hinweis auf *guot geding*, der keine minnespezifische Definition enthält, sondern letztlich ein Ausgeliefertsein des Ichs an das Schicksal bedeutet.

In C4 zeichnet sich die Kontur einer neuen Ich-Rolle ab. Das Problem, die Ich-Aussage zunächst gegenüber einer auf kollektiver Verbindlichkeit beruhenden Aussage abzugrenzen, schlägt sich im Natureingang des Liedes nieder. Er bindet die Manifestation von Schönheit an kosmische

Gesetzmäßigkeiten: Nicht mehr das Ich setzt im Entwurf der Minnekonstellation den absoluten Wert der Dame, sondern *schoene frowen* gelten als kollektiv etablierter Wert. Erst als eine andere, in der literarischen Tradition vorgegebene naturgesetzliche Argumentation zitiert und damit eine neue Minnekonzeption aufgerufen wird, bietet sich ein Ansatzpunkt für eine spezifische Positionsbestimmung: Das Ich identifiziert anhand der unterschiedlichen Konzeptionen die eigene Dame als nicht erfüllungsbereite, hohe Minnedame. Die Ausgrenzung des Ichs aus der Gesellschaft wird explizit mit der Schelte der *huote*, die Minne als Tabubruch kennzeichnet, die Minnebeziehung zur Dame in den Mittelpunkt rückt und zugleich Distanz zwischen Ich und Dame herstellt. Die Ich-Position des Beobachters markiert diese Distanz. Sie eröffnet die Perspektive auf eine epische Inszenierung, in der die Minnequalität der Dame völlig frei zur Entfaltung kommt. Die Dame wird als eine von Ich und - anders als in C2 - von der Gesellschaft unabhängige, reale Größe dargestellt und nicht über die Minnekonstellation gesetzt. Im Rahmen der epischen Inszenierung in der Minneszene läßt sich ihr Wert so real vergegenwärtigen. Das Ich bestimmt sich dieser Dame gegenüber nicht über die Minnekonstellation - im Rahmen der Dienst-Lohn-Beziehung -, sondern setzt sich über einen Interpretationsakt in Relation zu ihr. Damit kommt eine neu zu definierende Aktivität des Ichs zur Geltung, die nicht der traditionellen Ich-Rolle des Minnelieds entspricht. Dementsprechend erkennt die Gesellschaft am Ende das Ich nicht mehr in der Minnerolle und zweifelt deshalb an der Aufrichtigkeit der Minneklage. Mit dem Glaubwürdigkeitsproblem wird ein klassischer Topos aufgegriffen, in dem der Sänger das Thema der Anerkennung durch die Gesellschaft reflektiert[3]. Damit kommt auf der Minnesangebene auch die Frage nach der Leistung des Sängers ins Spiel. Offen bleibt am Ende des Liedes folglich, was diese neue, noch nicht genau faßbare Aktivität des Ichs, der über eine epische Szene in ihrer Minnequalität als real vergegenwärtigten Dame per Interpretationsakt eine *fröide*-Möglichkeit zu entnehmen, impliziert und wie sich das Ich in dieser literarischen Rolle der Gesellschaft vermitteln kann.

---

3 G. Hahn, Zu den *ICH*-Aussagen in Walthers Minnesang, S. 97 f.

Die Analyse von C4 hat bereits mögliche Verbindungslinien zwischen C4 und den vorhergehenden Liedern angedeutet. Als eher äußerliche Merkmale sind die formale Übereinstimmung mit C2 und das unmittelbare Aufgreifen des *wunne*-Begriffs aus C3 zu verbuchen. Ergiebiger für einen Bezug der Lieder scheint mir der außergewöhnliche Natureingang und ein Vergleich der in C2 und C4 enthaltenen epischen Szenen zu sein. Der Natureingang von C4 führt den Wert *schoene frowen* als fest etabliert vor. Dies basiert letztlich auf den Liedern C2 und C3, die diese Etablierung im einzelnen begründen - durch die in C2 und C3 beschriebenen Aktivitäten der Gesellschaft wird der Wert der Minne bzw. der Gattung Minnesang als allgemein verbindlich gesichert. Im Natureingang von C4 kommt diese kollektive Verbindlichkeit zum Ausdruck. Mit der epischen Szene selbst setzt C4 nun allerdings im Vergleich zu C2 einen neuen Akzent: Es inszeniert aus der Ich-Perspektive die Minnedame episch real in absoluter Souveränität. In C2 wird gerade die Abhängigkeit der Dame gegenüber der Gesellschaft zum Problem - in C4 agiert sie völlig frei und unabhängig, ohne in die mit der Dienst-Lohn-Thematik aufgeworfene, paradox verfaßte Frage nach dem gesellschaftlichen Wert der Minne involviert zu sein. Und auch die Ich-Rolle verliert den fast marionettenhaften Charakter, der in C2 an ihr haftet: Das Ich ist fähig, die Dame in ihrem absoluten Rang real zu inszenieren, an dem in ihr verkörperten Wert zu partizipieren und so *fröide* zu erfahren.
Über diese neue, noch recht unscharfe Kontur der Ich-Rolle läßt sich ein Zusammenhang mit C3 vorerst nur konstatieren. Der Preis der Manesse stellt die literarische Kompetenz der Sammler in den Vordergrund, Minnesang zu beurteilen, ihm im Medium *buoch* Dauer zu verleihen und so den neuen literarischen Rang der Gattung zur Geltung zu bringen. Aus der Interpretation des Liedes C3 habe ich am Ende die These abgeleitet, daß auf der mit dem Manesselied markierten neuen literarischen Ebene nun auch die Ich-Rolle als Träger einer entsprechenden Reflexion von Minnesang aufgebaut werden soll. In C4 zeichnet sich eine neue Ich-Rolle ab, ohne daß sich diese allerdings bereits mit dem in C3 vorgegebenen "Programm" kurzschließen läßt. Festgehalten werden kann hinsichtlich dieser Rolle: Das Ich agiert auf der Folie des im Natureingang als kollektiv verbindlich dargestellten Werts *schoene frowen* - der gesellschaftliche Wert von Minne und Minnesang ist bereits mit Liedbeginn

etabliert. Das Ich inszeniert im Rahmen einer epischen Darstellung die Minne gewährende Dame und vergegenwärtigt damit ihre absolute, sich unabhängig von Gesellschaft und Ich frei entfaltende Minnequalität. Das Ich kann - über einen Deutungsakt vermittelt - dieser Dame *fröide* abgewinnen. Aber es kann diese *fröide* gesellschaftlich nicht vermitteln, weil es letztlich in dieser Rolle (noch) nicht identifizierbar ist. C4 ließe sich damit als Ausgangspunkt für eine Profilierung des Ichs in dieser Rolle betrachten.

2. Die Schlußposition von C52

Das letzte Lied des Hadlaub-Corpus C52 besitzt eine Reihe von Gemeinsamkeiten mit der Liedgruppe C1-C4: Es stimmt formal mit C2 und C4 überein und enthält Minneszenen, in denen die Minneakteure teilweise namentlich identifiziert werden. Aufgrund dieser Gemeinsamkeiten ordnen Bartsch und Schiendorfer das Lied C52 den Liedern C2 und C4 zu, obwohl es in der Handschrift selbst keine Indizien dafür gibt, daß C52 als Nachtrag zu behandeln ist.[1] Wie bei der Interpretation der einleitenden Lieder möchte ich auch hier der Vorgabe der Handschrift folgen und davon ausgehend fragen, inwieweit C52 strukturell eine Schlußposition für das Textcorpus als Ganzes markiert. Und wie bei C4 soll auch bei C52 die in der Handschrift durch die Initiale gekennzeichnete Liedeinheit prinzipiell bestehen bleiben, wiederum im Unterschied zur Ausgabe von Bartsch und Schiendorfer, die das Lied teilen (BMS 5 und 6). Denn C52 zeichnet sich zwar nicht durch einen stringenten Argumentationsaufbau aus. Einzelne, in sich abgeschlossene Szenen stehen nebeneinander. Doch bevor man die handschriftliche Redaktion voreilig korrigiert, sollte gerade dieser ungewöhnliche Aufbau des Liedes, die Montage von insgesamt vier Minneszenen (Str. 1-5, 6, 7, 8) und einer dreistrophigen Minneklage (Str. 9-11), zunächst Gegenstand der Interpretation sein und die Frage nach dem inneren Zusammenhang der Szenenfolge und nach der Anbindung der Minneklage gestellt werden.

Die erste Minneszene spielt in enger Anlehnung an C2 die *helfe*-Aktion der Gesellschaft von neuem durch. Wie ist diese Neuauflage auf der Folie von C2 zu bewerten? Wie werden die Rollen von Ich - Dame - Gesellschaft hier aufeinander bezogen?
Die Gesellschaft versucht wiederum, zwischen Ich und Dame zu vermitteln:

1 vgl. dazu die ausführliche Begründung in der Einleitung, S. 61-63.

Der vil edle Reginsberger was vor ir
und bat si mir genædig sîn

Und daz si ze mir spræch: 'got grüezze mîn diener.'
daz was sîn ger, des herren mîn.

Si sprach zartlîch: 'zwar, herre, daz muoz ergân.'
und lobte imz mit ir wîzzen hende in sîn hant.
mîn leit verswant, doz mir für kan. (V. 1-7)

Der Reginsberger bittet die Dame um ein Minneversprechen: Sie soll das Ich als Minnediener anerkennen und durch den Gruß die Annahme des Dienstes bestätigen. Anders als in C2, in dem die Forderung der Gesellschaft nach einer definitiven Beglaubigung der Minnebindung durch die Pfandübergabe am Ende offen bleibt, legt sich die Dame hier eindeutig fest und besiegelt ihr Versprechen durch einen Rechtsgestus unter Anwesenheit von Zeugen - *Da wâren edle frowen, edle herren bî, / der stunt, do sî gelobte dâz.* (V. 8-9). Doch als der Reginsberger das Ich herbeiholt, schließt sich die Dame ein und reagiert auf die Bitte der Gesellschaft nicht weiter - *do half ez nicht* (V. 21): Die *helfe*-Aktion scheitert.

Wie in C2 treten auch hier namentlich identifizierte Personen auf: *Der vil edle Reginsberger* (V. 1 und 15), *von Eschibach der herre* (V. 11), *der von Trôsberg, der von Tellinkon* (V. 12)[2]. Der Hauptakteur, der Reginsberger, ist bereits aus C2 bekannt: Die Identität dieser Figur sichert die Zugehörigkeit der namentlich identifizierten Gesellschaft von C52 zu derjenigen von C2. Im Unterschied zu C2 ist die historische Identifikation der Akteure selbst kein eigenes Thema und nicht an den Preis der Gesellschaft gekoppelt: Die Minneakteure treten von Beginn an unter ihrem Namen auf, und der Rang der Gesellschaft steht von vorneherein fest, deutlich in der Kennzeichnung als *edil*. Dabei fällt auf, daß Rang hier ausschließlich über das Attribut *edil* markiert wird und konkrete Titel wie *vürst*, *grâf* usw., die in C2 noch die ständische Position der Gesellschaft angeben, entfallen - mit Ausnahme der Bezeichnung *herr*, die u.a. in Opposition zu *frowe* gesetzt allgemein auf den hohen Rang der versammelten Personen weist. Zugleich wird mit dem Reginsberger gerade die Person, die in C2 als einzige völlig ohne Titel bleibt, als *vil edil* ausgezeichnet, so daß die Unabhängigkeit des mit dem Begriff *edil* definierten gesellschaftlichen Status von der ständischen Rangfolge zum Ausdruck kommt. Eine ent-

2 H. Renk, Manessekreis, S. 77-98.

sprechende Bedeutung besitzt das Wort *edil* auch im Manesse-Preis C3. Dort zeichnet sich eine konkretere inhaltliche Füllung des Begriffs ab: Es bestimmt den gesellschaftlichen Rang einer Person losgelöst von der ständischen Hierarchie, und es macht dabei die literarische Kennerschaft zum Maßstab. Der Vergleich mit C2 zeigt: Der Akt der namentlichen Identifizierung anonymer Minnerollen, die Wertzusprache an die Gesellschaft und deren Legitimation durch Minne- bzw. Minnesangkompetenz wird in C52 nicht mehr zum Thema. Der gesellschaftliche Rang dieser historisch konkreten Gesellschaft gilt als fest etabliert, unabhängig vom Erfolg oder Mißerfolg der *helfe*-Aktion. Er wird losgelöst von jeder ständischen Definition über den Begriff *edil* gekennzeichnet und greift damit die in C3 dargelegte kulturelle Selbstdefinition der Gesellschaft auf. So vergegenwärtigt das Lied C52 noch einmal exemplarisch den Rang dieser konkreten historischen Gesellschaft und rekapituliert damit die Aussage der Eingangslieder.

Die Dame untersteht in C52 der Verfügungsgewalt der Gesellschaft offensichtlich nicht: Sie agiert absolut souverän. Die Souveränität der hohen Minnedame besteht prinzipiell in der freien Verfügung über den Zeitpunkt der Erfüllung, so daß die Alternative Erfüllungszusage - Erfüllungsverweigerung in der Schwebe bleiben muß. In der epischen Darstellung und der von ihr geforderten Eindeutigkeit spitzt sich diese Alternative zu einer dilemmatischen Situation zu. Das Problem, die Figur der hohen Minnedame in eine Minnegeschichte zu integrieren, wird in C1 offenkundig. In C2 gelingt zwar die Integration der Dame, doch das Eingreifen der Gesellschaft stellt die Unabhängigkeit der Dame in Frage, so daß sie - wie das Ich - zur Spielfigur der Gesellschaft zu werden droht. Epische Eindeutigkeit wird dabei allerdings durch die Kombination der jeweils rollenspezifisch bedingten Perspektiven von Ich und Gesellschaft, durch die die Dame in ihrer Ambivalenz inszeniert werden kann, vermieden. In C4 schließlich setzt das Ich die Dame im Rahmen einer Minneszene gegenüber einer in der *huote*-Rolle präsenten, anonymen Gesellschaft in ihrer Souveränität frei. Die epische Darstellung in C52 bringt diese Souveränität nun gegenüber der konkreten, historisch identifizierten und erneut in der *helfe*-Rolle agierenden Gesellschaft zur Geltung:

Si slôz sich in ein stuben der gischicht.
er bat sî und edil frowen, edil man,

vil har ûz gân: do half ez nicht. (V. 19-21)

Die Dame handelt eindeutig, bricht ihr gegebenes Versprechen und müßte sich durch den Rechtsbruch eigentlich sowohl gegenüber der Gesellschaft, die den Rechtsakt bezeugen kann, als auch gegenüber dem Minnenden, den sie mit der Bezeichnung *diener* anerkannt hat, in der Rolle der hohen Minnedame disqualifizieren. An dieser Stelle, an der die Destruktion der Damenrolle droht, nimmt das Ich die Dame gegenüber der Gesellschaft in Schutz:

Sî sunz ir nicht wîzzen, si ist unschuldig gar:
ich brâchte ez dar, daz vuogte daz.

Daz was mîn ungelüke, daz ich hân gegen ir;
daz vuogte mir ir strengen haz.

Swaz mich ir hulden irre, daz müezze zergân,
ez tüeje dann ir lîb: in sol in fluochen nicht.
swaz mir geschicht, heil müezze si hân! (V. 22-28)

Das Ich macht sich selbst für das Scheitern des Treffens verantwortlich. Formelhaft gebrauchte Wendungen wie *ez fuogte* oder *ez geschicht* bzw. *geschach* unterstreichen die schicksalshafte Dimension des Geschehens. Mit dem Hinweis auf das Schicksal wird die Dame entlastet. Damit demonstriert das Ich den absoluten, unantastbaren Rang der Dame: Der tatsächlich erfolgte Rechtsbruch kann der Dame nichts anhaben, sie steht außerhalb rechtlicher Normen und wird unabhängig von ihrem Verhalten bewertet.

Das Lied C52 zeigt, daß die Gesellschaft hier - im Gegensatz zu C2 - nicht mehr über die Minnekonstellation verfügt. Es demonstriert die Unabhängigkeit der Dame von eben dieser konkreten Gesellschaft und führt sie als fest etablierte Größe vor, deren Geltung nicht mehr zur Diskussion steht. Der Wert der Dame wird so in C52, am Schluß des Oeuvres, durch den Verzicht auf jede weitere gesellschaftliche Bestätigung weiter verabsolutiert und einer zeitlichen Bestimmung im Rahmen einer Minnegeschichte enthoben - er besitzt über das Ende des Minnespiels hinaus Gültigkeit.[3]

---

3 vgl. dazu C. Rischer, *wie süln die vrowen danne leben?*, S. 141-156. Für die Interpretation von C52 ist besonders Christelrose Rischers Deutung des 2. Teils von Ulrichs 'Frauendienst' als "Minnesängerbiographie", welche die gesellschaftliche Leistung von Minnesang thematisiert, aufschlußreich: "Bei Ulrich erweist sich im

Wie aber kann sich das Minne-Ich im Rahmen der hohen Minne, die implizit über die *dienst-lôn*-Beziehung als rechtsverbindlicher Akt gekennzeichnet ist, überhaupt noch in Bezug zu einer Dame setzen, die außerhalb dieser rechtlichen Definition steht und der gegenüber sich dementsprechend Erfüllung nicht mehr argumentativ einfordern läßt? Während die übrigen Minnelieder mit Erzählszenen die Ich-Reflexion über die Formel *mich dûchte* einbauen, so daß narrative Passagen immer wieder von Reflexionsteilen unterbrochen werden, in denen das Ich die Ereignisse im Rahmen der eigenen Minnerolle deutet, ist in C52 die Position des Ichs gegenüber dem Geschehen ausschließlich über die Formel *ich wânde* zu fassen: *Ich wând, daz sis stæte liezze, wanz vor in bischach* (V. 10), *ich wând, daz mir solte ir trôst da werden schîn* (V. 13), *Ich wânde, daz ich leides frî da wurde iesâ* (V. 17). *wân* bezeichnet in der Minneterminologie die - begründete oder unbegründete - Hoffnung auf ein mögliches Einlenken der Dame und signalisiert so zugleich die totale Ergebenheit des Minnenden in die derzeitige leidvolle Situation. Diesen Aspekt spitzt die 4. Strophe am Ende mit dem Ausruf *swaz mir geschicht, heil müezze si hân* (V. 28) zu. Im Kontext eines Minnelieds besitzt diese Aussage auf der Minnesangebene einen besonderen Stellenwert. Denn grundsätzlich definiert erst der Preis des Sängers die Idealität der Dame. Pointiert hat diese Prämisse jedes Sängerauftritts Walther in seiner Replik auf Reinmars *stirbet sî, sô bin ich tôt* (MF 158,28) zum Ausdruck gebracht: *stirbe ab ich, sô ist si tôt* (L. 73,16)[4]. Auch wenn sich Hadlaubs Lied nicht explizit auf diese Walther-Replik bezieht, der Vergleich macht den veränderten Status der Ich-Aussage deutlich: Das Ich bestimmt sich nicht als die Instanz, die im Medium Minnesang die Minnekonstellation entwirft und die Idealität der Dame zur Geltung bringt, sondern demonstriert, daß der unermeßliche Wert 'Dame' unabhängig von der Existenz des Ichs dauer-

---

Verlauf des zweiten Minnedienstes der Wert und die Geltung von Minnesang als zunehmend unabhängig von der Gesellschaft, [...]" (S. 147). Auch Rischer sieht darin eine Verabsolutierung des Geltungsanspruchs der Gattung: "Die Frage nach dem *ende* von Minnesang war Thema des Prologs. [...] Angesichts des vorgeführten absoluten, und d.h.: überzeitlichen Werts von *wîbes güete* und Frauenpreis kann es kein *ende* geben. So löst sich jetzt auch das *mære*, das auf ein *ende* zielt, auf, weil es sich aus den Bedingungen der Zeit, und d.h.: aus gesellschaftlichen, biographischen und politischen Bedingungen herauslöst." (S. 155)

4 G. Hahn, Walther, S. 58 f.

haft etabliert ist.

Die erste Minneszene endet mit einer einstrophigen Minneklage (Str. 5), deren Gegenstand die Realität der Leiderfahrung (Präteritum) ist, die aus der verpaßten Chance der Begegnung resultiert. Gängige Argumentationselemente der Klage fehlen: das Ausbleiben der Erfüllung wird nicht als zeitlicher Aufschub, der eine Möglichkeit zur Qualifikation impliziert, sondern als Fügung des Schicksals thematisiert; die Verpflichtung der Dame zu lohnen wird nicht eingeklagt. Die Klage zieht das Resümee aus der Minneszene, ohne daß sich das Ich im Rahmen einer Minnereflexion konkret auf die Dame bezieht und so die Minnekonstellation herstellt.

Auf die erste Minneszene folgen nun drei weitere, einstrophige Szenen, an deren Ende jeweils das Ich die eigene Verfassung rekapituliert: die zufällige Begegnung mit der Dame vor der Stadt, bei der das Ich die Dame zwar sehen kann, sie sich jedoch einem direkten Zusammentreffen entzieht - *daz nimt noch gar vil fröiden mir.* (V. 42); die Botschaft, daß die Dame sich freundlich nach dem Ich erkundigt hat (*wa ist mîn geselle?*, V. 45) und damit das Ich als Minnepartner anerkennt - *des bin ich frô* (V. 49); schließlich das unmittelbare Treffen mit der Dame, bei dem das Ich verstummt - *daz verzagte mich ouch, des ich nit ensprach / und dô ich si sach so minnenklich* (V. 55-56).

Insgesamt vier Szenen reihen sich in C52 aneinander, die jeweils das Thema Minnebegegnung thematisieren. Ein Bedeutungsaufbau zwischen den einzelnen Szenen ist nicht feststellbar. Signifikant ist der episodische Aufbau an sich: Variationen des Themas 'Kontakt mit der Dame' werden gleichwertig nacheinander geordnet. Das Ich entwirft nicht mehr im Rahmen einer Minnereflexion die Minnekonstellation, sondern es bestimmt sich in einer Reihe von Episoden, in denen es situationsabhängig *fröide* oder *leit* erfährt, über die Minne zur Dame. Die letzte Szene setzt allerdings einen besonderen Akzent. Mit dem Hinweis auf die Sprachlosigkeit des Ichs greift sie einen traditionellen Topos des hohen Minnesangs auf: Das Ich verstummt angesichts der Dame, ihr absoluter Rang wirkt sich destruktiv auf die Ich-Rolle aus. Doch auch diese Paradoxie des hohen Minnemodells - die Verabsolutierung der Dame droht den Minnenden und durch die Doppelung von Minne- und Minnesängerrolle letztlich auch den Minnesänger zu vernichten[5] - wird hier nur zitiert und in ihren Konsequenzen argumentativ nicht weiter verfolgt. Mit dem Topos vom Verstummen des Ichs bezieht das Ich eine 'klassische' Position und gibt sich als Träger der traditionellen Rolle des hohen Minnenden zu erkennen. Es verstummt nicht, sondern realisiert aus dieser Position am Ende Minnesang in seiner traditionellen Form als Minneklage. Minnereflexion ist dabei zunächst Reflexion über die Unbegreiflichkeit der Minne als universaler Instanz: *wie tuot si sô?* (V. 60), *Waz habe ich ir getân?* (V. 61), *wes zîhet si mich?* (V. 63) - Fragen nach Begründungen für das eigene unbegreifliche Schicksal, die allesamt unbeantwortet bleiben und letztlich in die Bitte an die Minne münden, in dieser aussichtslosen Situation einzulenken (V. 69-70). Erst in der letzten Strophe wendet sich das Ich direkt an die Dame. Auch hier zitiert das Ich mit der an die Dame gerichteten Forderung der *triuwe* und der gleichzeitigen Versicherung der eigenen *triuwe* (V. 71-72) traditionelle Topoi, ohne sie argumentativ zu nutzen. Das Bekenntnis zur hohen Minne als verbindlicher Minnekonzeption konturiert die Ich-Aussage; die entsprechenden strukturellen Merkmale aber fehlen.

Die Analyse des Liedes sollte deutlich machen, daß C52 in mehrfacher Hinsicht an die Lieder C1-C4 anknüpft und zugleich mit der Neuauflage der *helfe*-Aktion einen Schlußpunkt setzt. Der Rang, der in C2 der historisch identifizierten Gesellschaft aufgrund ihrer Fähigkeit, das Rollenspiel Minne zu arrangieren, zukommt, wird dabei - wie die Kennzeichnung *edil* gleich zu Beginn des Liedes belegt - unabhängig vom Erfolg oder Mißerfolg der *helfe*-Aktion aufgerufen. Das Mißlingen der Aktion diskretitiert die Gesellschaft nicht und nimmt die in C2 thematisierte gesellschaftliche Einbindung der Minne nicht zurück. Es profiliert stattdessen die Dame, die hier der Verfügungsgewalt der Gesellschaft nicht untersteht, in ihrer Eigenständigkeit und steigert damit den Geltungsanspruch des literarischen Modells ins Absolute. Und es gibt dem Ich die Möglichkeit, die durch den Wortbruch bedrohte Integrität der Dame wiederherzustellen und sie als in ihrem Wert fest etabliert und unantastbar erscheinen zu lassen. Das Ich setzt sich dabei nicht mehr im Rahmen

5 vgl. dazu C. Ortmann u. H. Ragotzky, Minnesang als "Vollzugskunst", S. 234 f.

einer Minnereflexion in Relation zur Dame, sondern es tritt innerhalb einer epischen Szene als Träger der traditionellen Rolle des hohen Minnenden auf und realisiert von dieser Position aus Minnesang als Minneklage. Präziser läßt sich die Ich-Rolle und ihre Konstitution an diesem Textbeispiel, ohne Vorgriff auf die Liedfolge insgesamt, nicht beschreiben; das soll erst im weiteren Verlauf der Arbeit eingelöst werden. Ansetzen kann eine Funktionsbestimmung allerdings am erneuten Auftritt der historisch identifizierten Gesellschaft. Im folgenden möchte ich abschließend in einer Zusammenfassung der wichtigsten Interpretationsergebnisse die zu Beginn des Kapitels I geäußerte These, daß die Lieder C1-C4 mit C52 als Eingangssequenz und Schlußposition einen Rahmen um das gesamte Textcorpus bilden und es so als Einheit strukturieren, wiederaufgreifen und die Funktion der Lieder auf der neuen strukturellen Ebene der Liedfolge zu bestimmen versuchen.

Der Begriff 'Erzähllieder', der sich in der Forschung für die Hadlaub-Lieder mit narrativen Passagen eingebürgert hat, verabsolutiert einen Aspekt dieser Lieder. Er legitimiert die Ausgrenzung der Preisstrophe auf den Klingenberger am Ende von C2 und macht die Gattungszuordnung von C3 zum Problem; beides läßt sich in das Konzept eines 'Erzählliedes' nur schwer integrieren. Er bestätigt indirekt auch die Zweiteilung der Lieder C4 und C52: nur der zweite Teil von C4 enthält eine Minneszene und kann mit dem Konzept 'Erzähllied' als Einheit ausgewiesen werden; ebenso läßt sich in C52 die erste, auf fünf Strophen angelegte Szene als eigenständiges Ganzes von den übrigen Szenen trennen. Und er verführt dazu, die formal identischen Lieder C2, C4 und C52 als 'Minneroman' zu lesen und sie einander zuzuordnen.
Konstitutiv für eine Bestimmung des Typs ist jedoch nicht ein spezifisches, ihn von anderen Liedtypen abgrenzendes Verfahren wie z.B. das der epischen Darstellung, sondern letztlich seine Funktion. Bei der Interpretation der Lieder habe ich den engen Zusammenhang der Liedgruppe am Anfang des Textcorpus und ihre Verbindung mit dem Lied am Ende herauszuarbeiten versucht, dabei die Lieder C1-C4 als Eingangssequenz und das Lied C52 als Schlußposition gekennzeichnet. Hier sehe ich den Ansatzpunkt für eine Funktionsbestimmung, die ich im fol-

genden über eine kurze Zusammenfassung der Interpretationsergebnisse ausführen möchte.
Die Lieder C1 und C2 etablieren die Minnekonstellation in ihrer traditionellen Form als hohe Minne, setzen sie als episch real und bestätigen ihren gesellschaftlichen Wert. Die namentliche Identifikation der Minneakteure als historisch reale Personen transponiert das Geschehen auf eine historische Ebene und unterstreicht den aktuellen, auf die konkrete geschichtliche Gegenwart beziehbaren Geltungsanspruch des Modells. Die Probestrophen am Ende der Lieder verdeutlichen, daß mit der epischen Inszenierung die Bedingungen für das Gelingen von Minnesang geschaffen sind und sich Minnesang nun in seiner traditionellen Form realisieren kann: als Minneklage, wobei die Frage nach der gesellschaftlichen Einbindung dieser ausschließlich *leit* und keine *fröide* bewirkenden Minne zunächst offenbleibt; als Frauenpreis und als Fürstenpreis, wobei hier - ohne daß eine entsprechende spruchdichterliche Kompetenz des Ichs greifbar ist - eine in der literarischen Tradition der Gattung Minnesang belegte Möglichkeit aufgerufen wird, das literarisch entworfenene, ideale Selbstbild und den realen Zustand einer Gesellschaft messend aufeinander zu beziehen und die Übereinstimmung eines Herrschers mit dem Herrscherideal zu konstatieren. Die Lieder C1 und C2 setzen folglich keine neuen Akzente, sie besitzen eine rein aufbauende Funktion.
Der Manesse-Preis C3 läßt sich aus dem Fürstenpreis am Ende von C2 ableiten. Er setzt an die Stelle des Fürsten Heinrich von Klingenberg, der aufgrund seiner Minnesangkompetenz als idealer Herrscher identifiziert werden kann, die beiden Manesse, deren gesellschaftlicher Rang an der literarischen Kompetenz, Minnesang zu sammeln, gemessen wird, und verabsolutiert damit die kulturelle, von der ständischen gelöste Selbstdefinition der Gesellschaft. Über den Zusammenhang mit C2 läßt sich das Gattungsproblem von C3 entschärfen: Die von Hugo Kuhn beobachtete Ähnlichkeit mit einem Spruch ist über C2 an die literarische Tradition der Gattung Minnesang zurückzubinden, als eine zuerst von Walther beanspruchte und bei ihm noch explizit an die Autorität des Spruchdichters gebundene Möglichkeit.
In C3 wird die Gattung Minnesang selbst zum Thema: ihr neuer, mit dem Sammelunternehmen begründeter schriftliterarischer Status im Medium *buoch*, mit dem der dauerhafte Wert von Minnesang zur Geltung kom-

men soll und der die Beurteilung des gesammelten Liedgutes voraussetzt. Mit der Thematisierung des Gebrauchswandels 'Sammeln von Minnesang' wird eine literarische Metaebene vorgegeben, auf der der literarische Rang der Gattung zu reflektieren ist. Aus dem Zusammenhang der Lieder C1-C3 habe ich die These abgeleitet, daß damit auch ein Programm für das in C1 und C2 als Träger einer traditionellen Minnerolle aufgebaute Ich formuliert wird. Das Lied C4, das als vorerst letztes Lied vor C52 nochmals eine Minneszene enthält, scheint diese These zumindest ansatzweise zu bestätigen, denn in ihm zeichnet sich die Kontur einer neuen Ich-Rolle ab, die sich nicht mehr über die Minnekonstellation in Relation zur Dame setzt, sondern an der episch real inszenierten Minneaktivität der hohen Minnedame über einen Interpretationsakt partizipiert.
Innerhalb der Liedsequenz C1-C4 besitzt C3 einen besonderen Stellenwert, denn es etabliert eine literarische Metaebene, auf der mit dem Hinweis auf den neuen schriftliterarischen Status der Gattung Minnesang im Medium *buoch* der Gebrauchswandel der Gattung thematisiert wird. Der enge Zusammenhang mit den beiden vorhergehenden Liedern und mit C4 signalisiert, daß auch sie in diesem neuen literarischen Kontext zu situieren sind. Die aufbauende Funktion der Lieder C1 und C2 läßt sich dementsprechend nicht als "Konstitution neuer Subjektivität" (Mertens) verbuchen - episch real gesetzt wird das Ich als Träger der in der literarischen Tradition der Gattung vorgegebenen Minnerolle, die Dame in der Rolle der hohen Minnedame sowie die Gesellschaft in der *helfe*-Rolle. So kommt den epischen Szenen, die das Textcorpus Hadlaubs in der Hs.C einleiten, eine ähnliche Bedeutung zu, wie sie Michael Curschmann für die Miniaturen der Handschrift reklamiert: Das Bildprogramm vergegenwärtigt, so seine These[6], den Lebensraum der Texte, die Situation der Aufführung, und macht die Loslösung aus dem mündlichen Gebrauch und den neuen buchliterarischen Status volkssprachlicher Liedkunst erst eigentlich explizit. Auch die Lieder C1 und C2 installieren über die epische Darstellung als real, was ansonsten der Akt der Aufführung gegenwärtig setzt: das Rollenspiel Minne als ein Ritual, in dem sich die Gesellschaft eines idealen Selbstbildes versichern kann.

---

6 vgl. dazu die Darstellung in der Einleitung, S. 39-41.

Mit dem Aufbau der Minnekonstellation, der Thematisierung des Gebrauchswandels 'Sammeln' und der damit installierten neuen Reflexionsebene kommt den Liedern C1-C4 ein programmatischer Stellenwert zu: Sie geben die literarischen Prämissen für die folgenden Lieder und Leichs vor und besitzen so eine prologähnliche Funktion. In Korrespondenz dazu setzt C52 mit der Aufhebung des Minnespiels unter der erneuten Mitwirkung der historisch identifizierten Minneakteure eine Schlußposition und zieht mit dem Hinweis, daß die Minne - unabhängig von der Fähigkeit der Minneakteure zum Arrangement der Minnekonstellation - in ihrem gesellschaftlichen Wert dauerhaft etabliert ist, ein Resümee. So bildet die Eingangssequenz mit dem Lied C52 einen Rahmen um das Textcorpus, in dem am Anfang die Bedingungen für die Geltung von Minne und Minnesang dargelegt werden und am Ende deren absoluter, durch nichts zu beeinträchtigender, überzeitlicher Wert postuliert wird. Er grenzt das Textcorpus der Lieder und Leichs nach außen ab, konturiert es als neue, selbständige Einheit und verweist so auf seine innere Strukturiertheit. Die Thematisierung des Gebrauchswandels und neuen buchliterarischen Status der Gattung könnte dabei programmatisch eine Perspektive für die in den ersten Liedern aufgebaute Ich-Rolle vorgeben, sich auf dieser neuen literarischen Ebene zu profilieren. Inwieweit sich die gesamte Konzeption des Oeuvres und das darin vermittelte Autorbild auf diese Perspektive zurückführen lassen, sollen die beiden nächsten Kapitel zeigen.

II. Der Aufbau des Liedcorpus C5-C48

Anhand der Rahmenlieder läßt sich die Bildung des Oeuvres von seiner Abgrenzung nach außen her konstatieren. In den beiden folgenden Kapiteln möchte ich nach den entsprechenden Ordnungsprinzipien und Gesetzmäßigkeiten, die das Textcorpus als in sich gegliedertes Ganzes definieren, fragen - nach der strukturellen Anlage also. Zwei Großgruppen kristallisieren sich heraus: die Lieder C5-C48 und die Leichs C49-C51. Die Differenzierung der Gattungen Lied und Leich, die in der Handschrift auch optisch durch jeweils eine Leerzeile markiert ist, läßt sich als primäres Ordnungskriterium festhalten. Gegenstand dieses Kapitels wird die Analyse der Lieder sein. Innerhalb dieser Großgruppe zeichnet sich keine ähnlich scharfe Untergliederung ab, gerade disparate Liedtypen folgen unmittelbar aufeinander. Für die Strukturiertheit der Liedfolge gibt es allerdings auch hier auffällige Indizien: Im gesamten Mittelteil, von C15 bis C41, schließt sich jeweils an ein Herbst-, Ernte- oder Winterlied ein Sommerlied an; nur die Lieder C29-C31, ein hohes Minnelied und zwei Tagelieder, unterbrechen die jahreszeitliche Folge; abgegrenzt wird dieser 'Jahreszeitenzyklus' jeweils von Herbst- und Ernteliedern, in denen sich Hadlaub mit dem Konzept Steinmars auseinandersetzt. Die Lieder, die dieser Sequenz vorausgehen bzw. auf sie folgen, sind weniger deutlich strukturiert. Doch in einigen von ihnen wird das in den Herbst- und Ernteliedern angewandte Verfahren, die hohe Minne über den Aufbau eines Kontrastbereichs zu definieren, bereits vorweg erprobt, so im Lied von der *hûssorge* (C7) und im Lied von den *kolern* und *karrern* (C14). Einen Sonderfall stellen auch die Tagelieder dar: Sie besitzen mit der *mâze*-Lehre des Wächters ein einheitliches Programm, sind einander jedoch nicht zugeordnet, sondern über das gesamte Oeuvre verteilt (C11, C30, C31, C47, C48) und weisen damit auf den Zusammenhang des Liedcorpus. Diese Indizien - sichtbar strukturierter Mittelteil und argumentative Folge der Tagelieder - rechtfertigen die Lesart: die Hadlaub-Lieder als strukturierte Liedsequenz zu analysieren und nach ihrem Bedeutungsaufbau zu fragen. Und sie geben folgende

Interpretationsperspektiven vor:
Schwerpunkt des Kapitels II.1 wird die kontextbezogene Analyse der Lieder C7 und C14 sein. An ihrem Beispiel möchte ich das Verfahren, den Minnebereich über die Etablierung eines Kontrastbereichs zu bestimmen, herausarbeiten, ihren Zusammenhang mit den vorangehenden und folgenden Liedern untersuchen und dabei die Liedsequenz als Metaebene identifizieren, auf der über die Zuordnung der Typen eine rein literarische Diskussion stattfindet.
Kapitel II.2 wird sich zunächst auf die Interpretation der Herbst- und Erntelieder konzentrieren. Ihr Einbau in einen Jahreszeitenzyklus signalisiert, daß die literarische Auseinandersetzung mit Steinmars Konzept nicht nur im Medium einzelner Lieder, sondern auch auf der Ebene der Liedsequenz geführt wird. Wesentlich ist hier, daß mit dem Bezug auf Steinmar ein autorspezifisches Konzept als literarische Folie aufgerufen wird, gegenüber dem das Ich die eigene Position abgrenzen kann.
Kapitel II.3 schließlich versucht das in den Tageliedern entwickelte Programm der *mâze* zu beschreiben und seine Funktion innerhalb der Liedfolge zu bestimmen.

1. Textordnung: Liedsequenz

a. Kontrastierung: *minne* und *hûs*

Im Zentrum dieses Kapitels soll das Lied von der *hûssorge* C7 stehen. Vorab möchte ich kurz auf die beiden eher konventionellen Lieder C5 und C6 eingehen und dabei fragen, inwieweit der im *hûssorge*-Lied vollzogene Themawechsel - von der *minne* zu *hûs* und *ê* - auf der Ebene der Liedsequenz vorbereitet wird.

Das Lied C5 knüpft an das Ende des letzten Rahmenliedes C4 - die vage

Schicksalsbestimmtheit des Ichs im Vertrauen auf *guot geding* - an: Als entsprechendes Komplement wird die Personifikation Minne eingeführt, die universale Macht, die im Kosmos waltet und das Schicksal des Einzelnen determiniert - ein Motiv des hohen Minnesangs, das bei Hadlaub bereits C1 und am Ende des Oeuvres C52 aufgreifen und das in beiden Liedern die Frage nach der Perspektive des Ichs gegenüber der Allgewalt der Minne zuspitzt. Als obligatorische Kennzeichen dieser Macht werden rationale Unerklärbarkeit und Unberechenbarkeit genannt; ihr universaler Geltungsbereich, der gleichermaßen *tumbe - wîse*, *alte - junge*, *rîche - arme*, die Menschheit als Ganzes also umfaßt, wird betont (V. 1-6). Diesem universalen Gesetz sieht sich das Ich unterstellt: Es appelliert an die Minne als zuständige Instanz, auch die Dame ihrer Verfügungsgewalt zu unterwerfen (V. 7-9). Die am Ende der ersten Strophe angekündigte, in den beiden anderen Strophen[1] im einzelnen erklärte Drohung des Ichs, die Minne zu verfluchen, macht die Fruchtlosigkeit dieses Appells deutlich: Die Termini *süenen*, *helfen*, *strâfen* sowie der *wâfen*-Ruf signalisieren, daß das Ich hier gegenüber der Minne eine Rechtsposition zu beziehen versucht. Doch gegenüber einer willkürlichen Macht läßt sich der Zeitpunkt der Erfüllung nicht einklagen, kann dem Erfüllungsaufschub keine Möglichkeit der Qualifikation abgewonnen werden. Die Klage radikalisiert sich zum *fluochen*: ihr läßt sich keine Perspektive einer Annäherung an die Dame entnehmen; Leid kann nicht als werthaft vorgeführt, die ausbleibende Erhörung nicht als Zeichen der Differenz Ich - Dame, die implizit den absoluten Rang der Dame bestätigt und die totale Orientierung des Ichs auf die Dame rechtfertigt, beurteilt werden. Die Minnereflexion bringt hier gerade die Irrationalität des Phänomens Minne zur Geltung und bietet keine weiteren Diskussionsperspektiven, keinen Ansatzpunkt für eine Selbstdefinition des Ichs.

In C6 versucht sich das Ich unmittelbar in Relation zur Dame zu setzen. Dabei werden traditionelle Motive aneinandergereiht: die totale Ausrichtung des Ichs auf die Dame, der Hinweis auf die eigene *triuwe*, die Bitte um Erhörung, der drohende *tôt* des Ichs (V. 1-13). In der 2. Strophe

1 Die bei Bartsch in Abweichung von der Hs.C ohne ersichtlichen Grund - und ohne Vermerk - vorgenommene Vertauschung der Strophen 2 und 3 ist in der Neuausgabe von Schiendorfer berichtigt.

schlägt die Klage über die ausbleibende Erhörung in einen Frauenpreis (*mîn küneginne*, V. 23) um, der die rechtliche Verpflichtung der Dame anmahnt und ihr die Aussicht auf baldige Erfüllung entnimmt. Beide Strophen sind wiederum von Rechtstermini geprägt: *helfen*, *sünde*, *schuldic*, *eigen kneht*, *recht*. Der Rechtsaspekt der Minnebeziehung steht auch im Zentrum der 3. Strophe: Die Dame bricht, so konstatiert das Ich mit einer impliziten Gleichsetzung von *dienen* und *singen*, trotz des Sängerpreises das Recht seit langem (V. 26-29). Doch der Rechtsbruch, der die Idealität der Dame eigentlich zerstört und den Frauenpreis ad absurdum führen müßte, stellt hier - ähnlich wie in C52 - keine Irritation für den Sänger dar. Das Lied endet demonstrativ mit einem zweifachen 'dennoch':

Doch mechte ich niemer ir lob gesingen gar;
doch sol die süezzen
mîn lob grüezzen
iemer, so ich beste kan,
dâvon wan sî ist so clâr. (V. 36-38)

Ein doppeltes Bekenntnis des Ichs: trotz des Rechtsbruchs den Preis der Dame nicht vollenden zu können - der Verweis auf die Unvollendbarkeit des Preises ist ein Topos des hohen Minnesangs, der den absoluten Status der Dame auf Minnesangebene inszeniert als das Unvermögen des Sängers, den Gegenstand des Singens adäquat darstellen zu können; und trotz dieses Unvermögens den Preis im Rahmen der eigenen Fähigkeiten fortzusetzen - eine ebenfalls gängige Formel des hohen Minnesangs, mit der das Ich an der Dame festhält und die Bewährungsmöglichkeit als Sänger aufruft. Der Frauenpreis läuft, unabhängig vom Rechtsbruch der Dame, weiter. Das bedeutet letztlich, daß *lob* fest etabliert und trotz des eindeutig unrechtmäßigen Verhaltens der Dame nicht mehr hinterfragbar ist. Der Frauenpreis wird zur Konvention, dem jedes Diskussionspotential abgeht.

Auf diese beiden Lieder folgt nun in der Hs.C ziemlich unvermittelt das Lied von der *hûssorge* C7. Es beschreibt in den ersten drei Strophen *hûs* und *ê* als Lebensbereich[2]:

---

2 zur Tradition des *hûssorge*-Motivs vgl. Anton Schwob, *hûssorge tuot sô wê*. Beobachtungen zu einer Variante der Armutsklage in der mhd. Lyrik, Jb. der Os-

Er muoz sîn ein wol berâten êlich man,
der hûs sol hân, er müezze in sorgen stên.

Nôtig lidig man fröit sich doch mangen tag,
er sprichet: 'ich mag mich einen sanft begên.'

Ach, nôtig man, kumst dû zer ê,
wan du kûme gewinnen macht muos unde brôt,
du kumst in nôt: hûssorge tuot so wê! (V. 1-7)

Die Existenzform des *êlich man* wird mit der des *lidig man* verglichen, dabei als Voraussetzung für die Ehe eine gute materielle Ausstattung, die eine entsprechende häusliche Versorgung garantiert, bestimmt. Deutlich wird die ökonomische Basis des Lebensbereichs *hûs*: Die Ehe besitzt den Charakter eines materiellen Versorgungsvertrags. Die *hûssorge* zeigt - als Konkretisierung des *sorge*-Begriffs - die defizitäre Verfassung des *hûses* in dieser Hinsicht an. Unter dem Aspekt der *hûssorge* spielt die 2. Strophe die Realität einer defizitären *hûs*-Existenz durch. Die Versorgung der Kinder ist nicht gewährleistet, die Mutter, desorientiert, fragt um Rat:

So sprichet si: 'meister, gib uns rât!'
sô gîst in dan Riuwental und Siuftenhein
und Sorgenrein, als der nicht anders hât. (V. 12-14)

Mit der Bezeichnung *meister* wird die Verantwortung des *êlich man* als der für den Bereich *hûs* zuständigen Orientierungsinstanz aufgerufen. Damit lassen sich *hûs* und *ê* als verpflichtend geregelte Existenzformen fassen, deren Bedingungen eingeklagt werden können. In der möglichen Antwort auf die Frage der Mutter ist erstmals der Neidhart-Bezug offen-

---

wald von Wolkenstein Gesellschaft 1, 1980/81, S. 77-97. Schwob zeigt die von Neidhart geprägte literarische Tradition des Motivs auf und versucht gleichzeitig, den historischen Gehalt der seiner Ansicht nach möglicherweise autobiographischen Aussage zu ermitteln. Das führt zu einer Reihe von Vermutungen, zu Hadlaub bspw.: "Was spricht dagegen, daß Johannes Hadlaub seine häuslichen Verhältnisse mit denen anderer Mitglieder des Manesse-Kreises verglichen und sich als dürftig lebender, als 'noetic man' eingestuft hat?" (S. 90) Gegen solche biographistischen Interpretationsversuche hat sich bereits 1933 Günther Weydt, Johannes Hadlaub, GRM 21, S. 14-32, hier S. 20f, ausgesprochen. Zur der erst später überlieferten, von Hadlaub hier eventuell zitierten Tradition der Hausrat-Gedichte vgl. Gisela Kornrumpf, Deutsche Lieddichtung im 14. Jahrhundert. Ein Aspekt der Überlieferung, in: Zur deutschen Literatur und Sprache des 14. Jahrhunderts. Dubliner Colloquium 1981, hg. v. Walter Haug, Timothy R. Jackson u. Johannes Janota (Reihe Siegener Beiträge zur Literatur- und Sprachwissenschaft, 45), S. 292-304, hier S. 294-297.

sichtlich. *Riuwental* gilt bei Neidhart als Ort dörperlicher Ritter-Existenz und damit als Ort defizitärer höfischer Existenz - in den Zwängen des Alltagslebens befangen und auf materielle Lebenssicherung ausgerichtet, fehlt dem Ritter die freie Selbstbestimmung, die ein höfisches Dasein auszeichnet, wie es besonders krass Winterlied 3 hervorhebt[3]:

Hie envor dô stuont sô schône mir mîn hâr,
umbe und umbe gie der spân.
des vergaz ich, sît man mich ein hûs besorgen hiez:
salz und koren muoz ich koufen durch daz jâr.
wê, waz het ich im getân,
der mich tumben ie von êrste in disen kumber stiez?
mîne schulde wâren kleine wider in.
mîne vlüeche sint niht smal,
swanne ich dâ ze Riuwental
unberâten bin. (WL 3, Str. VII)[4]

Das *dörper*-Milieu, in das die *Riuwentaler*-Existenz eingebunden ist, fungiert bei Neidhart als negativ besetztes, die Perversion höfischer Werte darstellendes Kontrastmilieu und ermöglicht so die standesspezifische Neudefinition der höfischen Werte[5]. Dieses Verfahren, durch Einführung eines ständischen Kontrastmilieus Minne in ihrer exklusiv höfischen Werthaftigkeit und Minnesang als Medium einer exklusiv höfischen Normendiskussion zu bestätigen, läßt sich als Markenzeichen Neidharts bestimmen: Neidharts Sang besitzt nach Hedda Ragotzky[6] die Merkmale eines Musters, das, als bekannt vorausgesetzt, über einzelne Stichworte aufgerufen werden kann. Als solches Stichwort, mit dem der Neidhart-spezifische *dörper*-Sang zitiert wird, sind die Erwähnung von *Riuwental* und die in Neidhartscher Manier gebildeten Ortsnamen *Siuftenhein* und *Sorgenrein* zu verstehen. Anknüpfungspunkt ist, wie der Vergleich mit Winterlied 3 zeigt, die auf materielle Lebenssicherung ausgerichtete *hûs*-Existenz. Auf der Folie von Winterlied 3 wird allerdings auch explizit, daß

---

3 Zur Stilisierung der Riuwentaler-Rolle s. C. Ortmann, H. Ragotzky u. C. Rischer, Literarisches Handeln, S. 7. Zum Bezug von Hadlaubs Lied C7 auf Neidharts WL 3 s. zuletzt A. Schwob, *hûssorge tuot sô wê*, S. 85-87.

4 Zit. nach der Ausgabe: Die Lieder Neidharts, hg. v. Edmund Wießner, fortgeführt v. Hanns Fischer, 4. Aufl., Tübingen 1984.

5 C. Ortmann, H. Ragotzky u. C. Rischer, Literarisches Handeln, S. 15 f; vgl. dazu auch die knappen Ausführungen in der Einleitung, S. 28-30.

6 H. Ragotzky, Zur Bedeutung von Minnesang als Institution am Hof, S. 487.

in C7 die *hûs*-Existenz nicht für eine degenerierte ritterlich-höfische Lebensform steht. Entsprechende Hinweise - wie der Verlust der gepflegten Haartracht als Zeichen höfischer Erscheinung in Winterlied 3 - fehlen. Die *hûs*-Existenz ist hier in sich selbst defizitär, wie die Klage der Mutter in der 3. Strophe signalisiert. Die Mutter fordert spezifische, für den Bereich *hûs* als obligatorisch geltende, materielle Güter ein, deutlich in der Verwendung des direkten Artikels:

jan haben wir den witte, noch daz smalz,

Noch daz fleisch, noch vische, pfeffer, noch den wîn:
waz wolte ich dîn? son hân wir niender salz.'

So riuwetz ire, da sint fröide ûz. (V. 16-19)

Werden die ökonomischen Bedingungen, die den Haus- und Ehestand konstituieren, nicht eingelöst, verliert die Mutter ihre soziale Identität. Das bedeutet umgekehrt, daß der Bereich des *hûses* auch Identität stiften kann und hier nicht wie bei Neidhart für eine degenerierte höfische Existenz steht. In Hadlaubs Lied C7 wird damit die *hûs*-Existenz als ständische Lebensform charakterisiert. Es definiert Stand jedoch auf einer grundsätzlich anderen Ebene als Neidhart: Bezugspunkt ist nicht die hierarchische Ständeordnung, in der das bäuerische Dasein des *Riuwentalers* als die einem Aristokraten unangemessene Existenzform erscheint, sondern die gesamte Ständehierarchie übergreifende rechtlich-soziale Ordnung von Ehe und Hausgemeinschaft.

Die Klage der Mutter erhält am Ende der 3. Strophe einen neuen Akzent: die Winterklage (*frost*, V. 20). Die Klage über die Unannehmlichkeiten des Winters als Ursache für Leid läßt das aus dem Minnesang bekannte Schema des winterlichen Natureingangs erkennen. Der winterliche Natureingang bietet dort eine argumentative Möglichkeit, über die sich das Minne-Ich zur kollektiven Winterklage in Bezug setzen kann: die Überbietungsklage. Die beiden nun folgenden Minnestrophen, in denen sich erstmals in C7 ein Ich artikuliert, werden über diesen Überbietungstopos an die *hûssorge*-Strophen angebunden:

Mich dunket, daz hûssorge tüeje wê,
doch klage ich mê, daz mir mîn frowe tuot: (V. 22-23)

Zwischen dem *hûs*-Bereich und dem Minnebereich wird hier eine Vergleichsmöglichkeit aufgebaut, so daß - per Überbietungsklage - der *hûs*-Existenz eine Definitionsmöglichkeit für die Minneexistenz entnommen werden kann. Das Minne-Ich konstatiert mit der Überbietung der Klage der Mutter, daß die Identitätskrise des Minnenden den drohenden sozialen Identitätsverlust der Mutter noch übersteigt. Es präsentiert sich zunächst ganz allgemein in der Rolle des Heimatlosen - ein *ellender man* (V. 27) als einer, der ohne jede soziale Bindung ist. Von dieser Position aus wird in den folgenden Versen sukzessive die Minnebindung in ihrer sozialen Qualität als Rechtsbeziehung neu aufgebaut:

Gruozte sî mich, als man friunde grüezzen sol:
so tæte si wol. si sündet sich an mir,

Wan ir mîn triuwe wonet bî.
dâ von solte sî mich grüezzen âne haz.
wan tuot si daz? daz si iemer sælig sî! (V. 31-35)

Die generelle Forderung eines Rechtsgestus - *als man friunde grüezzen sol* - wird mit der *triuwe*-Versicherung und der Aufforderung, *âne haz* zu grüßen, zunehmend auf eine minnespezifische Perspektive verengt, so daß sich am Ende das Ich über die Minne als Rechtsbeziehung sozial definieren kann. Um diese Wiedergewinnung der traditionellen rechtlichen Bestimmung der Minne geht es hier offensichtlich. Die entsprechende Minnereflexion, für die nun eine Argumentationsbasis bestehen würde, wird am Ende des Liedes mit der Frage nach den Gründen für die ablehnende Haltung der Dame zwar aufgerufen, jedoch nicht weiter entfaltet: Das Ich hält bedingungslos an der Dame fest, sie ist in ihrem Wert verbindlich etabliert.

Über den Vergleich mit dem Haus- und Ehestand kann in C7 Minneidentität in ihrer traditionellen Form als Freigesetztsein von allen sozialen Bindungen bestimmt, die Minnebindung als Möglichkeit der Selbstdefinition rechtlich konturiert und als Perspektive allgemein ständischer Identitätskonstitution vorgegeben werden. Deutlich wird, daß die Kontrastierung des Minnebereichs mit dem des *hûses* an die literarische Tradition der Gattung Minnesang anzubinden ist. Die Nennung des Ortes *Riuwental* greift Neidharts *dörper*-Sang als Muster und das an diesen Sang gebundene Neidhart-spezifische Verfahren auf: die Etablierung eines antihöfischen Kontrastbereichs, der den Minnebereich als spezifisch höfischen auszeichnet. Doch der Bereich *hûs* setzt in Hadlaubs Lied gerade keine exklusiv höfische Definition von Minneidentität frei. Er wird nicht als antihöfisch stilisiert, sondern stellt eine ständische Lebensform vor, die als Rechtsbeziehung nicht auf den höfischen Bereich beschränkt ist, sondern universale Geltung besitzt. Innerhalb dieses universalen Bezugsrahmen kann über die Kontrastierung von *minne* und *hûs* die Minne in ihrer rechtlichen Qualität bestimmt werden: Sie ist als Rechtsbeziehung der Ehe gleichzusetzen und verleiht entsprechende soziale Identität. Der nicht-minnespezifische *hûs*-Bereich bietet demnach eine neue Definitionsmöglichkeit für den Minnebereich, die sich durch ihre universale Geltung auszeichnet und sich von anderen, den Rechtsaspekt der Minnebeziehung betonenden, aber spezifisch auf den aristokratisch-höfischen Bereich begrenzten Kennzeichnungen wie z.B. der *dienest-lôn*-Formel abheben. Die Funktion des Neidhart-Zitats besteht folglich zunächst darin, über die Diskrepanz zur aufgerufenen literarischen Vorlage den universalen, den Hof übergreifenden Geltungsbereich der Minne herauszuarbeiten. Diese Diskrepanz wahrzunehmen - also nicht nur die literarische Vorlage zu identifizieren -, setzt literarische Kennerschaft voraus, so daß sich mit dem Lied C7 die Diskussion explizit auf eine literarische Ebene verlagert. Offen bleibt allerdings, inwieweit der Bezug auf Neidhart hier bereits eine Bewertung enthält und Neidharts Konzept als zu eingeschränkt ausgeweist, um den Wert der Minne darstellen zu können. Auf diese Frage möchte ich bei der Interpretation des Liedes C12, in dem mit dem Auftritt von *dörpern* Neidhart noch deutlicher zitiert wird, zurückkommen. Im folgenden soll der mögliche Kontextbezug von C7 weiter untersucht und die Verbindung des Liedes zu den beiden anschließenden, erneut konventionelleren Minneliedern C8 und C9 hergestellt werden.

Das Lied C8 ist ähnlich gebaut wie C4: Ausgangspunkt ist wiederum die kollektive Manifestation von Schönheit - *schoene frowen* (V. 2) - und die damit gegebene Möglichkeit kollektiver Wahrnehmung - *mag man ... geschowen* (V. 5). In C4 wird diese Manifestation unmittelbar dem Naturgesetz unterstellt, in C8 an einen sozialen Verhaltenskodex gebunden, an das Tragen breiter Damenhüte als einer *in Oesterrîche* verbreiteten Modeerscheinung (V. 1-3). In beiden Liedern gilt der Wert 'Dame' unabhängig von der Ich-Inszenierung als fest etabliert. Während in C4 dessen kollektive Verbindlichkeit in das gattungsspezifische Argumentationsmuster des Natureingangs eingebunden ist, scheint die konkrete geographische Lokalisierung in C8 - *Oesterrîche*, *Tuonowe* - das formelhafte Sprechen aufzubrechen. Doch auch das Tragen breiter Hüte läßt sich als literarisches Motiv identifizieren[7]: Am Ende von Walthers Lied *'Nemt, frowe, disen kranz'* werden die Damen aufgefordert, ihre Hüte hochzurücken, damit das Ich diejenige, die ihm im Traum erschienen ist, erkennen kann (L 75,1-8); in Neidharts Winterlied 3 gebietet der *Riuwentaler* den *kint*, sich das Tuch nicht bis auf die Brauen herunterzuziehen und es vorne im Gesicht höher zu rücken (Str. III,9-IV,5). Das Motiv 'breite Hüte' evoziert in Hadlaubs Lied C8 sicher nicht konkret das Programm eines Autors. Es signalisiert allerdings die literarische Vermitteltheit der Aussage: Bezugspunkt ist die literarische Tradition der Gattung und nicht die historisch reale Kleidermode in Österreich. Auf dieser dezidiert literarischen Aussageebene setzt C8 an.

In den Strophen 2-4 wird die Minnekonstellation sukzessive aufgebaut: Das Ich preist die *schoenen frowen* als höchsten innerweltlichen Wert (V. 13-16), angesichts derer es die Verfügungsgewalt über sich selbst verliert (*wilde*, V. 22), filtriert dann aus dem Kollektiv die eigene Minnedame als vortrefflichste Verkörperung dieses Werts (*in gesach an dikeiner frowen / nie so lôs gebâren mê, / Als mîn frowe gibâret sich*, V. 24-26) heraus und projektiert über zwei Stufen der Minne - *schowen* (V. 27) und *umbevange* (V. 29) - die Annäherung an diese Dame und die Partizipation an ihrem Wert. Die 4. Strophe bezieht die Position der Gesellschaft mit ein: Die Gesellschaft sieht im hohen Rang der Dame eine unüberwindbare ständische Differenz (*ze hêre*, V. 35). Minne wird explizit als hohe Minne und dementsprechend im weiteren Verlauf der Strophe auch als Bereich der Qualifikation gekennzeichnet. Mit dem Ende der 4. Strophe ist das Ich in der Rolle des hohen Minnenden, der gegenüber Dame und Gesellschaft eine Bewährungsleistung erbringen kann, identifizierbar.

Die 5. Strophe weist nun das Ich in die Minnesängerrolle ein, greift dabei das bereits in C6 artikulierte Problem, den Wert der Dame literarisch adäquat darstellen zu können, erneut auf und inszeniert mit diesem Topos den absoluten Status der Dame auf Minnesangebene. Im Unterschied zu C6 beharrt das Ich hier jedoch auf der Möglichkeit, sich als Sänger zu qualifizieren:

---

7 vgl. H. Renk, Manessekreis, S. 172.

Ich habe des vil stæten muot:
frowen guot, dien wil ich mêren
ir lob, lebe ich mange zît.

Wan des sint si wert so wol:
sî sint vol so manger êren,
daz ist gar âne allen strît. (V. 56-61)

Das scheint die Übernahme der traditionellen Sängerrolle anzusagen - mit einer entscheidenden Akzentverschiebung: Nicht mit *lob* Wert zu etablieren und seine normativen Bedingungen zu diskutieren, ist die Aufgabe des Sängers, sondern durch *lob* den bereits fest etablierten und nicht mehr diskussionsfähigen Wert zu *mêren*, d.h. *lob* zu realisieren, es ins Werk zu setzen. Der Sänger identifiziert sich hier mit dem in C3 vorgestellten Programm der Sammler:

sang, dâ man dien frowen wolgetân
wol mitte kan ir lob gemêren,
den wolten sî nit lân zergân. (C3, V. 20-22)

Die Sammler wollen dem Sang, der den Preis der Frauen vermehrt, im Medium *buoch* Dauer verleihen und so dessen zeitlose Geltung erweisen. Das Ich gibt sich hier in der Minnesängerrolle als Träger dieses Programms zu erkennen. Die Aufgabe des Sängers wird auf dieser Basis neu definiert: Der Sänger soll Frauenpreis immer von neuem realisieren und so dessen Dauerhaftigkeit demonstrieren.

Einen ersten Hinweis auf die angemessene Realisierung von Minnesang gibt die letzte Strophe des Liedes. Das Ich inszeniert zum Abschluß eine Minneklage, die durch den Konjunktiv als indirekte Rede gekennzeichnet ist:

und da mitte spriche: 'owê,
ich muoz trûren iemer mê,
sich erbarm dannoch diu hêre
uber mich, daz sîz verstê!' (V. 74-77)

Diese letzten Verse besitzen - ähnlich wie die Schlußstrophen von C1 und C2 - den Status einer Probestrophe: Nachdem die Bedingungen von Minnesang definiert worden sind, gibt der Sänger eine Probe seiner Fähigkeit, Minnesang unter diesen Bedingungen anzubieten. Die indirekte Rede signalisiert hier Distanz: Auf der Basis der in C8 gesetzten Bedingungen könnte Minnesang folgendermaßen aussehen - eine auf die nötigsten Formeln reduzierte Minneklage, in der die Unerreichbarkeit der

Dame über die Differenz zum Ich fixiert ist. Unter dem Postulat *lob mêren* wird traditioneller hoher Minnesang angesagt und die Minneklage als Inbegriff von *lob* präsentiert.

Das Lied C9 ist durch einen Sprachgestus geprägt, der kollektive Verbindlichkeit beansprucht: *Swer nimt* (V. 1), *Er wirt* (V. 8), *Swa mannes herze* (V. 15), *Den sîn herze twingit* (V. 22) - die Strophenanfänge der ersten vier Strophen sollen als Beleg genügen. Die allgemeingültige Aussage bietet jeweils Ansatzpunkte für die Ich-Aussage: Der von schönen Frauen ausgehende Zwang zur Minne und die totale Ausrichtung des Minnenden auf die Dame werden in der 1. und 2. Strophe als allgemeine Gesetzmäßigkeiten kenntlich gemacht, am Strophenende definiert sich dann das Ich in diesen Zusammenhang ein (V. 7 und V. 13-14). In der 3. und 4. Strophe bestimmt es die eigene Position innerhalb eines Kontrasts: Der Gruppe der Minnenden, die in einer heimlichen Zusammenkunft mit der Dame Erfüllung erfahren, steht die Gruppe derer gegenüber, die ihrer Dame unvertraut (*frömde*, V. 23) bleiben - *sam geschicht mir gegen der frowen mîn* (V. 25). Das Stichwort *frömde* ruft das Thema hoher Minne auf. Das Ich agiert am Ende in der Rolle des hohen Minnenden und artikuliert eine Minneklage, die mit dem Wunsch nach einer heimlichen Zusammenkunft schließt.
Das sentenzhafte Sprechen ist dem Ich-Reflexionslied des Minnesangs fremd; es ist gattungskonstitutiv für die Sangspruchdichtung und signalisiert dort den universalen Geltungsanspruch der Aussage[8]. Es wird hier im Kontext eines Minneliedes als literarische Strategie eingesetzt, mit der die objektive, unabhängig von der Ich-Aussage bestehende Gültigkeit des Minnewerts demonstriert und das Verhältnis von kollektiver Geltung und Ich-Aussage thematisiert werden kann: Das Ich präsentiert sich als exemplarische Figur, an der sich das universale Minnegesetz realisiert[9]. Von dieser Position aus kann es Minnesang als Minneklage in Szene setzen.

---

8 zu den Gattungsmerkmalen des Sangspruchs s. G. Hahn, Walther, S. 91 ff., und C. Ortmann, Der Spruchdichter am Hof, S. 23 f.

9 vgl. dazu die Beschreibung der Fahrenden-Rolle bei C. Ortmann, Der Spruchdichter am Hof, S. 23.

Ordnet man nun das *hûssorge*-Lied C7 in den Kontext der Lieder C5 und C6 sowie C8 und C9 ein, wird der Zusammenhang der Liedfolge deutlich: Die Lieder C5 und C6 führen Minneklage und Frauenpreis als einander wechselseitig ergänzende Strategien, den Wert der Dame zu inszenieren, vor. Die Argumentationsmöglichkeiten beider Liedtypen werden dabei derart verabsolutiert, daß sie nicht mehr steigerungsfähig sind: Die Klage gerät zum *fluoch* über die Willkürherrschaft der universalen Macht Minne, gegenüber der das Ich keine Rechtsposition beziehen kann; der Frauenpreis läuft trotz des Rechtsbruchs der Dame weiter. In beiden Liedern kann sich das Ich nicht mehr paradox innerhalb der Minne- bzw. Minnesangkonstellation definieren. C5 und C6 markieren so einen Endpunkt der Minne- und Minnesangdiskussion, was sich als Konsequenz der in den Eingangsliedern C1-C4 mit dem Gebrauchswandel 'Sammeln' markierten neuen literarischen Situation verbuchen läßt: Die Dame ist in ihrem Wert fest etabliert, die Paradoxie des literarischen Modells damit außer Kraft gesetzt, eine erneute Reflexion seiner Bedingungen letztlich überflüssig.

Der thematische Wechsel vom Minne- zum *hûs*-Bereich mit C7 konstatiert dieses Faktum. Gleichzeitig eröffnet dieser Wechsel, indem er den Haus- und Ehestand als Vergleichsbereich aufbaut, der sich in Kontrast zum Minnebereich setzen läßt, eine neue Definitionsmöglichkeit: Der rechtliche Charakter der Minnebindung kann über den Vergleich mit der auf einem Rechtsvertrag basierenden Ehe herausgearbeitet und die Minnebeziehung auf diese Weise als eine soziale Identität stiftende Beziehung profiliert werden. Über den Rechtsaspekt wird auch die inhaltliche Verbindung zu den beiden vorhergehenden Liedern gewahrt: Weder gegenüber der Willkür der universalen Instanz Minne noch gegenüber der außerhalb jeder Rechtsverbindlichkeit situierten Dame kann die traditionelle rechtliche Kontur der Minnebindung zur Darstellung kommen.

Die Funktion des Liedes C7 beschränkt sich allerdings nicht darauf, über die Kontrastierung mit einem nicht-minnespezifischen Bereich die Minnebindung neu zu definieren. Mit dem Neidhart-Zitat verlagert sich die Diskussion explizit auf eine literarische Ebene und steht im Zeichen literarischer Kennerschaft: Es geht offensichtlich nicht mehr um eine im Medium Minnesang zu führende Wertediskussion in normativer Hinsicht, sondern um die Identifikation literarischer Muster bzw. um die Wahrnehmung einer möglichen Diskrepanz von Zitat und Vorlage - bei Hadlaub wird der *hûs*-Bereich im Gegensatz zu Neidhart nicht als antihöfisch stilisiert, so daß ihm eine exklusiv höfische Definition von Minne- und Minnesang zu entnehmen wäre, sondern als universaler, die Ständehierarchie übergreifender ordo, gegenüber dem sich die Minne gerade nicht als spezifisch aristokratische Lebensform versichern läßt.

Das Lied C7 besitzt so einen ambivalenten Status: Es signalisiert mit dem Themawechsel *hûs* das Stagnieren der Minne- und Minnesangdiskussion und eröffnet zugleich über die Kontrastierung von *hûs* und *minne* eine neue Perspektive auf den Minnebereich, die zu deuten allerdings literarische Kennerschaft erfordert, so daß mit C7 auch die literarische Ebene der Diskussion erstmals explizit wird.

C8 kann das Thema Minne auf dieser Basis wieder von Beginn an aufgreifen und stellt das mit C5-C7 aufgeworfene Problem, Minnesang immer erneut zu realisieren, in den Kontext der Rahmenlieder. Unter der in der Eröffnungssequenz formulierten und hier im Liedeingang breit entfalteten Prämisse, daß die Dame in ihrem Wert fest etabliert ist, wird die Minnekonstellation sukzessive aufgebaut, das Ich zunächst in die Minne-, dann in die Minnesängerrolle eingewiesen und am Ende als Träger eines literarischen Programms identifiziert: Es soll entsprechend der mit dem Gebrauchswandel Sammeln markierten neuen literarischen Situation den Wert der Gattung wahren, indem es Minnesang immer von neuem realisiert. Am Schluß von C8 und im anschließenden Lied C9 deutet sich eine konkretere Standortbestimmung an: Das Ich bezieht - in Absetzung von denjenigen, die erfolgreich minnen - die Position der hohen Minne und realisiert Minnesang als Minneklage.

An den Liedern C5-C9 zeichnet sich die Bedeutung, die die Zuordnung der Lieder bei Hadlaub besitzt, bereits ab. Die Folge der Lieder läßt sich aus der Notwendigkeit erklären, dem literarischen Modell immer erneut eine Diskussionsmöglichkeit zu entnehmen und so den in den Eröffnungsliedern proklamierten Wert von Minne und Minnesang jeweils neu zu realisieren.

b. *betiuten* und *gelîchen* als literarische Strategie

Wie im vorhergehenden Kapitel das *hûssorge*-Lied C7 soll in diesem Kapitel das Lied von den *kolern* und *karrern* C14 Fluchtpunkt der Interpretation sein. Es scheint innerhalb der Liedfolge einen ähnlich ambivalenten Status wie C7 zu besitzen. Auch hier wird der Minnebereich zunächst verlassen und eine nicht-minnespezifische Lebensform, die Köhler- und Kärrnerexistenz, thematisiert, um dann über einen Vergleich dieser Lebensform eine Aussage über die Minne zu entnehmen. Zugleich benennt das Lied die entsprechende literarische Strategie - *betiuten* und *gelîchen* - und leitet zu der dezidiert literarischen Auseinandersetzung mit Steinmars Konzept über, die mit dem folgenden Lied C15, dem ersten Herbstlied Hadlaubs, beginnt und sich über einen Großteil des Liedcorpus hinzieht. Mit der Reflexion literarischer Bedingungen markiert C14 noch deutlicher als C7 die literarische Ebene der Aussage. Zu fragen ist zunächst wiederum nach der Leistung der vorhergehenden Lieder: Inwieweit signalisiert der Themawechsel ähnlich wie bei C7 ein Stagnieren der literarischen Diskussion? Welche neuen Akzente setzen dabei die Lieder C10-C13, insbesondere das Tagelied C11 und das in enger Anlehnung an Neidhart konzipierte *dörper*-Lied C12? Welche Perspektiven werden für die anschließende Steinmar-Sequenz eröffnet?

C9 focussiert die Minne unter dem Gesichtspunkt der *frömde*, C10 unter dem der Begegnung. Im Übergang von C9 zu C10 wird dieser Wechsel der Perspektive faßbar. Im letzten Vers von C9 entwirft das Ich mit seiner Wunschvorstellung die zukünftige Situation: *ach, solde ich ir tougen wesen bî!* Im ersten Vers von C10 beschreibt es diese Situation als eingelöst:

> *Ich was vor ir,*
> *daz ich wol mîn jâmer ir geklaget solde hân.*
>
> *Mîn sendiu gir*
> *wart so grôz, daz sî mich dâr nit reden wolde lân.* (V. 1-4)

Die Minnebegegnung wird im Präteritum, als Reflexion eines Ereignisses in der Erinnerung, geschildert. Der Zusammenhang der Lieder C9 und

C10 suggeriert so zeitliche Kontinuität und Identität des Ichs: die Minnebegegnung als auf die Zukunft gerichtete Projektion und als in der Vergangenheit reales Ereignis. Der Wunsch nach einer heimlichen Begegnung gilt in C10 zwar als eingelöst, aber im Angesicht der Dame verstummt das Ich. Wie in C9 begreift es sich auch hier als Figur, an der sich eine allgemeingültige Aussage exemplarisch realisiert:

wan swenne ein man
wirt ze rechte frô,
sôn enweiz er, noch inkan.
recht alsô irgieng mir senden leider vor ir dô. (V. 7-10)

Die *fröide*-Erfahrung wirkt sich in ihrer Gewalt destruktiv aus. Die 2. Strophe überträgt diese Aussage konkret auf die Minne. Das Verstummen des Ichs im Angesicht der Dame demonstriert hier zweierlei: Das Ich verstummt, weil die Dame so schön und die von ihr ausgehende *fröide* so groß ist - der absolute Rang der Dame kann inszeniert werden. Zugleich wird das Ich von dieser Manifestation an Vollkommenheit überwältigt und erfährt dementsprechend unermeßliches Minneleid. Damit wird die Destruktivität der Minnebindung deutlich:

mich bant der Minne bunt,
Minne schôz mich, daz ich mînen sin so gar verlôs. (V. 19-20)

Das Ich verliert durch die Minne die Herrschaft über sich selbst und ist ihrer Allgewalt total ausgeliefert.

Das Verstummen des Ichs läßt sich als Topos des hohen Minnesangs identifizieren, dessen Brisanz in der Doppelung der Ich-Aussage als Minnender und Minnesänger liegt[1]. In der letzten Strophe wird die Konsequenz des Verstummens für das Ich als Minnesänger explizit:

Ir wunne mich
tet so gar verzagen, wan ich sî so schoene sach.
Ich dâchte mir so rechte nâhe senlîch 'ach',
daz mir so gar mîn sprâche in mînem herzen do brach. (V. 23-26)

Die Minneklage wird auf nurmehr ein Wort verkürzt. Der absolute Status der Dame wirkt sich auch auf das Ich als Minnesänger destruktiv aus, denn er hat letztlich den Sprachverlust zur Folge. Das Dilemma *singen - swîgen* wirft das Problem auf, inwieweit ein dieser Bedrohung durch die Minne ausgesetztes Ich in der Rolle des Minnesängers den Wert der

1 C. Ortmann u. H. Ragotzky, Minnesang als "Vollzugskunst", S. 234 f.

Minne für die Gesellschaft überhaupt noch vermitteln kann. Damit wird ein neuralgischer Punkt der Minnesangdiskussion offenkundig, an dem die Möglichkeit zu singen - Minnesang zu realisieren - erneut in Frage gestellt ist.

Die ersten Verse von C11 greifen das Thema 'Singen' mit einem, wie ich meine, kalkulierten Überraschungseffekt auf:

'Ich wil ein warnen singen,
daz lieb von liebe bringen
nu mag, die mâzze kunnen hân.

Sus râte ich dien ein scheiden,
der ich nu hüete, beiden:
der tag, der wil so schiere ûf gân. (V. 1-6)

'Singen' wird explizit zum Thema, eine Möglichkeit des Singens etabliert, allerdings im Rahmen eines anderen Typs - als Gesang des Wächters vor Tagesanbruch. Damit wird das Tagelied aufgerufen als der Typ, der den Wert der Minne konträr zur hohen Minnekanzone aus einer anderen Perspektive zur Diskussion stellt: die Trennung der Liebenden am Morgen nach der gemeinsam verbrachten Liebesnacht als Bewährung erfüllter Minne. Anders als in der Kanzone steht die Minne hier unter Zeitbezug: Minneerfüllung wird aus der Situation des Abschieds als real ereignet ausgegeben; der durch den morgendlichen Weckruf des Wächters ausgelöste Einbruch des Leides in diese erfüllte Minne fordert die Bewährung des Minnepaars - die Versicherung gegenseitiger *triuwe* über den Zeitpunkt des Abschieds hinaus. Das Tagelied ist also ähnlich paradox strukturiert wie die Minnekanzone: Eingeklagt wird hier nicht der Erfüllungsmoment selbst, sondern die unendliche Dauer der *fröide*. Damit eröffnet es die Möglichkeit, den Wert der Minne im Rahmen einer auf Erfüllung angelegten Minnekonzeption zu diskutieren[2].
Mit C10 und C11 werden zwei kontrastierende Typen, Minnekanzone und Tagelied, nebeneinandergestellt und zugleich durch den Topos *sin-*

2 zum Tagelied s.v. Einleitung, S. 30 f. Ausdrücklich verweisen möchte ich auch auf die im Tagelied-Seminar v. Christa Ortmann, Konstanz WS 85/86, gewonnenen Erkenntnisse. Eine ausführlichere Einordnung von Hadlaubs Tageliedern in die literarische Tradition der Gattung findet sich im Tagelied-Kapitel II.3 dieser Arbeit.

gen - *swîgen* miteinander verbunden. Welche Diskussionsperspektive bietet hier das Tagelied für das am Schluß von C10 formulierte Dilemma des Sängers, der destruktiven Macht der Minne ausgesetzt zu sein und zugleich ihren für alle verbindlichen Wert inszenieren zu müssen?

Das Lied C11 ist als Wächtermonolog konzipiert: Die Tageliedsituation - der Abschied der Liebenden nach der gemeinsam verbrachten Liebesnacht - wird nicht wie üblich episch gesetzt, sondern über die rollenspezifische Perspektive des Wächters vermittelt. Der Wächter fungiert im Tagelied zugleich als Vertrauter des Minnepaars, der die Liebenden vor einer Entdeckung schützt und die Trennung am Morgen herbeiführt, und als normative Instanz der Gesellschaft, die mit dem morgendlichen Weckruf den Einbruch des Leids in die erfüllt Minne bewirkt, den Liebenden so einen Akt der Bewährung abverlangt und dadurch den gesellschaftlichen Wert der ansonsten nur intimen Minne garantiert. Der Wächter vertritt in C11 gegenüber dem Minnepaar nun eine ganz bestimmte Norm, unter die er den Bewährungsakt stellt: die *mâze*. Die 1. Strophe von C11 gibt das *mâze*-Postulat monologisch aus der Wächterperspektive vor. Die eigentliche Tageliedsituation - der Abschied der Minnenden in der Kemnate - wird nicht ausgeführt, in der Reflexion des Wächters allerdings gespiegelt, daß von Seiten der Minnenden eine Reaktion auf seine Forderung ausbleibt. Auch in der 2. Strophe insistiert der Wächter auf einer Beachtung der *mâze* und zeigt dabei auf, welche Bedeutung die *mâze* für die Minne besitzt:

In gibe dem herren nit die schulde:
ich weiz ir ungedulde
so wol, si lât in kûme varn.

Der herre sol si lâzzen weinen:
der nacht ist noch so kleinen,
er sol ez langer nicht enspam. (V. 11-16)

Die Etablierung der *mâze* wirkt sich auf die Minne selbst aus. In der Aufforderung, die Dame weinen zu lassen, deutet sich an, was die anderen Tagelieder Hadlaubs dann pointierter ausführen: Die Beachtung der *mâze* macht das Minneleid tragbar. Der Versuch, den Bewährungsakt im Tagelied dem Programm der *mâze* zu unterstellen, zielt darauf ab, das Minneleid in seiner Destruktivität, die den Wert der Minne in Frage stellt, zurückzunehmen.

Welche Konzequenzen eine *minne âne mâze* hat, reflektiert der Wächter in der 3. Strophe:

Sin volgen danne mînem râte.
und tuont si daz ze spâte,
owê, ich bin mit in verlorn!

Nu hoerent sî doch wol mîn warnen.
muoz ich ir minn erarnen
noch mê, daz ist mir leit und zorn.

Owê, daz ich wart erkorn,
daz ich wart ir wachtære!
noch wendent unsir swære:
den tag man kündet dur diu horn.' (V. 21-30)

Die Einlösung der *mâze* wird in dieser Klage zur Existenzfrage für den Wächter selbst stilisiert: Folgen die Minnenden dem *mâze*-Postulat nicht, ist auch der Wächter in seiner Eigenschaft als Vertrauter des Minnepaars der Gefahr der Entdeckung ausgesetzt. Damit droht die Demontage der Figur, die im Tagelied die gesellschaftliche Relevanz der ansonsten nur intimen Minne sichert. Die Wächterklage in C11 zeigt am Ende die Destruktivität einer Minne, die sich nicht am Gebot der *mâze* orientiert, und stellt damit die These auf, daß sich nur durch die Unterordnung der Minne unter die *mâze* ihre gesellschaftliche Qualität sichern läßt.
Die Destruktivität der Minne verbindet das Tagelied C11 mit der Minnekanzone C10. Auch in C10 wird die bedrohliche Macht der Minne inszeniert: Das Ich, das im Angesicht der Dame zunächst *fröide* und dann *leit* erfährt, verstummt und kann dementsprechend als Minnesänger den Wert der Minne für die Gesellschaft nicht mehr zur Geltung bringen. Die Frage, wie die gesellschaftliche Relevanz der Minne garantiert werden kann, greift C11 nun im Rahmen eines anderen Typs auf: Es perspektiviert die Minnekonzeption des Tagelieds durch die monologische Darstellungweise aus der Rolle des Wächters als normativer Instanz der Gesellschaft und versucht aus dieser Perspektive einen Wertmaßstab zu installieren, über den sich die Minne eindeutig in ihrer gesellschaftlichen Qualität definieren läßt. Der Umschlag in die Wächterklage zeigt die Brisanz der *minne-mâze*-Relation: Wird die *mâze* nicht eingelöst und das in seiner Unermeßlichkeit destruktive Minneleid nicht eingebunden, droht der gesellschaftlichen Instanz, die den für alle verbindlichen Wert der Minne sichern soll, selbst die Vernichtung. Beide Lieder diskutieren

den gesellschaftlichen Wert der Minne und damit die Bedingungen für das Gelingen von Minnesang als Medium sozialer - hier nicht spezifisch höfischer - Selbstdefinition. Von zentraler Bedeutung ist der Wechsel des Typs. Denn anders als die Minnekanzone, die der Programmatik der hohen Minne verpflichtet ist und aufgrund ihrer paradoxen Verfassung die Forderung der *mâze* prinzipiell nicht einlösen kann, bietet das Tagelied in der Figur des Wächters einen Ansatzpunkt für deren Durchsetzung. Minnekanzone und Tagelied ergänzen sich hier wechselseitig. Die literarische Diskussion wird über eine Zuordnung der Typen geführt und verlagert sich deutlich auf die Ebene der Liedsequenz.

C12 spielt das Minnethema in *dörper*-Milieu durch: als Konkurrenzkampf der zwei *dörper Ruodolf* und *Chuonze* um die 'Minnedame' *Elle*. Der Verweis auf Neidhart ist evident. Die Transposition ins *dörper*-Milieu ruft das Minnesangkonzept dieses Autors als literarische Folie auf: über die Etablierung eines antihöfischen Kontrastmilieus sich der exklusiv höfischen Bedingungen von Minne und Minnesang zu versichern. In der Liedfolge ist dies der zweite Verweis auf Neidhart. Bereits C7 baut den Vergleichsbereich *hûs* mit deutlichem Bezug auf Neidhart auf, eliminiert allerdings dessen ständisch-aristokratische Dimension und entnimmt ihm gerade keine exklusiv höfische Definitionsmöglichkeit. Den funktionalen Stellenwert von C7 innerhalb der Liedsequenz habe ich herauszuarbeiten versucht; offen ist geblieben, welche Bedeutung die Neidhart-Rezeption hier besitzt und inwieweit sie eine Bewertung des Autors impliziert.
C12 läßt eine ähnliche Strategie der Neidhart-Rezeption erkennen wie C7: Während C7 die defizitäre *hûs*-Existenz präsentiert, sie mit *Riuwental* vergleicht und dabei die bei Neidhart konstitutive Verbindung zum Milieu der *dörper* nicht herstellt, führt C12 dörperliches Minneverhalten vor und bezieht den *Riuwentaler* nicht mit ein:

> *Ich was, dâ ich sach*
> *in ir swert zwên dorper grîffen junge:*
> *Ruodolf dâ bigonde in zorne stetschen.* (V. 1-3)

Das Ich verharrt hier demonstrativ in beobachtender Distanz und schildert aus dieser Position einen Konkurrenzkampf der *dörper* in der Minnewerbung. Mit dem dörperlichen Schwertkampf als Nachahmung höfischen Verhaltens, einem Verstoß gegen die Ständeordnung, und dem tölpelhaften Streitgespräch von *Ruodolf* und *Chuonze* als Karikatur höfischen Minnewerbens (*stetschen - getschen*, V. 3-11) wird zunächst ein Deutungshorizont aufgebaut, wie er der Vorlage Neidhart entspricht. Auch die - im Nachsatz ironisch unterlaufene - Beschreibung dörperlichen Minnewerbens als *Sî swigen darzuo / daz manz verre vernam in kurzer stunde* (V. 12-13) läßt sich mit Neidhart vereinbaren. Der Begriff *swîgen* deutet eine Verbindung zu den beiden vorhergehenden Liedern an, die über den Topos *singen-swîgen* die Notwendigkeit thematisieren, Minnesang zu realisieren und den gesellschaftlichen Wert der Minne eindeutig zu erweisen, so daß sich C12 als Probe verstehen läßt, inwieweit Neidharts Konzept geeignet ist, diesen Wert zur Geltung zu bringen. Dementsprechend präsentiert C12 zunächst in enger Anlehnung an Neidhart einen Schwertkampf der *dörper* und zeigt damit die Imitation höfischen Verhaltens im *dörper*-Milieu. Doch der *Riuwentaler* als die Figur, an der diese Imitation als von den *dörpern* ausgehende Bedrohung der Standesordnung sichtbar wird, tritt nicht auf. Der erste Vers des Liedes besitzt unter diesem Gesichtspunkt eine wichtige Funktion: Er signalisiert die Distanz des Ichs zu den *dörpern*, das sich nicht wie der *Riuwentaler* mitten ins Getümmel stürzt und sich als Konkurrent der *dörper* begreift, die *Riuwentaler*-Rolle also nicht wahrnimmt. Und er legt fest, daß das Geschehen hier aus der Perspektive des beobachtenden Ichs vermittelt wird. Der weitere Liedverlauf demonstriert, was *sehen* bedeutet. Die eigentlich bedrohliche *dörper*-Figur wird zur Bauernfigur neutralisiert: Der *dörper Ruodolf* widmet sich bäuerischer Arbeit - *Ruodolf malch sîn chuo* (V. 15) - und agiert so standesgemäß. Durch den Streit der *dörper* ist nicht die gesamte Ständeordnung bedroht, sondern der Friede innerhalb des eigenen Standes. Die Minnekonkurrenz, der Streit um *Elle*, der zu eskalieren droht, endet vor einem bäuerischen Schiedsgericht. Angesehene Personen - *zwêne der wægsten und der meijer* (V. 24) - ergreifen die Initiative zur Schlichtung des Streits:

'bittent Chuonzen, daz er Ellen abe lâzze!'

'Des mag nicht ergân,
ich gab ir ein geiz und hundert eijer
unde bin ir holt recht âne mâzze.'

'Dâ vür sol dich Ruodolf vil wol mieten.'
'nû lânt hoeren, waz wil er mir bieten?'

'zwô geizze und ein huon.'
Chuonze sprach: 'daz wil ich gerne tuon:
ich tet ie, daz biderbe liute mir rieten.' (V. 25-33)

minne âne mâze kann in diesem ständisch inferioren Milieu durch entsprechende Naturalabgaben materiell entschädigt, der bedrohte Friede innerhalb des Standes wiederhergestellt werden. Diese Lösung der Minneproblematik banalisiert die *unmâze* der Minne: Sie kann über eine entsprechende materielle Leistung entlohnt, der Wert der Minne so eindeutig definiert werden. Das Verhalten der *dörper* läßt sich am Ende nicht mehr als antihöfisch interpretieren: Es wird als unhöfisch und bäuerisch dargestellt und stellt keine Usurpation höfischer Normen vor, von der eine Bedrohung der Ständeordnung ausgehen könnte.

Das Verfahren, Neidharts Konzept zunächst als Möglichkeit des Singens aufzugreifen und dann seine Banalität vorzuführen, verstehe ich als Fortsetzung der in den beiden vorhergehenden Liedern C10 und C11 geführten Diskussion: Alle drei Lieder sind durch den *singen-swîgen*-Topos verbunden, C11 und C12 zusätzlich über den *mâze*-Begriff. C10 initiiert mit der Darstellung der destruktiven Auswirkung der hohen Minne auf das Sänger-Ich die Frage, wie der Wert der Minne unter diesen Bedingungen eindeutig inszeniert und Minnesang realisiert werden kann. C11 gibt im Medium eines anderen Typs, des Tageliedes, die Perspektive der *mâze* vor, kennzeichnet die paradoxe, leidgeprägte Minne als Minne der *unmâze* und postuliert, daß durch die Einlösung der *mâze* im Bewährungsakt das Minneleid in seiner Destruktivität zurückgenommen und die Minne als uneingeschränkt positiver Wert zur Geltung gebracht werden kann. Das Lied C12 greift nun mit Neidhart ein in der literarischen Tradition vorgegebenes Autorkonzept auf, das über den Aufbau eines antihöfischen Kontrastmilieus Minne und Minnesang in ihrem exklusiv höfischen Wert zu bestimmen sucht. Die besondere Leistung des Liedes besteht darin, daß es dieses literarische Konzept nicht nur zitiert, sondern interpretiert: Die *dörper*-Welt ist, sieht man sie sich genau an, von Bauernfiguren bevölkert. Sie ist außerhöfisch und nicht antihöfisch verfaßt, also nicht auf den Hof bezogen. Das bäuerische Milieu der *dörper* bietet zwar eine Möglichkeit, den Wert der Minne zu definieren, allerdings mit einem entsprechend banalem Ergebnis: *minne âne mâze* ist ohne Probleme über die materielle Gegenleistung von zwei Geißen und einem Huhn bestimmbar. Während im Tagelied die Minne durch das Bewährungsprogramm der *mâze* ethisch eingebunden werden soll, wird im *dörper*-Lied das Problem der *unmâze* der Minne im Rahmen eines materiellen Tauschhandels gelöst und dabei gerade jede ethische Dimension eliminiert. Damit wird deutlich, daß das *dörper*-Milieu sich nicht als Vergleichsbereich eignet, über den die spezifische Qualität der Minne sichtbar gemacht werden kann.

C13 zieht die literarische Konsequenz aus dieser Situation. Nachdem Neidharts Konzept der Transposition des Minnethemas ins *dörper*-Milieu als wenig produktiv vorgeführt worden ist, gibt sich das Ich, das sich in C12 dem Einstieg ins *dörper*-Milieu verweigert, erneut als Träger der traditionellen Rolle des hohen Minnenden zu erkennen. Über die Präsentation stark formalisierter Einzelaspekte vergegenwärtigt dieses Lied die hohe Minnekonzeption, wobei wiederum die Leidkategorie in den Vordergrund tritt und die absolute Gefährdung des Ichs im Ausruf *owê, so bin ich tôt!* (V. 24) betont wird. Das Lied bietet das hohe Minnemodell im Aggregatzustand an, es montiert Versatzstücke ohne argumentativen Zusammenhang aneinander und zieht damit eine vorläufige Bilanz der Liedsequenz: Das Ich bezieht die Position der hohen Minne und realisiert Minnesang als Minneklage. Aber es kann aus dieser Insider-Position die absolute und uneingeschränkte Werthaftigkeit der an die Paradoxie von *liebe* und *leit* gebundenen Minne nicht vermitteln. Das hohe Minnemodell ist hier nicht mehr Medium, sondern Gegenstand der Diskussion.

Mit dem Lied C14 wird der Minnebereich erneut verlassen. Es formuliert zu Beginn eine universale Gesetzmäßigkeit innerhalb eines für die Spruchdichtung konstitutiven Sprachgestus[3] und überträgt sie dann auf die Minne:

Swer arbeit muoz hân vil wunderdike,
die sint aller fröiden blôz,
als ouch die minnære,

3 vgl. dazu die Interpretation von C9 und die dort genannte Literatur.

Dien ir frowe nicht gan ir ougen blike:
Dien sint wol koler genôz,
wan die ruowe sint lære,

Und die müezzen haken unde riuten.
die klage wir betiuten,
daz uns diu minne gisellet
zuo dien die arbeit kellet. (V. 1-10)

Die Argumentation der ersten Strophe: Gilt der allgemeine Satz - große Mühsal (*arbeit*) führt zum *fröide*-Verlust - für die Minne, bieten sich Vergleichsmöglichkeiten zwischen Minnebereich und anderen Bereichen an. Die Minneexistenz ist der Köhlerexistenz gleichzusetzen, *arbeit* als fehlende Muße (*ruowe*) im körperlichen Ankämpfen gegen die Naturgewalten (*haken unde riuten*) bestimmbar. Für diese Technik des Vergleichens geben die abschließenden Verse der ersten Strophe eine explizite Interpretationsanweisung. Der Vergleich soll ausgelegt werden (*betiuten*): Die Köhlerexistenz enthält ein Faktum, das für die Minneexistenz von Bedeutung ist - die Qual der *arbeit*. Dem nichtminnespezifischen Bereich der Köhler läßt sich eine Aussage über den Minnebereich entnehmen, so daß der Vergleich eine kollektive Selbstdefinition der Minnenden (*wir*) ermöglicht.

Die zweite Strophe praktiziert das gleiche Verfahren an einem anderen Beispiel:

Wir mun uns zuo dien ouch wol gelîchen,
swele echt stæte karrer sint:
der nôt ist ouch wunder. (V. 11-13)

Auch die Kärrner harren gegenüber den Naturgewalten *regen unde wint* (V. 14) aus und beweisen so ihre *stæte* - wie die Minnenden, die an der Minne zur Dame trotz großer Qualen festhalten. Das Milieu der Köhler und Kärrner, in dem *arbeit* als konkrete körperliche Mühsal und *stæte* als konkretes körperliches Ausharren erfahrbar ist, enthält eine Botschaft, die gedeutet und auf den Minnebereich bezogen werden kann: Wie die Köhler und Kärrner den Naturgesetzen ausgesetzt sind und ihnen gegenüber zu bestehen versuchen, ist auch der Minnende der Naturgewalt der Minne ausgeliefert und versucht, trotz des ihm zugefügten Minneleids standzuhalten. Über diesen Vergleich läßt sich die traditionelle Bestimmung hoher Minne als Bewährungsleistung und als Bereich ethischer Qualifikation mobilisieren.

Die dritte Strophe vergleicht das Herz eines Minnenden mit einem Schwein im Sack:

Minner herze vicht ze ganzer stæte
als in einem sake ein swîn,
daz vert unde kirret. (V. 21-23)

Dieser im Minnesang sehr ungewöhnliche Vergleich findet sich bereits bei Steinmar:

Als ein swîn in einem sacke
vert mîn herze hin und dar.
wildeclîcher danne ein tracke
viht ez von mir zuo zir gar. (BMS Lied 4, V. 31-34)

Das in C14 fast wörtlich zitierte Bild fungiert hier - ähnlich wie der Name *Riuwental* in C7 - als Erkennungszeichen für den Autor Steinmar, ruft ein autorspezifisches Konzept auf. Doch bei Steinmar steht das Bild vom Schwein im Sack, wie Gesine Lübben in ihrer Interpretation von Lied 4 zeigt[4], gerade für die Unbezähmbarkeit und Triebhaftigkeit der Minne und klammert die Dimension der Bewährung aus. Mit dem Zusatz *ze ganzer stæte* wird dem Bild eine ethische Deutungsmöglichkeit unterlegt, die es bei Steinmar nicht besitzt. Die Steinmar-Rezeption läßt eine Strategie erkennen, auf die bereits der Umgang mit Neidhart vorausgewiesen hat: Das Programm eines Autors wird nicht nur über ein Erkennungszeichen evoziert, es wird in einem entscheidenden Punkt verändert und interpretiert. Vor dem Hintergrund des in den beiden ersten Strophen dargestellten Verfahrens, einem Vergleichsbereich eine Aussage über den Minnebereich zu entnehmen, ist die Funktion dieser Veränderung zu beschreiben: Steinmars Bild vom Schwein im Sack bietet dann eine Vergleichsmöglichkeit für den Minnebereich, wenn ihm eine ethische Dimension verliehen wird. Die folgenden Verse, in denen sich erstmals im Lied ein Ich artikuliert und in Bezug zu diesem Bild setzt, bestätigen meiner Ansicht nach diese Deutung:

Doch klegte ich ez nicht, obz mînz nicht tæte:
daz rüert ouch vil sender pîn,
daz mich ruowen irret.

Minne klemmet rechte alsam ein zange.
swens an kumt gidrange,

---

4 G. Lübben, "Ich singe daz wir alle werden vol", S. 133 f.

den kümbirt ungemüete,
ez wende liebes güete. (V. 24-30)

Die doppelte Verneinung signalisiert Distanz. Trotz der eigens unterlegten ethischen Deutungsmöglichkeit greift das Ich dieses Bild nur mittelbar und indirekt zur Selbstaussage auf. Im Gegensatz zum Vergleichsbereich der Köhler und Kärrner kann diesem Bild keine uneingeschränkt positive Aussage für die Minneexistenz entnommen werden. Hier deutet sich eine ablehnende Haltung gegenüber dem Steinmar-Bild an und damit eine implizite Bewertung des Autors. Die letzten Verse des Liedes setzen dem Bild vom Schwein im Sack ein Bild aus dem traditionellen Bildbereich hoher Minne entgegen: die Minne als lebensbedrohliche Zange - ohne daß sich allerdings das Ich explizit auf diesen Bildbereich bezieht.

Die Folge der Lieder C10-C14 demonstriert, daß das Lied C14 auf der Ebene der Liedsequenz eine ähnliche Bedeutung wie das *hûssorge*-Lied C7 besitzt. Mit C14 wird der Minnebereich verlassen und ein außerhöfischer Vergleichsbereich aufgebaut, dem - anders als dem *dörper*-Milieu - eine Definition für den Minnebereich zu entnehmen ist. Der Vergleich mit den gegen die Naturgewalten ringenden Köhlern und Kärrnern zeigt, daß dem Bereich der Natur mit *arbeit* und *stæte* gerade eine ethische Definitionsmöglichkeit für Minne als Bewährungsbereich abgewonnen werden kann, die Neidharts *dörper*-Milieu nicht bietet. Unter diesem Aspekt kündigt das Lied die literarische Auseinandersetzung mit Steinmars Konzept an: Das Bild vom Schwein im Sack steht bei Steinmar für die Triebhaftigkeit der Minne, ist im weiteren Sinne also ebenfalls dem Bereich der Naturgewalt zuzuordnen. Die ethische Aufwertung des Steinmar-Bildes postuliert, daß dem Bild durchaus eine ethische Dimension unterlegt werden kann und gibt damit eine Perspektive für die Auseinandersetzung mit Steinmar vor.

Die kontextbezogene Interpretation der Lieder C7 und C14 sollte herausarbeiten, daß die literarische Diskussion bei Hadlaub nicht mehr im Medium des einzelnen Liedes geführt wird, sondern sich auf eine neue strukturelle Ebene verlagert, auf die der Liedsequenz. Die Sukzession der Lieder selbst läßt sich als entsprechende strukturelle

Gesetzmäßigkeit auf das im 'Manesse'-Lied C3 formulierte Postulat, *lob zu mêren*, zurückführen: Das Ich gibt sich ausdrücklich als Träger dieses neuen Selbstverständisses zu erkennen. Seine Aufgabe ist es, Minnesang immer von neuem ins Werk zu setzen. Als Inbegriff von *lob* scheint sich dabei die hohe Minnekanzone abzuzeichnen, denn *lob* wird vorwiegend in ganz traditioneller Form realisiert: In einer Reihe von Minneliedern bezieht das Ich die Position des hohen Minnenden mit der entsprechenden literarischen Aussage, der Minneklage. Die Aneinanderreihung dieser traditionellen Minnelieder signalisiert, daß das einzelne Lied jeweils nurmehr eine begrenzte Perspektive entwirft und verfügbare Argumentationselemente der Minnekanzone atomisiert, so daß sich komplexe Bezüge erst über eine Zuordnung der Lieder ergeben. Unterbrochen wird die Folge traditioneller Minnelieder - neben dem Tagelied, auf das ich in einem eigenen Kapitel noch eingehen werde - von den Liedern C7 und C14, die über den Aufbau eines außerhöfischen Kontrastbereichs die literarische Diskussion an den Punkten, an denen sie zu stagnieren droht, neu mobilisieren. C14 benennt diese Strategie und macht damit das Verfahren transparent, das die Liedsequenz prägt: *betiuten* und *gelîchen* - den Bedeutungsgehalt eines Gegenstandes zu ermitteln, ihm eine Botschaft zu entnehmen und diese per Vergleich auf einen anderen Bereich zu übertragen. Beide Strategien, *gelîchen* als das Aufdecken von Analogien und *betiuten* als der daran gebundene Akt des Auslegens, lassen sich als dezidiert literarische Strategien identifizieren: als Auseinandersetzung mit einem in der literarischen Tradition der Gattung vermittelten und an ein bestimmtes Autorkonzept gebundenen Vergleichsbereich (*hûs*, *dörper*, *swîn im sack*). Während dabei Neidharts Konzept als zu unergiebig ausgewiesen wird, um den für alle verbindlichen Wert von Minne und Minnesang inszenieren zu können, scheint Steinmar, wie die ethische Aufwertung des *swîn im sack*-Bildes zeigt, der geeignete Antipode für eine literarisch produktive Auseinandersetzung zu sein.

2. Die literarische Auseinandersetzung mit Steinmars Konzept

a. Steinmar als Antipode: Die Positionsbestimmung der Herbst- und Erntelieder

Mit dem Herbstlied C15 bezieht sich Hadlaub auf das Herbstlied Steinmars als literarische Vorlage. Die folgenden, knappen Ausführungen zu Steinmar berücksichtigen nur die für das Verständnis von Hadlaubs Herbstlied notwendigen Gesichtspunkte. Sie stützen sich auf die von Gesine Lübben in ihrer Dissertation zu Steinmar vorgelegte Interpretation, auf die ich grundsätzlich auch im Hinblick auf die dort aufgearbeitete Forschungsliteratur und im einzelnen dargestellte literarische Tradition des Herbstliedes verweisen möchte[1].

Lübben interpretiert das Herbstlied als Gegenmodell zum hohen Minnelied. Sie zeigt zunächst, wie Steinmar das Thema 'Herbst' über die Opposition zum Mai in der Gattung Minnesang etabliert, indem er zum einen im Minnesang verfügbare Argumentationsmuster des Natureingangs - der Mai als Minnezeit - und zum anderen Elemente der in der lateinischen Tradition existierenden Gattung des 'Jahreszeitenstreits'[2] aufgreift - der Herbst reißt die Blätter von den Bäumen und besiegt so den Mai. Innerhalb dieses Oppositionsverhältnisses bestimmt das Ich des Liedes den eigenen Standort: Es wendet sich vom Mai ab und tritt in die Gefolgschaft des Herbstes. Diese Absage an den Mai beinhaltet eine Absage an die Minne, die mit der Verweigerung des *lôns* für den geleisteten *dienst* begründet wird, und formuliert damit zugleich eine Kritik am paradox angelegten Modell der hohen Minne und am mit ihm gegebenen *fröide-leit*-Problem. Aufschlußreich ist hier besonders die Kennzeichnung

---

1 G. Lübben, "Ich singe daz wir alle werden vol", S. 61-109. Darüber hinaus verdanke ich dem im Sommersemester 1988 in Konstanz von Christa Ortmann geleiteten Seminar zu Hadlaub und Steinmar viele Anregungen, die ich hier nicht mehr im einzelnen kennzeichnen kann.

2 ebenda, S. 70 f.

der Minne als Martyrium: "Abwesenheit von *lôn* und *froide* stellen die mit der Orientierung an der Minne postulierte säkulare Heilserwartung für den Laien, *sælde*, generell in Frage. Aus der Außenperspektive des Ich, das sich von diesem defizitären Normbereich bereits abgewendet hat, ist das Minne-Heil nur noch mit einem klerikalen, jenseitigen Heilskonzept ironisch faßbar: Minne als Martyrium, als bedauernswerter Leidensweg einer armen Kreatur, der mit dem Tod endet und erst danach auf das ewige Heil hoffen läßt."[3] Das Ausbleiben des *lôns* rechtfertigt die Zuwendung zum Herbst als einer Instanz, die *sorgen rât tuot* (BMS, Lied 1, V. 4), also Erfüllung verspricht und dementsprechend des Preises würdig ist. In die Gefolgschaft des Herbstes einzutreten, bedeutet zunächst, die adäquate Lebensform anzunehmen, die bei Steinmar als *luoder*, als maßloses Essen und Trinken, bezeichnet wird. Der Preis des Herbstes, mit dem sich das Ich dann als Herbst-Sänger qualifizieren will, führt als "Lied im Lied"[4] das dieser Herbstnorm entsprechende literarische Programm vor: Mit der Aufforderung an den Wirt, immer neue Speisen aufzutischen und Wein heranzuschaffen, inszeniert er eine als diesseitigen und weltlichen Genuß gekennzeichnete Völlerei, die anstelle der in der Minne nicht gewährten *fröide* tritt. Daß das Herbstlob "zunehmend provokativ ein Gegenmodell höfischer Wertvorstellungen evoziert"[5], läßt sich nach Lübben u.a. an dem an den Wirt gerichteten Wunsch erkennen, die Speisen *baz dan man ze mâze sol* (V. 32) zu würzen: "Das Stichwort *mâze* markiert damit eine neue, radikalisierte Ebene der Konfrontation der beiden Wertbereiche Mai/Minne vs Herbst/Luder, die nicht nur den Begriff *mâze* im Sinne des höfischen Ideals von Ausgeglichenheit und Zucht in Frage stellt, sondern auch seine problematische Rolle im Minnekontext beleuchtet: erfüllte Minne ist mit *mâze* unvereinbar."[6] Mit dem abschließenden Hinweis auf die aus der Völlerei resultierende Gefährdung des Seelenheils ist am Ende des Liedes die Heilsfrage, die für das Minnelied obligatorisch, allerdings mit dem Begriff der *sælde* als säkularem Heilszustand anders besetzt ist, präsent.

Die Funktion des Herbstliedes im Steinmar-Oeuvre bestimmt Lübben

3 ebenda, S. 72.
4 ebenda, S. 76.
5 ebenda, S. 80.
6 ebenda, S. 80 f.

nun über die literarische Fixierung der Rolle, die der Sänger mit dem Preis des Herbstes übernimmt. Der parodistische Umgang mit der Heilsfrage, der geistliche Kontext und die Inszenierung der Eß- und Trinkfreuden weist vor allem auf die Tradition der lateinischsprachigen Vagantenlyrik, wie sie die Carmina Burana überliefert. Für die Übernahme der Vagantenrolle findet sich im Herbstlied selbst ein konkreter Anhaltspunkt in der Bitte des Sängers an den Herbst, ihn als *tumben leien* in sein Gefolge aufzunehmen.[7] Damit wird im Herbstlied eine neue Autorrolle konstituiert, die sich auf die Vagantenlyrik als eine dem nicht volkssprachlich-laikalen Kulturbereich angehörende Gattung zurückführen läßt und so eine literarische Außenposition markiert. Von dieser literarischen Außenperspektive aus kann die Gattung Minnesang als volkssprachliche, laikale Liedkunst in den Blick genommen, ihre Heilsvorstellung über die Konfrontation mit einem auf unmittelbaren Genuß ausgerichteten *froide*-Konzept als defizitär ausgewiesen und neu zur Diskussion gestellt werden. Das elaborierte Niveau dieser auf der literarischen Ebene geführten Diskussion ist deutlich: Ihre Provokation für das höfische Publikum besteht nicht in der Gegenüberstellung eines höfisch und eines antihöfisch definierten Normbereichs, sondern in der Konfrontation zweier literarischer Modelle, die unterschiedliche *froide*-Konzepte beinhalten[8], so daß die Frage nach der Verbindlichkeit der die höfische Gattung Minnesang prägenden, an die *liebe-leit*-Paradoxie gekoppelten, mittelbaren *froide* aufgeworfen werden kann. Steinmars parodistisches Verfahren läßt sich deshalb gerade nicht als Absage an die Gattung Minnesang verstehen, sondern als Gattungsexperiment: "Analog der epikuräischen Genußphilosophie der Vaganten wird auf diese Weise ein Konzept der unmittelbaren und sinnlichen *froide* an die Gattung Minnesang herangetragen und als Postulat in sie eingebunden."[9] Das Herbstlied besitzt, so Lübbens These, für die übrigen Lieder Steinmars eine programmatische Funktion. Sie greifen die *fröide*-Perspektive des Herbstliedes auf und fragen nach der Möglichkeit, diese spezifische, im Herbstmilieu kontrastiv vorentworfene *fröide* in der Minne zu verwirklichen, d.h. *fröide* aus der für das hohe Minnemodell konstitutiven Bindung an die

---

7 ebenda, S. 91.

8 ebenda, S. 106.

9 ebenda, S. 109.

Paradoxie von *liebe* und *leit* zu lösen, in diesem Sinne absolut zu setzen und als höfisch verbindlich zu postulieren.

Hadlaubs Lied C15 setzt das Stichwort 'Herbst' an den Beginn und argumentiert sogleich auf der von Steinmar etablierten Folie:

Herbest wil birâten
mang gisinde mit guoten trachten,
bî der gluot, als swâ si sîn. (V. 1-3)

C15 greift mit der einleitenden Formulierung *Herbest wil birâten* die Bestimmung des Herbstes bei Steinmar als *den der mir tuot sorgen rât* auf und sagt damit die an das Herbstmilieu gebundene Realisierung jener kontrastiv zur hohen Minnekanzone entworfenen, unmittelbaren *fröide* an. Doch während Steinmar dem Herbst das *luoder* als eine diesem Milieu adäquate Lebensform zuordnet, bezeichnet Hadlaub die Gruppe, die hier dem *rât* des Herbstes folgt, als *gisinde*. Der Begriff *gisinde* beinhaltet im Mittelhochdeutschen nicht von vornherein eine Bewertung, sondern meint allgemein 'Gesellschaft, Gefolgschaft, Dienstmannschaft'. Damit bleibt zunächst eine Bewertung der Herbstgefolgschaft, wie sie in Steinmars Lebensform des *luoders* enthalten ist, aus; ebenso wertfrei ist die weiter unten und in den anderen beiden Herbstliedern Hadlaubs verwendete Bezeichnung *knappen* zu verstehen. Die Zugehörigkeit zum *gesinde* als einer nicht weiter spezifizierten gesellschaftlichen Gruppe prädestiniert für die Teilnahme am Herbstgelage und nicht die über eine Bewährungsprobe erst zu erringende und damit kontrastiv auf die Minnewerbung bezogene Aufnahme in die Herbstgemeinde wie bei Steinmar[10].

Zu Beginn des folgenden, eng an Steinmar orientierten Appells an den Wirt, die Gerichte aufzutragen, weist der Gebrauch der 1. Person Plural auf die Integriertheit des Ichs in das Herbst-Kollektiv: *Wirt, bisende uns würste* (V. 7). Dann aber wird ausnahmslos in der 3. Person Plural über die Herbstgesellschaft berichtet: *mache in, daz si türste* (V. 11). Das Ich geht zum *gisinde* demonstrativ auf Distanz. Die Speisen, die nun aufgezählt werden, entsprechen in ihrer Zusammensetzung im wesentlichen denjenigen Steinmars - Fleisch, Geflügel, Innerein, Wein[11]. Sie unter-

---

10 ebenda, S. 75.

11 Die detaillierte Beschreibung der Speisen läßt nach G. Lübben erkennen, daß

scheiden sich allerdings in einem zentralen Punkt: der Nennung weißen Brots (V. 16). Weißes Brot gilt nach Bumke als ausschließliches Attribut der adligen Tafel. Die aufgetragenen Speisen werden damit ausdrücklich als "Herrenspeise"[12] identifiziert. Auch der kollektive Preis des Herbstes durch seine Gefolgschaft legt den Wert des Herbstes anhand eines adligen Attributes fest:

Danne sprechints alle:
'herbst ist bezzir danne ein gimme.
wol dem wirte, derz uns bôt!' (V. 17-19)

Der Wert des Herbstes ist höher anzusetzen als der eines Edelsteins - des Attributs aristokratischer Prunkentfaltung schlechthin. Die am Ende der 3. Strophe an den Wirt gerichtete Aufforderung, die *knappen* wilde Fasane erlegen und sie damit das adlige Privileg der Jagd wahrnehmen zu lassen (V. 37-38), weicht ebenso von der literarischen Vorlage ab. Der bei Steinmar mit der Lebensform des *luoders* programmatisch antihöfisch stilisierte Herbstbereich wird hier mit der Kennzeichnung der Speise als Herrenspeise, mit dem Wertmaßstab 'Edelstein' und dem Hinweis auf die Ausübung adeliger Privilegien durch die Herbstgesellschaft ständisch-aristokratisch besetzt.

Steinmar setzt die Opposition Herbst-Mai an den Beginn seines Liedes: Der Herbst, der die Blätter von den Bäumen fällt, ist naturgesetzlicher Sieger über den Mai. Hadlaub stellt diese Opposition erst zum Abschluß der Beschreibung des Herbst-Gelages her:

Dû solt hüenr in vüllen,
dannoch sieden kappen:
froeliche knappen
hâst du danne in stuben und ouch bî der gluot.
heiz in tûben knüllen,
schiuzzen und ouch vasande wilde:
daz nent sî vürs meien bluot. (V. 33-39)

Hadlaub relativiert die von Steinmar postulierte naturgesetzliche

---

Hadlaub für seine Ausgestaltung des Gelages außer Steinmar noch andere Quellen benutzt hat, vgl. ebenda, S. 79 f. Ähnlich wie beim *hûssorge*-Thema finden sich hier anscheinend innerhalb der Gattung Minnesang Relikte mündlicher Traditionen, die selbst erst später literarisch werden, s. G. Kornrumpf, Deutsche Lieddichtung im 14. Jahrhundert, S. 294-297.

12 Joachim Bumke, Höfische Kultur. Literatur und Gesellschaft im hohen Mittelalter, 2 Bde, München 1986, hier Bd. 1, S. 244.

Überlegenheit des Herbstes über den Mai: Sie resultiert aus dem Urteil der Herbstgefolgschaft (*sî*) und besitzt nur für diese Gültigkeit.
Über die Opposition der Jahreszeiten wird nun ein zweiter Liedteil, der die 4. und 5. Strophe umfaßt, aufgebaut:

Welt, du bist unglîche:
fræzzen, dien ist wol gischehen,
daz tuot mangem minner wê.

Frowen minnenkliche
mugent sî nu nit gesehen,
als sius sân des sumers ê. (V. 40-45)

Die *leit*-Argumentation ist mehrschichtig und wird sukzessive entfaltet. Sie setzt an mit dem Topos der Zeit- und Weltklage und etabliert so zunächst einen umfassenden Deutungshorizont für die im Herbst realisierte *fröide*, von dem aus sie eindeutig bewertet werden kann: Die Einlösung der *fröide* im Herbstbereich ist Indikator für den Zustand der Welt, der sich an dem Faktum, daß dem in diesem Kontext als *fræzzer* disqualifizierten Herbstgefolge Gutes widerfährt, als Zustand der Ungerechtigkeit identifizieren läßt. Dem Kollektiv der *fræzzer* kann damit kontrastiv die Gruppe der *minner* als diejenige, die nicht zum Gefolge des Herbstes zählt und unter diesem Zustand der Ungerechtigkeit leidet, gegenübergestellt und als positives Gegenbild bestimmt werden. Der Zeit- und Weltklagetopos signalisiert, daß der Zustand der Welt an der Geltung des richtigen *fröide*-Konzepts gemessen werden kann. Er spricht der im Herbst realisierten *fröide* jede Werthaftigkeit ab und weist im Gegenzug den *minnern* die Klageposition über die Ungerechtigkeit der Welt und damit die Einsicht in die rechte Ordnung zu.
Nachdem die *minner* so ins Recht gesetzt worden sind, wird der Herbst aus der Minneperspektive anvisiert und über den Gegensatz zur Minnezeit Sommer als vorwinterliche Zeit, die durch die Absenz schöner *frowen* geprägt ist, definiert. Der herbstlichen Jahreszeit kann so die Winterklage mit dem aus dem Natureingang des Minnesangs bekannten Motivvorrat entnommen werden. Diese Klageposition wird hier ausdrücklich naturgesetzlich legitimiert:

Wir sorgen nit eine:
vogel, die hânt grôzze swære,
in tuot ouch der winter leit. (V. 53-55)

Mit den Minnenden, in deren Kollektiv sich das Ich nun einbezieht, leiden die Vögel. Gegen Steinmars naturgesetzlich gerechtfertigen Preis des Herbstes mobilisiert Hadlaub ebenfalls mit einer naturgesetzlichen Argumentation die traditionelle Winterklage, so daß gegen das literarische Konzept unmittelbarer *fröide*, das in Hadlaubs Lied anders als bei Steinmar explizit und provokativ mit dem *fröide*-Begriff (V. 26) bezeichnet wird, die *swære* und über diesen Terminus technicus kontrastiv das hohe Minnemodell mit seinem paradox verfaßten *fröide*-Konzept restituiert werden kann. Durch die in den Topos der Zeit- und Weltklage eingebundene Bewertung von Steinmars *fröide*-Konzeption wird die antithetische Gegenüberstellung bereits unter einen bestimmten Blickwinkel gerückt: Die im Herbst realisierte unmittelbare *fröide* ist nicht als Postulat an die Gattung Minnesang heranzutragen; stattdessen zeichnet sich kontrastiv die literarische Verbindlichkeit des hohen Minnemodells ab.

Die beiden anderen Herbstlieder Hadlaubs C17 und C41 - sie sind wie C15 jeweils in einen Herbstteil und einen Minneteil gespalten, wobei sich in C41 das Gewicht auf den mittlerweile dreistrophigen Minneteil verlagert - arbeiten bestimmte Kennzeichen des Herbst-Milieus, die das erste Herbstlied nur andeutet, schärfer heraus und beziehen die Ich-Position mit ein.

Das Herbstgelage wird in C17 als Perversion aristokratischer Werte dargestellt:

> *niuwen wîn*
> *trinkent siu, derz hirne rüeret*
> *und ouch vüeret ir muot hô:*
> *des siu frô dann alle müezzen sîn.* (V. 8-11)

Der Begriff des *hohen muots* bezeichnet dezidiert das aristokratische Selbstverständnis. Die Aussage, daß sich aristokratische Gesinnung hier im Rausch manifestiert, läßt erkennen, daß im Herbstmilieu höfische Werte pervertiert werden. Die Herbst-*fröide* wird stigmatisiert - im Gegensatz zu Steinmar, der diese *fröide* nicht bewertet. Wie in C15 folgt hier auf die ausführliche Beschreibung des herbstlichen 'Voll-werdens' nach der 3. Strophe der Umschlag zum Minnethema, allerdings diesmal über eine direkte Distanzierung des Ichs, das die Rolle des Herbstsängers nicht wahrgenommen hat, damit die herbstliche *fröide* von außen bewerten, die Gegenposition der hohen Minne beziehen und sich als Träger des im 1. Herbstlied als verbindlich ausgewiesenen literarischen Konzepts definieren kann. Gegen die wertpervertierende, höfisches Verhalten desavouierende Herbst-*fröide* wird nun die Minne als höfisches Gegenbild abgegrenzt. In der letzten Strophe setzt sich das Ich per Überbietungstopos in Relation zur Dame und realisiert Minnesang als Minneklage: Kontrastiv zu Steinmars Konzept einer unmittelbaren *fröide* wird am Ende das an die Paradoxie von *liebe* und *leit* gebundene *fröide*-Konzept des hohen Minnelieds etabliert.

Am Schluß der Steinmar-Sequenz faßt das Lied C41 die Argumentation prägnant zusammen:

> *Herbest wol ergetzen kan*
> *gisindes man der sumerzît:*
> *swer miete gît, der ist so wert.* (V. 1-3)

Die Bezeichnung *gisindes man* gibt hier die konkrete Zugehörigkeit einer Person an; die allgemeine Bedeutung von *gisinde* als 'Gesellschaft, Gefolgschaft' ergibt in dieser Genitiv-Kombination keinen Sinn und wird dadurch in ihrem metaphorischen Charakter enttarnt - gemeint ist nun konkret derjenige, der zur Dienerschaft zählt[13]. Damit wird das Herbstgefolge, das im 1. Herbstlied durch die entsprechenden Attribute aristokratisch besetzt und im 2. Herbstlied der Perversion höfischer Werte beschuldigt wird, in seinem sozialen Rang degradiert. Erst im letzten Herbstlied wird so deutlich, daß Hadlaub die Realisation herbstlicher *fröide* in den ständisch-aristokratischen Bereich verlagert, um dann vorzuführen, daß diese *fröide* der höfischen Gesellschaft nicht adäquat ist und sie in ihrem sozailen Rang herabsetzt. Der materielle Aspekt der *fröide*, den bereits das 2. Herbstlied betont, rückt nun ganz in den Vordergrund: Der Begriff *miete*, der hier an die Stelle der im Minnesang üblichen Bezeichnung *lôn* tritt, meint ausschließlich materielle Entlohnung - wie im *dörper*-Lied C15 - und signalisiert, daß jegliche ethische Dimension mit dem Aspekt der Bewährung eliminiert ist. In der anschließenden Aufforderung an den Wirt - *brât des herbstes rât* (V. 8-9) - wird der Begriff *rât*, der beides, Rat und Abhilfe sowie Vorrat und Versorgung, bedeuten kann, auf seine materielle Komponente vereindeutigt und Steinmars Konzept einer Hinwendung zum Herbst als *den der mir tuot sorgen rât*

13 Auch Schiendorfer übersetzt hier "jemanden aus dem Gesinde", s. ders., Hadlaub, S. 125.

ironisch als Proklamation einer rein materiell definierten *fröide* desavouiert, die keinerlei Ersatz für die in der Minne nicht gewährte Erfüllung bietet, weil sie unter dem Verdikt der Wertperversion steht.
Die Folge der drei Herbstlieder läßt sich als sukzessive Demontage von Steinmars Konzept lesen: Während Steinmar mit dem Herbst-Milieu auf programmatischer Ebene eine antihöfische Gegenwelt etabliert, verlagert Hadlaub die Realisation herbstlicher *fröide* in den höfisch-aristokratischen Bereich, charakterisiert das Verhalten der Herbst-Gesellschaft als höfische Werte pervertierend und macht so den Rangverlust dieser Gesellschaft deutlich. Damit nimmt er dem Herbstlied von vorneherein die programmatische Funktion, die es bei Steinmar als Perspektive auf die Gattung Minnesang besitzt: Mit Steinmars literarisch an die Rolle des Vagantensängers gebundenem Konzept kann das Postulat, unmittelbare *fröide* einzulösen, nicht an die Gattung Minnesang herangetragen werden, denn die im Herbst realisierte *fröide* ist hoffeindlich, degradiert sozialen Rang und besitzt für eine Gesellschaft, die sich am Minnewert orientiert, keine Verbindlichkeit. Hadlaub bewertet Steinmars literarisches Konzept als für den Hof nicht relevant und etabliert im Gegenzug die paradoxe Minnekonzeption als eigentlich werthaft.

In die Folge der drei Herbstlieder C15, C17, C41 ist die Folge der drei Erntelieder C19, C21, C40 integriert. Die Erntelieder lassen sich nicht auf eine spezifische literarische Vorlage oder auf eine allgemeine literarische Tradition zurückführen. Das 'Erntelied' als Typ mit einem verfügbaren Argumentationsset existiert nicht. Nur Hadlaub gestaltet das Thema 'Ernte' in dieser Weise aus. Die Erntelieder variieren die Herbst-Thematik unter dem Vorzeichen 'Erntezeit' und geben neue Argumentationsmöglichkeiten in der Auseinandersetzung mit Steinmar vor. Neu ist die Verbindung von Herbst- und Minnethema: Während die Herbstlieder das 'Voll-werden' der *fræzzer* an die Stelle einer in der Minne nicht gewährten Erfüllung setzen, ist der Ernte ein *fröide*-Versprechen zu entnehmen, das die Erfüllung in der Minne projektiert. Auch Steinmar thematisiert erfüllte Minne, allerdings innerhalb eines anderen Typs, des Tagelieds (Lied 8). Auf dieses Lied nimmt Hadlaub in den Ernteliedern deutlich Bezug: wie bei Steinmar sind die Minnerollen mit außerhöfischem Personal besetzt (*dirne* und *knecht*); ebenso ist die Minne-Erfül-

lung im ländlichen Milieu situiert (*schiure* und *strô*), das bei Steinmar "[...] keine paradoxe Struktur mehr enthält und einen geradezu utopischen Freiraum aus purer *froide* bereitstellt"[14]; dementsprechend kann wie bei Steinmar die *leit*-Dimension der Minne eliminiert, die Minneparadoxie außer Kraft gesetzt (*lachen*) und unmittelbare *fröide* in der Minne realisiert werden. Bei Steinmar wird diese im außerhöfischen Milieu situierte *fröide* wertfrei als *froide ân geræte* bezeichnet. Ihre höfische Verbindlichkeit ist allerdings - wie im Herbstlied - wiederum durch das parodistische Verfahren, das den Bezug zum Minnelied über die Beibehaltung der Struktur wahrt, gesichert.[15]
Hadlaub wählt mit der minnespezifischen Ausgestaltung des Herbstthemas im Erntemilieu einen ganz anderen Ansatzpunkt für die Darstellung unmittelbarer Minne-*fröide*. Die Bindung an die Erntezeit und die damit mögliche naturgesetzliche Argumentation besitzt hier, wie das 1. Erntelied C19 zeigt, eine entscheidende Funktion:

Wol ûf, ir stolzen knechte,
dien stêt ûf minne ir sin!

Iuch kumt die erne rechte:
wan tuot iuch zemen în. (V. 16-19)

Die Minne-Erfüllung wird dem Einbringen der Erntefrüchte gleichgesetzt: Sie realisiert sich nach dem Naturgesetz alljährlich und ist nicht an einen Akt der Bewährung gebunden. Mit dem Wegfallen der Bewährung und der Aufhebung der Minneparadoxie entspricht diese *fröide* der in Steinmars Tagelied vorgeführten. Aber anders als im Tagelied wird mit der naturgesetzlichen Argumentation die Minnekanzone als Typ des Ich-Reflexionsliedes aufgerufen. Was bei Steinmar im Medium des Tagelieds wertfrei als *froide ân geræte* darstellbar ist, erfordert hier die bewertende Stellungnahme des Ichs. Bereits das 1. Erntelied baut die Ich-Position ein:

Hæte ich ein lieb, daz gienge dar,
ich næme sîn in der schiure war:
dâ wurde ich lîchte sorgen bâr! (V. 9-11)

Der Konjunktiv signalisiert, daß dem Ich in der Rolle des Minnenden der

14 G. Lübben, "Ich singe daz wir alle werden vol", S. 217.
15 ebenda, S. 219.

Zugang zu diesem Milieu verwehrt ist, weil die eigene Minnepartnerin auf Distanz bleibt. Damit setzt Hadlaub anders als Steinmar an der Rollenkonstellation des hohen Minneliedes an und mobilisiert zunächst die traditionelle Minnekonstellation Minne-Ich - Dame, die sich nicht in den Erntebereich integrieren läßt. Das Ich bezieht eine Außenposition, aus der das Erntemilieu und das daran gebundene minnespezifische *fröide*-Versprechen interpretiert und bewertet werden kann. Aus dieser Perspektive wird der Erntebereich in C19 folgendermaßen gekennzeichnet:

- Zur Ernte-Gesellschaft gehören u.a. die liebestolle Alte und ihre Tochter (V. 5-6) - Neidhart-Figuren, die dem bei Steinmar wertfrei im außerhöfischen Bereich situierten Milieu eine antihöfische Färbung geben, denn mit den - hier nicht explizit so genannten - *dörpern* wird ein 'klassisches' antihöfisches Milieu aufgerufen, an dem das Thema mangelnder *vuoge* haftet.[16]
- Die Aufforderung *went ir gesloufig sîn* (V. 8) demonstriert, daß nur der den entsprechenden Erfolg in der Minne erreicht, der sich dem Verhalten der Erntegesellschaft anpassen kann.
- Der Begriff *spel* tritt hier an die Stelle, an der im hohen Minnelied das Minnebekenntnis zur Dame steht. *spel* meint im weitesten Sinne 'Erzählung, Erdichtung', ohne eine Aussage über die formale Gestalt zu enthalten. Über den Kontext, in dem der Begriff hier steht, läßt sich sein Bedeutungsgehalt genauer bestimmen. Es sind
  1. *spel ..., diu man wol âne lernen kan* (V. 20-21). Die Unmittelbarkeit, die für den Erntebereich konstitutiv ist, wird damit auf die literarische Ebene transponiert: Eine Qualifikation ist nicht erforderlich. *spel âne lernen* steht so in krassem Gegensatz zur Gattungsdefinition, die das Lied C3 vorgibt - *meister sang*: Die artifizielle Qualität des Sangs gilt dort als dessen konstitutives Merkmal.
  2. *spel ..., als man ûf strô sol sagen* (V. 26-27). Sie sind an das ländliche, außerhöfische Milieu gebunden und dafür prädestiniert.
  3. *spel(n), sam enents baches tuot* (V. 32). Die in der Ernte gebräuchlichen *spel* werden mit jenen, die auf der gegenüberliegenden Seite des Baches gepflegt werden, verglichen. Im Schweizer

---

16 vgl. C. Ortmann, H. Ragotzky u. C. Rischer, Literarisches Handeln, S. 12.

Idiotikon ist aus der frühen Neuzeit die Redewendung "die ennert dem Bach" belegt, die in den dort genannten Beispielen eine Personengruppe jenseits der Grenzen der engeren Heimat bezeichnet, und zwar nicht mit einer abwertenden Geste, sondern mit der Aufforderung, über die eigenen Grenzen hinauszublicken[17]. Eine ähnliche Lesart scheint mir hier plausibel zu sein: Für das Ich gehören die *spel* der Ernte zu einem Bereich, dem es sich nicht zugehörig fühlt, ohne daß damit eine Abwertung verbunden wäre.

- Die in der Ernte gewährte Erfüllung *toedet sende arbeit*. Im Modell hoher Minne bezeichnet *sende arbeit* die aus dem Erfüllungsaufschub resultierende Bewährungsleistung und ist als Wert anerkannt. Die unmittelbare Erfüllung, die sich hier - wie der Vergleich mit dem Einbringen der Erntefrüchte zeigt - naturgesetzlich realisiert, zerstört diesen Wert.

Die Präsentation des Erntemilieus in Hadlaubs 1. Erntelied ist seltsam zwiespältig. Einerseits stellt die Ernte einen Bereich dar, in dem sich unmittelbare *fröide* in der Minne verwirklichen kann, der also im Gegensatz zum Herbstmilieu einen deutlichen Minnebezug besitzt und sich deshalb nicht eindeutig abqualifizieren bzw. für unverbindlich erklären läßt. Andererseits wird dieses Milieu aus der Ich-Perspektive als suspekt beschrieben: Die eigene Minnepartnerin paßt sich ihm nicht an, es ist u.a. von Neidhart-Figuren bevölkert, die Minnewerbung entspricht nicht der höfischen Form, höfische Wertbegriffe lassen sich nicht einlösen. So ist als Fazit des 1. Ernteliedes zunächst nur zu verbuchen, daß das Ich zum Erntemilieu und der dort realisierten unmittelbaren *fröide* auf Distanz geht. Die abschließende Aufforderung *wol ûf, in die ern, diu hoehet muot* (V. 33) eröffnet die Perspektive auf die beiden anderen Erntelieder: das Postulat, daß das *fröide*-Programm der Ernte höfische Identität (*hohen muot*) stiften kann, auf die Probe zu stellen und die an das Erntemilieu gebundene *fröide* im höfischen Bereich durchzuspielen.

C21 inszeniert die Ernte-*fröide* im höfischen Bereich:

Ir sult iuwer swenzel

---

17 Schweizerisches Idiotikon. Wörterbuch der Schweizerdeutschen Sprache, begonnen v. Friedrich Staub u. Ludwig Tobler, Bd. 4, Frauenfeld 1901, Sp. 948; s.a. Deutsches Wörterbuch v. Jacob Grimm u. Wilhelm Grimm, Bd. 1, Leipzig 1854, Sp. 1060.

krispen, dirne guot
(êst erne zît!), krenzel
machen ouch ûf die vîrtage. (V. 1-4)

Die Schleppe (*swanz*) ist Attribut höfischer Kleidung, das Kräuseln (*krispen*) entsprechender Fachausdruck für die modische Verarbeitung[18]. Die Minnerollen des Erntemilieus werden mit höfischen Protagonisten besetzt, die Erntezeit mit dem Fest als Zeit höfischer *fröide* identifiziert. Auch die in C19 als *spel âne lernen* und in C21 zunächst als *lose sage* (V. 8) charakterisierte Minnewerbung wird mit dem entsprechenden höfischen Begriff bezeichnet - *ir singet dan sô vil süezeklîche hô* (V. 12). Offen bleibt in diesem Bereich unmittelbarer *fröide* allerdings die Position der Gesellschaft: Die 2. Strophe von C21 kontrastiert die heimliche, intime Minneerfüllung der Erntezeit mit der unter Aufsicht der *huote* als normativer Instanz der Gesellschaft stehenden hohen Minne. Während so im Medium der Rollenkonstellation die eindeutige gesellschaftliche Relevanz der traditionellen, paradox verfaßten Minne zum Ausdruck kommt, bleibt die Frage nach der gesellschaftlichen Qualität der in der Ernte gewährten unmittelbaren *fröide* weiter unbeantwortet. Zur Position der Gesellschaft kann sich nun wiederum das Ich in Relation setzen: In der Klage über die *huote* bestimmt es sich in der Rolle des hohen Minnenden.

Wie C21 ist auch C40 zweigeteilt in eine Darstellung der Ernte-*fröide* und in eine traditionelle Minnereflexion des diesem *fröide*-Bereich passiv gegenüberstehenden Ich. Auffällig ist hier besonders die inflationäre Verwendung höfischer Wertbegriffe. So wird z.B. die im 1. Erntelied noch mit dem jahreszeitlichen Einholen der Ernte verglichene Minneerfüllung konkret mit dem *lôn*-Begriff besetzt und damit der Anspruch auf höfische Verbindlichkeit zum Ausdruck gebracht. Doch wiederum bleibt ungeklärt, welche gesellschaftliche Instanz die Qualität dieser nur intimen Minne sichert:

In der erne
pfligt man gerne
fröide und wilder sinne,
wan da huote ist nit ze vil. (V. 15-18)

Das Stichwort *wilde* signalisiert die fehlende gesellschaftliche Einbindung

18 J. Bumke, Höfische Kultur, Bd. 1, S. 177 u. 194.

der in der Ernte inszenierten absoluten *fröide*, der Hinweis auf die *huote* die Absenz jener im hohen Minnemodell die gesellschaftliche Relevanz der Minne garantierenden Instanz. Doch im Unterschied zum Herbstlied wird das *fröide*-Konzept der Ernte am Ende nicht eindeutig abgewertet:

Wê, wie ist erne rechte so guot!
wan so wol gesellen tuot
knappen kluoge
wol mit fuoge
zuo dien dirnen schoene:
daz fröit vür des meijen bluot! (V. 23-28)

Anders als in den Herbstliedern, in denen die Formulierung *daz nent sî vürs meien bluot* anzeigt, daß die Proklamation herbstlicher Erfüllung als Ersatz für die Minneerfüllung allein auf dem Urteil der Herbstgefolgschaft beruht, besitzt die abschließende Bewertung der in der Ernte gewährten unmittelbaren *fröide* als Ersatz für die an den Mai gebundene paradoxe *fröide*-Konzeption einen sehr viel objektiveren Status. Der Klagegestus, der hier zur traditionellen Ich-Reflexion überleitet, macht deutlich, daß nicht das an die Ernte gebundene *fröide*-Konzept defizitär ist, sondern das Ich dieses Konzept nicht wahrnehmen kann und sich, indem es die traditionelle Position der hohen Minne bezieht, selbst ausgrenzt.

Herbst- und Erntelieder markieren jeweils eine andere Ebene der Auseinandersetzung mit Steinmar. Das *fröide*-Konzept der Herbstlieder wird als höfische Werte pervertierend und die höfische Gesellschaft in ihrem Rang degradierend interpretiert - es besitzt keine Minneimplikationen und eignet sich deshalb nicht als konstruktive Perspektive, aus der die traditionelle, paradox verfaßte *fröide*-Konzeption des Minnesangs zur Diskussion gestellt werden kann. Der minnespezifische Zugriff auf das Herbstthema, wie ihn die Erntelieder vorführen, besitzt eine größere Relevanz. Während das 1. Erntelied das ländliche Milieu noch in schillernden Farben präsentiert, wird es in den beiden anderen Liedern zunehmend höfisch besetzt. Eine eindeutige Bewertung der dort realisierten, unmittelbaren *fröide* ist nicht erkennbar, die Frage nach der gesellschaftlichen Relevanz dieser intimen Minne bleibt offen. Deutlich wird allerdings, daß sich das Ich, je greifbarer die höfische Stilisierung des Erntemilieus wird, je klarer davon distanziert und sich als Träger des traditionellen, an die Paradoxie von *liebe* und *leit* gebundenen *fröide*-

Konzepts des hohen Minnesangs ausweist. Im Unterschied zu den Herbstliedern, in denen die herbstliche *fröide* der *fræzzer* über den Topos der Zeit- und Weltklage als Unrechtszustand identifiziert und so von Beginn an disqualifiziert wird, ist hier die Frage nach der Verbindlichkeit absoluter *fröide* direkt an die Ich-Position gebunden: Steinmars *fröide*-Konzept besitzt keine Verbindlichkeit für dieses spezifische Ich. Trotz des *fröide*-Versprechens der Ernte hält das Ich hier am traditionellen hohen Minnemodell fest und profiliert sich damit gegenüber dem Antipoden Steinmar. Die Positionsbestimmung der Erntelieder erinnert an das Lied C14, das mit dem Bild vom Schwein im Sack zur Auseinandersetzung mit Steinmars literarischem Konzept überleitet. Dort bleibt das Ich auf Distanz, auch wenn dem Bild, das bei Steinmar für die Triebhaftigkeit der Minne steht, eine ethische Deutungsmöglichkeit abgewonnen werden könnte. Ein ähnliches Ergebnis zeitigen die Erntelieder: Auch wenn sich das literarische Konzept unmittelbarer *fröide*, das zunächst im außerhöfischen Milieu entworfen wird, als Postulat auf den höfischen Bereich übertragen läßt, hält das Ich unbeirrbar am paradoxen *fröide*-Konzept des hohen Minnesangs fest. Der Klagegestus am Ende demonstriert dabei, daß es mit diesem Festhalten am traditionellen literarischen Konzept *stæte* beweist: Die literarische Auseinandersetzung mit Steinmar ermöglicht letztlich eine Bewährungsleistung des Ichs auf literarischer Ebene. Welche Funktion hierbei dem Einbau der Herbst- und Erntelieder in die Liedfolge zukommt, möchte ich im folgenden Kapitel untersuchen.

b. Die Minneklage als Substrat des Jahreszeitenzyklus

Das 1. Herbstlied C15, das die Opposition *fræzzer - minner* konstituiert, endet mit einer kollektiven Klage, die Argumentationselemente des Typs Winterlied aufgreift. Unmittelbar darauf folgt in der Hs.C mit C16 ein Lied mit sommerlichen Natureingang. Der Einleitungsvers zum anschließenden Herbstlied C17 - *Herbst wil aber sîn lob niuwen* - signalisiert, daß sich, nachdem der Sommer zunächst den Herbst überwunden hat, nun der Preis des Herbstes erneut realisieren soll. Auf dieses 2. Herbstlied, das mit einer traditionellen Winterklage des Ichs endet, folgt wiederum ein Sommerlied. Beide Lieder sind eng verzahnt: Die auf den Herbst bezogene Formel *Des sîn lob sich üeben soll* (C17, V. 7) führt in das Sommerlied ein - *vogel went den sumer üeben* (C18, V. 5). Und schließlich rücken in die Winterposition, die mit dem winterlichen Klageteil der beiden Herbstlieder jeweils markiert ist, die beiden Erntelieder C19 und C21 ein, die das Herbstthema mit dem Minnethema verbinden. Auf der Ebene der Liedsequenz wird so durch die Zuordnung der Lieder Steinmars programmatischer Ansatz, den Herbst anstelle des Mai zu preisen, auf subtile Weise unterlaufen. Steinmar begründet die Absage an den Mai und den Übertritt zur Herbst-Gefolgschaft naturgesetzlich: Der Herbst, der die Bäume entlaubt, bleibt Sieger über den Mai. Die zyklische Anordnung der Lieder im Kreislauf der Jahreszeiten relativiert den von Steinmar proklamierten Sieg des Herbstes über den Mai. Sie nimmt dem Herbstlied die exzeptionelle Position, die es bei Steinmar als Vorgabe eines neuen, an die Gattung Minnesang heranzutragenden *fröide*-Konzepts besitzt und die durch die Initialstellung des Herbstliedes im Steinmar-Oeuvre der Hs.C zum Ausdruck kommt. Die Einordnung der Herbstlieder in die jahreszeitliche Folge signalisiert, daß Hadlaub nicht nur im Medium des einzelnen Typs das traditionelle Konzept der hohen Minne gegen Steinmars neues literarisches *fröide*-Programm mobilisiert, das sich im *lob* des Herbstes manifestiert. Die Winterklage, die er jeweils dem Herbstthema abgewinnt, bietet zugleich auf der Ebene der Liedsequenz einen Anknüpfungspunkt für das Sommerlied als erneute Möglichkeit, Minnesang in seiner traditionellen Art zu realisieren. Wie sehr

Steinmars als Postulat an die Gattung Minnesang gerichtete Vorgabe eines neuen *fröide*-Konzepts zurückgenommen wird, demonstriert die Einbindung der Erntelieder in den Jahreszeitenzyklus: Auch den Ernteliedern als minnespezifischer Variante des Herbstthemas ist nur die Klageposition des Ichs zu entnehmen, so daß auch sie letztlich die Perspektive auf das Sommerlied als geeignete literarische Darstellungsform der hohen Minne eröffnen.

Mit der alternierenden Folge von Herbst- bzw. Erntelied und Sommerlied wird ab C15 der Jahreszeitenzyklus als Organisationsprinzip der Lieder im Hadlaub-Oeuvre etabliert. Sommer- und Winterlied wechseln einander ab bis zum Erntelied C40 und zum Herbstlied C41, die den Jahreszeitenzyklus wiederum beschließen. Unterbrochen wird die zyklische Anordnung nur durch die hohe Minnekanzone C29 und die beiden Tagelieder C30 und C31.

Die Sommerlieder und Winterlieder realisieren das literarische Konzept der hohen Minne in je spezifischer Form. Beide greifen das in der literarischen Tradition vermittelte Set des sommer- bzw. winterlichen Natureingangs auf, modifizieren es allerdings in einer für Hadlaub charakteristischen Weise. Bereits am Beispiel des Liedes C4 habe ich die veränderte Funktion des Natureingangs bei Hadlaub zu beschreiben versucht. An der alternierenden Folge der Sommer- und Winterlieder läßt sie sich genauer fassen.

Besonders für die Winterlieder C23, C25, C27 gilt, daß die Aussage des Natureingangs sehr allgemein gehalten bleibt, deutlich in der häufigen Verwendung von *man* bzw. *wir* und in der kollektiven Kennzeichnung *diu frowen* bzw. *diu minnære*. Jahreszeit und Minnesituation werden nicht unmittelbar argumentativ aufeinander bezogen, sondern parallelisiert. Im Winter entsteht, wie C23 ausführt, für *ungelükehafte minnære* doppeltes Leid - durch den Verlust der sommerlichen *wunne* und durch die anhaltende Verweigerung der *frowen*. Das Ich setzt sich dann zu seiner Dame in Bezug, indem es sich jenen unglücklich Minnenden vergleicht, und realisiert aus dieser Position eine Minneklage. Das Stichwort *ungelüke* beschreibt dabei die Situation des Ichs: Verantwortlich für dessen Leid ist nicht die Dame, sondern die Minne als willkürliche Instanz - die Klage radikalisiert sich in C23 zur Klage über die *minne âne mâze*. Auch C25 weist im Medium des Natureingangs zunächst auf die naturgesetzlich be-

dingte kollektive Absenz *schoener frowen* und bringt damit - wie C4 - ihren fest etablierten Wert zur Geltung. Im Rahmen des für den winterlichen Natureingang konstitutiven Überbietungstopos - das Minneleid des Ichs übersteigt die kollektive, naturgesetzlich determinierte *swære* - definiert sich hier das Ich gegenüber der Dame, reizt allerdings die mit dem Überbietungstopos gegebenen argumentativen Möglichkeiten nicht aus, sondern inszeniert eine allgemeine Klage, die mit der Hoffnung auf eine baldige Veränderung in der Gesinnung der Dame endet und damit deutlich eine Perspektive auf das folgende Sommerlied vorgibt. C27 greift im Medium des Natureingangs das Motiv des Wandels, der durch die Folge Sommer-/Winterlied permanent inszeniert wird, direkt auf: Das der winterlichen *swære* ausgesetzte Ich liegt *under glükes rade* (V. 9), die Dame dagegen ist *wandels lære* (V. 11). Die Unwandelbarkeit der Dame bildet den Ansatzpunkt für einen Frauenpreis: Die Dame kann als dem Wandel der Zeit nicht ausgesetzte, dauerhafte Verkörperung absoluter Vollkommenheit inszeniert werden - *diu ist wandels erlân* (V. 31). Der Frauenpreis schreibt nun aber auch die Differenz Ich - Dame fest: Eine Partizipation an dieser Vollkommenheit rückt nicht ins Blickfeld. Damit verschärft sich im letzten Winterlied dieser Folge die Klageposition, denn zugleich mit dem absoluten Wert der Minne kommt hier ihre Destruktivität zum Ausdruck.
Das Variationsspektrum der Sommerlieder C16, C18, C20, C22, C24, C26, C28 ist noch begrenzter als das der Winterlieder. Ihre Elemente lassen sich kurz zusammenfassen: Im Sommer kann sich die *schoene* der Natur entfalten. Die *kleit* des Sommers werden aufgezählt, seine *schoene* als nicht adäquat darstellbar reflektiert - *Nieman kan des sumers wunne volzellen* (C26, V. 7) - und so absolut gesetzt. An dieser *schoene* hat die Gesellschaft teil, Natur und Gesellschaft stehen im Einklang, der Sommer ist die Zeit der *fröide*. Zum Set der Sommerlieder gehören dementsprechend Tanz und Gesang als Zeichen unmittelbarer *fröide* (C26, V. 17), und wie in den Winterliedern finden sich eine Reihe antropomorpher Bezeichnungen - *bluomen lachent* (C20, V. 7) - als Ausdruck der Übereinstimmung von Natur und Gesellschaft. Der *schoene* des Sommers wird die *schoene* der *frowen* bzw. jener bestimmten *frowe* gleichgesetzt - auch sie ist naturgeschaffen und kommt in der Sommerzeit naturgesetzlich zur Erscheinung. Wie in den Winterliedern geht es in den Sommerliedern

weniger um den argumentativen Einsatz des Natureingangs als Appell an die Dame, der naturgesetzlichen Verpflichtung zu lohnen nachzukommen, da sie sich sonst ins Unrecht setzt. Im Medium des Natureingangs kann hier die *schoene* der Dame über den Einklang mit der *schoene* der Natur zur Darstellung gebracht werden. Gegenüber der so in ihrem absoluten Wert inszenierten Dame kann sich das Ich jeweils nur im Rahmen einer Minneklage definieren. Sie ist Bestandteil eines jeden Sommerliedes. Das letzte Sommerlied der Folge steigert den Frauenpreis besonders eindrucksvoll und verstärkt damit auch die Minneklage: Die Dame wird als *ze wunsche wol gistalt* (C28, V. 19) vorgestellt, als Idealbild, dem sich das Ich, von der höfischen Instanz der *huote* behindert, nicht nähern kann, so daß ihm nur die Minne aus der Ferne bleibt.
Wie in C4 dient der Natureingang dazu, die Manifestation von Schönheit selbst unmittelbar dem Naturgesetz zu unterstellen und damit als kollektiv etablierten Wert auszuweisen. Sommerlied und Winterlied bieten dabei je spezifische Möglichkeiten, diesen Wert literarisch zur Darstellung zu bringen. Die formelhafte Sprache und die konventionelle Gestaltung der Lieder, die in der Forschung aufgrund der mangelnden Originalität oft abgewertet werden, sind auf diese veränderte Funktion des Natureingangs zu beziehen: Ziel ist es, Minnesang immer von neuem zu realisieren und damit die Verbindlichkeit des literarischen Modells zu dokumentieren. Auf diese "positive Gültigkeit der Konvention", die eben nicht nach dem Kriterium der Originalität beurteilt werden darf, hat Gesine Lübben auch am Beispiel Steinmars hingewiesen.[1] Die zyklische Anordnung der Lieder besitzt bei Hadlaub nun eine ganz entscheidende Bedeutung: Der Winter eröffnet jeweils die naturgesetzliche Perspektive auf den Sommer und umgekehrt - über den Wechsel von Sommerlied und Winterlied ist Minnesang in seiner traditionellen Form permanent zu inszenieren. Dem permanenten Wandel kann das Ich die immer gleiche Klage entnehmen, die Minneklage als dauerhafte, unveränderte literarische Substanz der Gattung bestimmen. Das hohe Minnelied C29, das den Jahreszeitenzyklus unterbricht, zieht in dieser Hinsicht die - vorläufige - Bilanz der Liedfolge: In Anknüpfung an den Topos der Fernminne, mit dem C28 endet, hält es mit der sehr schlichten, traditionellen Minne-

1 G. Lübben, "Ich singe daz wir alle werden vol", S. 229.

klage die hohe Minne als Dogma fest. In der zyklischen Struktur der Liedfolge manifestiert sich so die Minneklage als das literarische Konzept, mit dem der dauerhafte und unveränderliche Wert von Minne und Minnesang zur Darstellung gelangen kann.

Nach den beiden Tageliedern C30 und C31, deren Funktion in der Liedsequenz ich erst im folgenden Kapitel, das sich mit dem *mâze*-Programm von Hadlaubs Tageliedern befaßt, bestimmen möchte, setzt erneut eine Sequenz mit dem Wechsel von Sommer- und Winterlied ein. Auffällig ist hier, daß jeweils das erste und letzte Sommerlied dieser Folge, C32 und C38, im Medium des sommerlichen Natureingangs Elemente der Pastourelle aufgreiften.[2] Renk hat diese Lieder nach dem vorherrschenden Motiv - einem aus Blumen gemachten Bett - "Blumenbettlieder" genannt[3], ein Terminus, der sich mittlerweile in der Hadlaub-Forschung etabliert hat[4] und der deshalb beibehalten werden soll, ohne daß damit sogleich ein neuer Typ bezeichnet werden soll.
Vom Typ her sind beide Lieder, C32 und C38, den Sommerliedern zuzurechnen. Sie thematisieren jeweils im Eingangsvers die zyklische Einbindung des sommerlichen Natureingangs: *Wol der süezzen wandelunge* (C32, V. 1) - *Nu haben wir gewechselt wol* (C38, V. 1). Die Leistung des Sommereingangs, der winterlichen *swære* mit dem Wechsel der Jahreszeiten ein *fröide*-Versprechen entgegenzuhalten, wird damit zum Gegenstand der Reflexion: Während der erste Jahreszeitendurchgang die Sommerlieder als literarische Darstellungsform der hohen Minne, der letztlich immer von neuem die Minneklage zu entnehmen ist, bestimmt,

2 Die Pastourelle existiert im deutschsprachigen Kulturraum nicht als eigenständiger Typ. Es finden sich allerdings Entlehnungen aus dem Französischen, v.a. bei Neifen, beim Tannhäuser, bei Steinmar sowie bereits in den Mädchenliedern Walthers. Vgl. zur deutschsprachigen Pastourelle Sabine Brinkmann, Die deutschsprachige Pastourelle, Diss. Bonn 1976; dies., Mittelhochdeutsche Pastourellendichtung, in: der deutsche Minnesang. Aufsätze zu seiner Erforschung, Bd. 2, hg. v. Hans Fromm, Darmstadt 1985 (WdF 608), S. 401-432.

3 H.-E. Renk, Manessekreis, S. 156 f. Unverständlich ist, weshalb Renk auch das Lied C44 zu den Blumenbett-Liedern rechnet, da in ihm die entsprechenden Elemente der Pastourelle völlig fehlen.

4 vgl. dazu den Artikel v. Günther Schweikle, Hadlaub, Johannes, VL, Bd. 3, Berlin - New York, Sp. 379-383, hier Sp. 381.

zielt der zweite Durchgang, der mit C32 beginnt und mit dem letzten Herbstlied C41 endet, offensichtlich darauf ab, die Inszenierungsmöglichkeit, die das Sommerlied für *fröide* bietet, neu zu erproben.

Beide Lieder beginnen mit der traditionellen naturgesetzlichen Argumentation und konturieren so die hohe Minnekonstellation: Für die Gesellschaft ist der Sommer die Zeit der *fröide*, nur das Ich bleibt, da die Dame ihrer naturgesetzlichen Verpflichtung zu lohnen nicht nachkommt und entsprechend *fröide* spendet, im Leid. Unmittelbar anschließend erfolgt die obligatorische Klage, die allerdings in beiden Liedern dann in eine Wunschphantasie des Ichs umschlägt. Im eigentlichen - mit dem Klagegestus angesagten - Reflexionsteil wird so eine durchgängig im Konjunktiv formulierte Phantasie erfüllter Minne entworfen. Bei der Ausgestaltung dieser *wân*-Minne übernimmt Hadlaub einzelne Elemente der Pastourelle, doch verbindlicher Bezugsrahmen bleibt das mit dem Sommereingang etablierte hohe Minnemodell: Nicht die zum Set der Pastourelle gehörende ländliche Mädchenfigur noch die puella lateinischer Liebesdichtung, wie sie sich nach Gerhard Hahn[5] in Walthers Mädchenliedern wiederfindet, sondern die hohe Minnedame (*mîn frowe*, V. 9) wird hier als Sommerdame inszeniert, unter das Programm des locus amoenus gesetzt und damit die für die Pastourelle konstitutive Liebesbegegnung in der freien Natur als des Orts, in dem die Gesetze der Gesellschaft außer Kraft sind, projektiert. Das mit dem Natureingang aufgerufene *fröide*-Versprechen des Sommers wird zum unmittelbaren Appell köperlicher Vereinigung zugespitzt:

Da sungen uns diu vogellîn:
wa mechte mir danne baz gesîn?
sô vunde ich da schoen gerœte
von sumerwœte zeinem bette fîn.

Daz wolde ich von bluomen machen,
von vîol wunder und von camandrê,

Daz ez von wunnen möchte lachen.
da müesten under münzen unde klê;

Die wanger müesten sîn von bluot,
daz culter von bendichten guot,

---

5 G. Hahn, Walther, S. 64 f.

diu lînlachen clâr von rôsen:
ez wære ir lôsen lîbe nicht vorbehuot. (V. 13-24)

Mit dem Arrangement topischer Elemente sommerlichen Natur zu einem Bett aus Blumen ist die Inszenierung von *wunne* als Minneerfüllung angesagt. Doch die hohe, in ihrer Idealität festgeschriebene Dame setzt die Pastourellensituation außer Kraft:

Wær si nicht so lobeliche,
si wær ze danke an daz bette mir.

Si ist so rein, so wunnenrîche,
davon nit kranke wunne hôrte zir. (V. 25-28)

Der *wunne*-Begriff spaltet sich: Die *wunne* der Dame und die *wunne* des Sommers sind einander nicht adäquat. Aus der Perspektive der hohen Minnedame wird die *sumerwunne* als *kranke wunne* identifiziert und abqualifiziert. Der Versuch, die hohe Minnedame dem Programm des locus amoenus zu unterstellen und in diesem Kontext *fröide* zu inszenieren, scheitert. Resultat ist die erneute Verabsolutierung der Dame: Selbst über den Vergleich mit der im Sommer zur Erscheinung kommenden *wunne* kann die Dame in ihrer *wunne* nicht definiert werden. Die Vergewaltigungsphantasie der letzten Strophe, mit der das Ich auf die Ablehnung der Dame reagiert und die - in C38 deutlicher als in C32 im gesellschaftsfreien Raum angesiedelt - durchaus zum Set der Pastourelle gehören kann, signalisiert, daß die Pastourellensituation für diese Dame keine adäquate Inszenierungsmöglichkeit von *wunne* bietet:

Wan daz mir ir zorn wê tæte,
ich wurde âne lougen dâ gewaltig ir.

Swes ich sî lieblîch irbæte,
daz bræchte tougen hôhe fröide mir.

ê daz aber ich si wolte lân,
ich wolde sî doch umbevân
und si dan anz bette swingen -:
owê, daz ringen mag mir wol vorgân! (V. 33-40)

Auch C32 läßt sich als Liedtyp beschreiben, in dem Hadlaub die Minneerfüllung im Rahmen der *tougen minne* und die damit gegebene Möglichkeit der *fröide*-Erfahrung erprobt. Doch auch hier endet die im Konjunktiv durchgespielte und so von vorneherein dem Bereich der Vorstellung zugewiesene Reflexion erfüllter Minne im Klagegestus. Der sommerlichen *wandelunge*, die im Rückgriff auf Elemente der Pastourelle dezidiert *fröide* in der Minne ankündigt, ist wiederum nur die Minneklage zu entnehmen.

Die Doppelung des *wunne*-Begriffs, die sich in C32 abzeichnet, zeitigt auf der Ebene des Jahreszeitenzyklus eine weitere Konsequenz. In einigen der folgenden Natureingänge wird die Spaltung des *wunne*-Begriffs aufgegriffen:

Nu stêt so wol geblüemet
diu heide in sumerlicher wât,
des man vil von wunnen sicht.

Des wirt si wol gerüemet
von dem, swer sich wol wunne entstât;
doch ist sî volgestet nicht,

ê daz da mêr geschicht:
daz man ouch frowen sicht
da gân lôslîche.
so ist sî dan gastungen rîche,
daz man ir volles lobes gicht. (C34, V. 1-11)

ir schoene [der frowen, d.Verf.] und der heide
liuchtent zemene beide:
waz da wunnen was! (C35, V. 9-11)

Si [diu vogellîn, d. Verf.] froet der sumerliche schîn,
daz sich diu welt nu stellt gar ze wunnen:
des sol man mit in wesen frô.

Nu stêt mîn herze leider sô,
daz ich enmag.
mîn frowe, diu ist mîn sumertag, ... (C36, V. 4-9)

Die in der Dame zur Erscheinung kommende *wunne* und die *wunne* der Natur treten auseinander, ergänzen einander, lassen sich nicht mehr unmittelbar gleichsetzen, denn die *wunne* der Dame überbietet die der Natur. Die veränderte Funktion des Natureingangs bei Hadlaub wird hier auf eine neue Weise deutlich: Seine appellative Funktion tritt gänzlich zurück und er dient stattdessen dazu, den für alle verbindlichen Wert der Dame zu veranschaulichen und zu vergegenwärtigen. Die Unvergleichlichkeit der *wunne*, die in den Blumenbettliedern zur Darstellung kommt und in den Natureingängen dieses Zyklus - bis auf C33 und C37 - explizit aufgegriffen wird, bedeutet eine Verabsolutierung der Darstellungsmög-

lichkeiten des Sommerliedes und markiert zugleich die Grenze seiner Aussage: Die *wunne* der Dame ist im Medium des Naturvergleichs literarisch nicht mehr adäquat faßbar.
Das letzte Blumenbettlied C38 eröffnet am Ende mit dem Hinweis auf das Minneleid des Ichs nochmals die Perspektive auf die Winterklage. Doch dem Winterlied C39 folgt kein neues Sommerlied mehr. Stattdessen rücken das Erntelied C40 und das Herbstlied C41 an die Winterposition, so daß der Jahreszeitenzyklus mit einem dreifachen Winterblock endet. Auf die einzelnen Lieder möchte ich nicht mehr genauer eingehen; erklärungsbedürftig sind allerdings Blockbildung und Reihenfolge der Lieder.
Nach dem letzten Winterlied realisiert sich nicht erneut ein Sommerlied, der jahreszeitliche Kreislauf bricht ab. Die literarische Darstellungsmöglichkeit für die hohe Minne ist anscheinend mit den Blumenbettliedern wiederum an einen Punkt gelangt, an dem sich mit der Verabsolutierung der hohen Minnedame auch die Destruktivität der Klage steigert, so daß die Vermittlung von *fröide* als Ziel des Liedes nicht mehr gelingen kann. Der Wechsel des Typs vom Winterlied zum Erntelied zieht die Konsequenz aus dieser Situation. Mit ihm wird - ähnlich wie in den Blumenbettliedern - ein außerhöfischer Bereich aufgesucht, in dem sich *fröide* in der Minne realisieren kann, so daß hier im Medium eines anderen Typs die *fröide*-Funktion der Gattung nochmals ausdrücklich thematisiert werden kann. Die Interpretation der Erntelieder hat gezeigt, daß der Erntebereich als *fröide*-Bereich nicht eindeutig negativ bewertet wird, sondern daß sich hier das Ich selbst ausgrenzt, der Minneerfüllung in der Ernte die Minneklage entgegensetzt und trotz des *fröide*-Versprechens der Ernte am traditionellen paradoxen Konzept der hohen Minne festhält. So mündet der Jahreszeitenzyklus am Ende wieder unmittelbar in die literarische Auseinandersetzung mit Steinmars Konzept einer nicht-paradoxen, reinen *fröide*. Die Position des Ichs läßt sich auf der Ebene der Liedsequenz folgendermaßen beschreiben: Auch an einer Stelle, an der die Destruktivität des paradoxen Modells besonders scharf zum Ausdruck kommt und die *fröide*-Wirkung der Gattung in Frage gestellt ist, bietet Steinmars Konzept keine literarische Alternative. Das Ich grenzt sich damit ganz bewußt von Steinmars Angebot ab und profiliert sich als Träger des traditionellen hohen Minnekonzepts, das Steinmars Lösung der

fröide-Frage auch in einer prekären literarischen Situation nicht wahrnehmen kann. Die Begründung liefert das folgende Lied, das letzte Herbstlied C41: Es führt Steinmars Konzept einer nicht-paradox verfaßten, reinen *fröide* auf seine Grundlagen zurück - nicht mehr die Minneerfüllung steht zur Disposition, sondern die *fröide* des Essens und Trinkens. In diesem letzten Lied der Steinmar-Auseinandersetzung wird die Gefolgschaft des Herbstes als *gesindes man* entlarvt: Diese *fröide*, die aus der Teilnahme am Herbstgelage resultiert, degradiert eine Gesellschaft in ihrem Rang und ist damit als wertpervertierend einzustufen. Kontrastiv wird im zweiten Teil des Liedes aus der Position des Ichs im Rahmen einer vorwinterlichen Klage das hohe Minnemodell als das literarische Konzept ausgewiesen, das den Wert einer Gesellschaft zur Geltung bringen kann. Der in die Klage eingebundene, allgemeine Frauenpreis wird um ein wesentliches Element bereichert, das die übrigen Lieder so nicht kennen:

hende wîz, ir neke clâr

...

Hingeleit sin lîn so klein,
da wîzziu bein so lûchten dür
(ich hânz dervür), wîz als der snê,

Und dur klein ermel arme wîz. (C41, V. 28, 34-37)

In Absetzung von der in ihrem Rang degradierten Herbstgesellschaft zeigt hier das Attribut *wîz* als vorherrschendes Element des Frauenpreises nicht nur die Makellosigkeit der *frowen* an, sondern zugleich ihren gesellschaftlichen Rang. Hadlaubs letztes Herbstlied weist gegenüber dem Antipoden Steinmar das literarische Konzept der hohen Minne als dasjenige aus, das den gesellschaftskonstitutiven Wert von Minne und Minnesang sichert.

Das auf das letzte Herbstlied folgende Lied C42 zieht auf der Metaebene der Liedsequenz die Bilanz der literarischen Auseinandersetzung mit Steinmar in Form einer Klage über die Ungerechtigkeit der Minne. Die Minne als universale Instanz, so die Argumentation, lohnt nicht rechtmäßig. Sie honoriert den nicht, der ihr dient, und bestätigt stattdessen jenen, der ihr nicht dient. In der 2. Strophe wird das *rechte dienen* genauer benannt:

Si solte dem helfen, der hoflîch kan werben
und frowen ist mit triuwen holt.

Sin solte stoltzen man nicht lân verderben,
so teilte sî hoflîch ir solt.

Nu hilfet si mangem, der nit kan,
wan sîn ein ungesalzen man.
des sint ir doch die besten gran. (V. 8-14)

Die Charakterisierung von *dienst* als Bewährungsleistung, bei der die *triuwe* als Wert bewiesen werden kann, läßt sich der traditionellen hohen Minnekonzeption zuordnen. Sie wird hier explizit als *hoflîches werben* qualifiziert, als dem Hof adäquat gekennzeichnet und an den Hof gebunden. In Opposition dazu entspricht jene Konzeption, die den Aspekt der Bewährung ausklammert, dem *ungesalzen man* im Sinne von 'unverfeinert' - "ein mann ohne feine sitte"[6]. Über das literarische Konzept der paradoxen, hohen Minne kann so *hof* identifiziert werden.
Die Klage über das Ausgeliefertsein an die Rätselhaftigkeit der Minne mündet am Ende in eine - an Walther (L 69,1) erinnernde - Sprachreflexion über den Minnebegriff:

Wan tuot si rechte, diu verwâzzen Minne,
und tuot ir namen doch gelîch? (V. 15-16)

Während Walthers Kritik unmittelbar an der zur paradoxen Minnekonzeption gehörenden Leidkategorie ansetzt, die den Minnebegriff als Wertbegriff beeinträchtigt[7], inszeniert Hadlaub über diese Sprachreflexion letztlich die Unfaßbarkeit und Untaxierbarkeit der Minne als willkürlich im Kosmos waltender Instanz, der der einzelne bedingungslos ausgeliefert ist. Mit dem Hinweis auf die Ungerechtigkeit der Minne knüpft C42 an die Optik des 1. Herbstliedes an. Dort wird die Ungerechtigkeit der Welt, die den *minnern leit* und den *fræzzern fröide* zuteilt, beklagt. Und wie sich die *minner* im Medium der Klage durch das Festhalten am Minnewert qualifizieren, so qualifiziert sich hier auf der Metaebene der Liedsequenz das Ich, das trotz der ungerechten Lohnzuteilung durch die universale Instanz Minne und trotz des dadurch bewirkten

---

6 Mittelhochdeutsches Wörterbuch, Bd. 2,2, S. 43.

7 Christoph Huber, Wort sint der dinge zeichen. Untersuchungen zum Sprachdenken der mittelhochdeutschen Spruchdichtung bis Frauenlob, Zürich - München 1977 (Münchener Texte und Untersuchungen zur deutschen Literatur des Mittelalters, Bd. 64), S. 93-96.

Leids am 'richtigen' literarischen Konzept festhält und es als für den *hof* verbindlich ausweist. Auf der Ebene der Liedsequenz läßt sich dieses Festhalten am traditionellen Konzept als Bewährungsleistung des Ichs gegenüber seinem Antipoden Steinmar verbuchen.

Auf die an die Steinmar-Sequenz anschließenden Lieder C43-C46 möchte ich nur ganz kurz eingehen. Es handelt sich um Frauenpreisvariationen, wobei sich die Klage des Ichs angesichts der absoluten Idealität der Dame in ihrer Destruktivität erneut steigert. Die letzte Strophe der letzten Minnekanzone C46 bringt die Paradoxie des hohen Minnemodells nochmals besonders anschaulich zum Ausdruck:

> ... *also wünsche ouch ich:*
> *'Got lâzze alle ir êre stæte!'*
> *und doch dar under: 'daz si troeste mich,*
>
> *ê der tôt mir werde von ir schîn!'*
> *(sin troeste mich, so muoz daz sîn!)*
> *der beider neme sî daz eine.*
> *so sol diu reine doch nicht lâzzen mîn!* (C46, V. 34-40)

Das Dilemma der traditionellen Minnekonstellation wird zum Abschluß deutlich formuliert: Der Dame droht, wenn sie lohnt, der Verlust ihres idealen Status - dem Ich droht, wenn die Dame nicht lohnt, der Tod. So bleibt auch nach der Auseinandersetzung mit Steinmar die Frage offen, wie dieser verabsolutierte Minnewert noch positiv vermittelt und gesellschaftlich eingebunden werden kann.

Die Analyse der Lieder sollte zeigen, daß die literarische Auseinandersetzung mit Steinmar nicht nur im Medium einzelner Liedtypen - der Herbst- und Erntelieder - stattfindet. Sie wird auf der Metaebene der Liedfolge, über die zyklische Struktur, ausgetragen. Mit dem Aufbau des Jahreszeitenzyklus kehrt sich die naturgesetzliche Argumentation gegen Steinmar: Über den Vergleich mit der Natur läßt sich nicht nur die Absage an die hohe Minne legitimieren und das Konzept einer unmittelbaren *fröide* entwickeln, sondern gerade auch die Geltung des traditionellen, paradoxen Minnemodells bestätigen. Im Wechsel der Jahreszeiten, der durch die zyklische Struktur immer erneut eine Perspektive zu singen eröffnet, kann sich Minnesang auf die immer gleiche Weise realisieren: In Sommerlied wie Winterlied definiert sich das Ich im Minneleid und inszeniert aus dieser Klageposition jeweils Minnesang als Minneklage, so daß die Minneklage als innerhalb dieser permanenten *wandelunge* Unveränderbares, Identisches bestimmt werden kann - die Gattung wird auf ihre paradoxe Substanz zurückgeführt. Das dogmatische Festhalten am hohen Minnemodell läßt sich auf der Ebene der Liedsequenz als Akt der Kanonisierung bezeichnen. Steinmars *fröide*-Konzept wird dabei nicht nur als literarische Folie, auf der sich das paradox angelegte Konzept der hohen Minne konträr abzeichnet, aufgerufen, sondern zugleich interpretiert: Es degradiert eine Gesellschaft in ihrem Rang - im Gegenzug kann das hohe Minnemodell als das literarische Konzept bestimmt werden, das den Wert der Minne zur Geltung bringt und höfische Identität konstituiert. In dieser Hinsicht ist die Auseinandersetzung mit Steinmar literarisch produktiv: Das Ich kann sich gegenüber Steinmar als Träger der hohen Minnekonzeption profilieren, der die traditionelle Substanz der Gattung immer neu ins Werk setzt. Die Wahl Steinmars zum Kontrahenten läßt einen umfassenden literarischen Anspruch erkennen: Hadlaub nimmt hier ein literarisches Konzept ins Visier, das aus einer im lateinischen Bereich situierten Außenposition die Gattung Minnesang zum Gegenstand der Interpretation macht. Er begibt sich damit auf eine rein literarische Diskussionsebene, die nach Gesine Lübben "[...] im Kontext einer allgemeinen Verlagerung der Diskussionsleistung der Gattung auf die Ebene der literarischen Norm [... steht, d. Verf.], so daß, vereinfacht gesagt, nicht mehr die Frage des Sängers - wie singe ich richtig, um die Normen der höfischen Gesellschaft identitätsstiftend zur Geltung zu bringen, sondern die Frage des Autors - mit welchen literarischen Möglichkeiten kann ich die *froide*-Funktion der Gattung realisieren, im Mittelpunkt des Interesses steht."[8] Über die Auseinandersetzung mit Steinmar kann das Ich der Hadlaub-Lieder das paradoxe Minnemodell mit der entsprechenden *fröide*-Konzeption als konstitutives Merkmal der Gattung herausarbeiten, an das der literarische Rang der Gattung gebunden ist, und auf dieser Basis seine gesellschaftliche Verbindlichkeit postulieren. Damit agiert das Ich letztlich bereits in der Rolle des Autors, ohne daß es allerdings - wie die Klage C42 zeigt - in dieser Rolle identifiziert

8 G. Lübben, "Ich singe daz wir alle werden vol", S. 106.

und anerkannt werden kann. Denn die Frauenpreisreihe am Ende des Liedcorpus wirft noch einmal das grundsätzliche Problem auf, wie sich das Ich in der Rolle des hohen Minnenden der Gesellschaft positiv vermitteln und im Rahmen des paradoxen *fröide*-Konzepts den für alle verbindlichen Wert der Minne inszenieren kann.

3. Das *mâze*-Programm der Tagelieder

Die Tagelieder Hadlaubs C11, C30, C31, C47, zu denen ich auch die Serena bzw. das sogenannte "Nachtlied" C48 zählen möchte, verteilen sich über das gesamte Liedcorpus. Trotz dieser verstreuten Anordnung sind sie durch das *mâze*-Thema eng miteinander verbunden, so daß zunächst unter dem Aspekt der *mâze* das gemeinsame Programm der Lieder und in einem zweiten Schritt die Verzahnung von Tagelied und Minnekanzone untersucht werden soll. Erst auf der damit markierten Ebene der Liedsequenz kann dann eine Funktionsbestimmung ansetzen. Vorweg möchte ich die Ergebnisse der Interpretation des ersten Tagelieds C11 kurz rekapitulieren[1] und seine literarische Tradition aufzeigen.

Ansatzpunkt der Interpretation von C11 war die monologische Darstellungsweise: Die Tageliedsituation wird nicht wie üblich episch gesetzt, sondern im Rahmen eines Wächtermonologs aus der rollenspezifischen Perspektive des Wächters entworfen. An der Wächterrolle setzen im Minnesang des 13. Jahrhunderts eine ganze Reihe von Tageliedexperimenten an. Denn die Wächterrolle ist durch einen Antagonismus gekennzeichnet[2]: Der Wächter ist einerseits der Vertraute des Minnepaars, der die Liebenden des Nachts schützt und ihnen in *triuwe* verbunden ist. Andererseits initiiert er die Trennung der Minnenden vor Tagesanbruch und verschafft so der gesellschaftlichen Norm wieder Geltung. In der Doppelung von Minnerolle und normativer Instanz der Gesellschaft ist die Funktion des Wächters innerhalb der Rollenkonstellation des Tagelieds begründet: Der Weckruf des Wächters bewirkt den Einbruch des Leids in die erfüllte Minne und ermöglicht damit erst eigentlich den Akt der Bewährung. Über die Wächterrolle wird so der gesellschaftliche Wert der - ansonsten nur intimen - erfüllten Minne garantiert.
Für das Verständnis von Hadlaubs Wächtermonolog ist besonders ein Tagelied Steinmars aufschlußreich. Im folgenden möchte ich deshalb die

1 vgl. Kap. II.1.b, S. 138-141.
2 vgl. Einleitung, S. 30 f.

Interpretation Gesine Lübbens zu Steinmars Lied 5 kurz zusammenfassen[3]. Wie bei Hadlaub wird auch bei Steinmar die Tageliedsituation nicht episch gesetzt, sondern aus einer Ich-Perspektive reflektiert - allerdings nicht aus der Perspektive des Wächters, sondern der des männlichen Minnepartners. Von diesem Blickwinkel aus wird eine harsche Kritik an der Wächterfigur formuliert: Der Wächter, bei Steinmar als Vertreter der höfischen Gesellschaft gekennzeichnet, begeht, indem er den Ritter zu seiner Herrin führt, das Minnepaar vor der Entdeckung schützt und damit eine Ehebruchssituation deckt, einen Treuebruch gegenüber seinem eigenen Herrn. Sein Verhalten wird als ethisch fragwürdig disqualifiziert, der Wächter als Vertrauter der Minnenden und zugleich als Instanz, die den gesellschaftlichen Wert der Minne garantieren soll, abgelehnt. Am Ende des Liedes wird mit dem *stæten friunt* ein Ersatz für den Wächter angeboten, der aufgrund seiner *stæte* die Rolle des Vertrauten einnehmen und die Werthaftigkeit der erfüllten Minne bestätigen kann. Damit visiert Steinmars Lied 5, so Lübben, eine nicht explizit an den höfischen Bereich gebundene Minne an, deren Wert durch den *stæten friunt* als einer die höfischen Wertmaßstäbe übergreifenden Figur garantiert wird. Das Beispiel Steinmar zeigt, daß sich die Wächterrolle besonders als Ansatzpunkt für die Diskussion des gesellschaftlichen Werts der Minne eignet.

Während bei Steinmar der Wächter als Vertreter der höfischen Gesellschaft fungiert, besitzt er bei Hadlaub - wie die anderen Minnerollen - keinerlei ständisch-aristokratische Kontur. Und Hadlaub wählt einen anderen Ansatzpunkt für sein Tagelied: Er diskutiert die Funktion des Wächters nicht aus der Perspektive einer anderen Rolle, sondern etabliert über die monologische Darstellungsweise die Perspektive des Wächters auf die Minne als richtungsweisend. Die Norm, die der Wächter hier vertritt und gegenüber den Minnenden durchzusetzen versucht, ist die der *mâze*. Die Aufforderung des Wächters an das Minnepaar, sich an der *mâze* zu orientieren, ist in der literarischen Tradition des Tagelieds bereits bei Otto von Botenlouben dokumentiert:

3 G. Lübben, "Ich singe daz wir alle werden vol", S. 137-149. Dort findet sich auch ein Überblick über weitere Tageliedexperimente im Minnesang des 13. Jahrhunderts, die an der Wächterrolle ansetzen.

'Wie sol ich den ritter nû gescheiden
und daz schoene wîp
die dicke bî ein ander lâgen ê?
dâ rât ich in rehten triuwen beiden
und ûf mîn selbes lîp
daz sie sich scheiden und er dannen gê.
mâze ist zallen dingen guot
lîp und êre ist unbehuot,
ob man iht langer lît.
ichn singe eht anders niht wan: es ist zît.
stant ûf, ritter.!' (KLD, V. 1-11)

mâze meint hier in Anlehnung an die antike Bedeutung des Begriffs - Maßhalten zwischen den Extremen - situationsgerechtes Verhalten[4]: Die Minnenden sollen das 'rechte Maß' einhalten, indem sie die zeitliche Begrenztheit der *fröide* akzeptieren, sich mit Tagesanbruch erneut am Wertkodex der höfischen Gesellschaft orientieren, so durch die Einlösung der *mâze* der höfischen Norm entsprechen und die höfische Qualität der Minne erweisen.[5] Diese in der literarischen Tradition vorgegebene Möglichkeit, im Rahmen des Tagelieds die *mâze* zu installieren, greift Hadlaub auf. Auf der Folie des Botenlouben-Liedes zeichnet sich allerdings auch eine signifikante Veränderung ab: Hadlaub situiert die Tageliedminne nicht ausdrücklich im höfischen Bereich, ein höfisches Profil der Rollen ist nicht erkennbar, und dementsprechend läßt sich auch die *mâze* nicht von vorneherein als höfische Norm verbuchen, sondern bezeichnet allgemein ständisch angemessenes, ordo-gemäßes Verhalten, das den höfischen Bereich übergreift. Im Verlauf des Liedes C11 wird diese Bedeutung der *mâze* offenkundig. Sie wirkt sich - im Gegensatz bspw. zur Verwendung des Motivs bei Botenlouben - unmittelbar auf die Minne selbst aus: Das Bewährungsprogramm der *mâze* nimmt dem aus der Trennung entstehenden Minneleid die Destruktivität. Am Ende wird die Einlösung der *mâze* in der Klage des Wächters zur Existenzfrage für den Wächter selbst stilisiert. Damit droht die Zerstörung der Instanz, die die gesellschaftliche Qualität der erfüllten Minne im Tagelied sichert. Nur durch die Unterordnung der Minne unter

---

4 zum *mâze*-Begriff im Minnesang s. C. Ortmann, Die Kunst *ebene* zu werben, S. 248 f.

5 Hier greife ich auf die die Botenlouben-Interpretation im Tagelied-Seminar Christa Ortmanns, Konstanz WS 85/86, zurück.

die *mâze* kann, so die These von C11, die gesellschaftliche Relevanz der Minne gewahrt werden. Der Wächtermonolog C11 gibt so einen Wertmaßstab vor, über den sich die Minne in ihrer gesellschaftlichen Qualität definieren läßt, und etabliert damit die Diskussionsperspektive für den Typ Tagelied bei Hadlaub. Er stellt das Postulat der gesellschaftlichen Einbindung der Minne durch die *mâze* auf und erklärt es für verbindlich. In den nächsten Tageliedern C30 und C31 wird die *mâze* etabliert, C47 und C48 zeigen die Konsequenzen.

Was das 1. Tagelied C11 monologisch vorentwirft, wird in C30 und C31 sukzessive in die Tageliedsituation umgesetzt. C30 führt die drei obligatorischen Rollen - *wachtær*, *frowe*, *herr* - auf. Das Lied besteht aus Wächterstrophe (1.), Frauenklage (2.) und einer 3. Strophe, in welcher der Abschied vollzogen wird. Die Situation wird jedoch wiederum nicht über eine epische Instanz, sondern über die Wächterrolle gesetzt. Denn zwischen dem Wächtermonolog der 1. Strophe und der Frauenklage der 2. Strophe, die beide im Präsens gehalten und aktuell auf die Situation bezogen sind, ist ein erklärender Satz im Präteritum eingeschoben, der den Redewechsel Wächter - Dame kennzeichnet und eigentlich dem Funktionsbereich der epischen Instanz zuzuordnen ist, aber weiter in der 1. Person steht: *Si hôrte, daz ich ûz ernste rief.* (V. 12) Bartsch hat in seiner Ausgabe an dieser Stelle die Handschrift korrigiert und die 1. Person durch die 3. ersetzt; ebenso im 4. Tagelied C47, in dem sich der gleiche Fall wiederholt. Schiendorfer hat in seiner Überarbeitung beide Eingriffe rückgängig gemacht. Eine Erklärung für die untypische Ich-Aussage im Präteritum bietet sich an, wenn man zwischen den Tageliedern insgesamt und dem Wächtermonolog C11 einen Zusammenhang herstellt. C11 installiert durch die monologische Darstellung die rollenspezifische Perspektive des Wächters auf die Tageliedsituation und entwirft aus dieser Perspektive die Lehre der *mâze* als neues Bewährungsprogramm für die Minnenden, C30 setzt die Reflexion des Wächters nun schrittweise in die Tageliedsituation um: Der Wächter besetzt den Funktionsbereich der epischen Instanz und arrangiert die Rollenkonstellation unter den Bedingungen, die er mit C11 aufgestellt hat. Die Rollen stehen nicht mehr, durch die epische Instanz vermittelt, gleichberechtigt nebeneinander, sondern die Minnenden unterstehen unmittelbar dem übermäch-

tigen Wächter.
In der 1. Strophe bringt der Wächter sein Anliegen vor, die Trennung der Minnenden. Er unterstreicht dabei die eigene Kompetenz: Er spricht *âne valschen muot* (V. 3), besitzt also die rechte Gesinnung, und rechnet sich, indem er diejenigen, die seinen *rât* ablehnen, als *unwîs* (V. 4) abqualifiziert, denjenigen zu, die ethische Einsicht und rechtes Normverständnis besitzen. Am Ende des Aufgesangs formuliert er in einer Sentenz eine allgemeine Handlungsanweisung - *der leit versicht, dast vür riuwe guot* (V. 6) -, die er im Abgesang konkret auf die Tageliedsituation bezieht. Der Wächter unterstreicht hier seine ethische Qualifikation - in Kontrast zu Steinmars Tagelied, das die ethische Fragwürdigkeit der Wächterfigur herausarbeitet. Während Steinmar die höfische Instanz auf diese Weise diskreditiert und an ihre Stelle den *stæten friunt* als ethisch integre, die höfischen Wertmaßstäbe übergreifende Figur setzt, sichert Hadlaub umgekehrt gerade der Wächterfigur ethische Kompetenz zu. Auch bei Hadlaub signalisieren das sentenzhafte Sprechen und die Zurechnung zu den *wîsen* allerdings, daß der Wächter als universalethische, den höfischen Bereich übergreifende Instanz anzusehen ist.
Die Reaktion der *frowe* auf den Wächterruf vereinigt traditionelle Topoi - Wecken des Geliebten, Klage, Zurückweisung des Wächters, Festhalten an der Minne. In der 3. Strophe etabliert der Wächter nun explizit die Lehre der *mâze*:

Ir hânt iuchs unwægsten nû bidâcht:
der mâzze kan, diu wendet leit!
davon so lêre ich iuch die mâzze wol.

Ich hab iuch in ungemüete brâcht,
doch hab ichs iu dur guot geseit,
daz ir iuch scheident, sît ez tagen sol.

Er sprach: 'frowe, des ist zît,
swie wê mir tuot, daz ich mich dîn enbar.
frowe, dîn weinen mît;
daz dich got iemer mêre wol bewar!
und küsse mich, ê daz ich von dir var." (V. 23-33)

Der Bewährungsakt vollzieht sich hier unter dem Programm der *mâze*. Deutlicher als C11 demonstriert die Abschiedsszene am Ende, was die Einlösung der *mâze* bewirkt: Für die Minne, die sich dem Postulat der *mâze* unterstellt, ist der Umschlag ins Leid nicht mehr so destruktiv.

Durch die Orientierung an der Lehre der *mâze* kann das Minneleid zwar nicht völlig eliminiert werden. Denn für die auf der *fröide*-Erfahrung basierende Minnekonzeption des Tageliedes ist die Leid-Dimension konstitutiv: Erst der Einbruch des Leides in die erfüllte Minne fordert den Minnenden den Akt der Bewährung ab und stellt damit den gesellschaftlichen Wert dieser Minne unter Beweis. Doch über die Einlösung der *mâze* kann das Minneleid gemildert, die Destruktivität der *minne âne mâze* aufgehoben werden. Damit entschärft die Durchsetzung der *mâze* jene Komponente der Minne, die aus einer ethischen Perspektive verwerflich ist. Über die Wächterlehre der *mâze* kann im Medium des Tagelieds eine an die Paradoxie von *liebe* und *leit* gebundene Minne präsentiert werden, ohne daß sich die Leid-Dimension der Minne ins Absolute steigert und aufgrund ihrer Destruktivität die gesellschaftliche Qualität der Minne in Frage stellt.

Das Lied C30 beschreibt die Durchsetzung der Wächterlehre gegenüber den Minnenden, das anschließende Tagelied C31 läuft nun nach dieser Vorgabe ab:

> *'Nach liebe gât leit!*
> *ich muoz ein wîb erschrecken,'*
> *sang ein wachter, 'diu noch bî friunde lît.* (V. 1-3)

Die Tageliedsituation wird episch gesetzt, der Wächter tritt zurück und wird - wie die beiden anderen Minnerollen auch - in der 3. Person eingeführt: Was in den beiden vorhergehenden Liedern über die Ich-Perspektive des Wächters installiert worden ist, beansprucht damit objektive Geltung. Das Minnepaar orientiert sich ohne Widerspruch an der Wächterlehre. Nachdem am Ende des Liedes C30 der männliche Minnepartner die Dame zur Trennung und zum Ertragen des dadurch entstehenden Leids angehalten hat, fordert nun die Dame, ansonsten erbitterte Widersacherin des Wächters, ihren Partner auf, sie zu verlassen. Besonders die 3. Strophe, in der die Abschiedsituation unter dem Postulat der *mâze* vollzogen wird, macht die dadurch ausgelöste Veränderung in der Minne deutlich:

> *'Guot herre mîn,*
> *ez mag sich mêr gefüegen,*
> *ob wir uns scheiden, ê mans werde gewar.'*

'Frowe, daz sol sîn:
wir sun uns lân genüegen,
daz wir die nacht wâren froelich sament gar.

Frowe, unz har nâch
so gib nu urlob mir.'
sî sprach: 'herre, daz gib ich noch kûme dir.
wie ist dir sus gâch?'
'daz ist, frowe, umb dîn êre.'
si sprach: 'nu var, swie kûme ich dîn embir!' (V. 17-24)

Die Minnenden setzen das *mâze*-Postulat um, die in C30 angekündigte Konsequenz - *mâze wendet leit* - realisiert sich: Das in der Abschiedsituation entstehende Leid wird kontrollierbar, der Beweis der *mâze* gilt als eigentlicher Bewährungsakt. C31 führt exemplarisch vor, wie sich im Medium des Tagelieds über den Wächter als Instanz der Gesellschaft und der von ihm etablierten Lehre der *mâze* die gesellschaftliche Qualität der paradox verfaßten Minne sichern läßt.

Auch in C47 wird aus der Perspektive des Wächters als der Rolle, die den gesellschaftlichen Wert der Minne garantiert, die Destruktivität einer Minne, die sich dem Gebot der *mâze* nicht unterordnet, reflektiert. Wiederum besetzt die Wächterrolle den Funktionsbereich der epischen Instanz, so daß die Abschiedssituation nochmals explizit unter das Programm der *mâze* gestellt werden kann. Die Notwendigkeit, die Leid-Dimension der Minne durch die *mâze* zu entschärfen, wird durch die gesteigerte Angst des Wächters um sein Leben, die in diesem Lied besonders scharf artikuliert wird, deutlich. Aus Angst vor der gemeinsamen Entdeckung verläßt der Wächter das Minnepaar mit dem Weckruf und bringt sich selbst in Sicherheit. Unter dem Aspekt der *triuwe* würde die Flucht den Wächter in seiner Eigenschaft als Vertrauten des Minnepaars eigentlich völlig disqualifizieren und einen ungeheuerlichen Vertrauensbruch darstellen. Doch unter diesem Aspekt wird die Entfernung des Wächters hier nicht diskutiert. Sie besitzt, wie die 3. Strophe zeigt, einen rein funktionalen Stellenwert:

Ich sleich tougen ûz und sang ein warnen dô.
do sprach ie sô mîn frowe minnenklîch:

'âne lougen, der wachtær hât uns verlân.
du solt ûf stân, mîn herre tugenden rîch!

Ich weiz nu wol, daz ez ist zît,
des sich unser lieblich triuten scheiden sol.
ez kumt nicht wol, swer doch zelange lît.' (V. 15-21)

Die Dame rückt in die Wächterposition: Anstelle der im Tagelied obligatorischen Klage, die das aus der Trennung entstehende Leid reflektiert, erfolgt die Bitte an den Geliebten, die zeitliche Begrenztheit der Minne zu akzeptieren und dementsprechend *mâze* zu beweisen. Damit demonstrieren die Minnenden, daß sie die Lehre des Wächters internalisiert haben und die *mâze* nun eigenständig einlösen können. Die Entfernung des Wächters ist folglich nicht als *triuwe*-Bruch zu verbuchen, sondern soll die Verinnerlichung des *mâze*-Postulats zeigen. Die Minne, so das Fazit des letzten Tagelieds, ordnet sich dem Gebot der *mâze* unter und ist damit in ihrem Wert gesellschaftlich eingebunden.

Das Lied C48, in der Handschrift das letzte Lied vor den Leichs, ist mit der Darstellung unmittelbarer *fröide* in der Liebesnacht einzigartig in Hadlaubs Oeuvre. Außergewöhnlich ist auch die Überlieferungssituation: Während alle übrigen Hadlaub-Lieder und -Leichs ausschließlich in der Hs.C überliefert werden, findet sich die 1. Strophe dieses Liedes auch in der sog. Berner Hs.p. Die vorwiegend lateinische Handschrift enthält zwei Blätter mit größtenteils anonym tradierten Minnestrophen, die sich meist bekannten Autoren zuweisen lassen, u.a. eine Strophe Hadlaubs. Schiendorfer bewertet den Überlieferungsbefund folgendermaßen: "Sicher scheint zu sein, daß die Berner Fassung weder direkt auf die Manessische Handschrift, noch auf eine gemeinsame Quelle zurückgeht. Einige Textstellen legen aber doch recht deutlich nahe, daß bereits eine schriftliche Vorlage benutzt wurde, so vor allem die falsche Zeilenabtrennung bei Vers 8/9. Daß die Berner Fassung mancherorts ursprünglicher als die Zürcher sei, wie D.-R. Moser zu erkennen glaubte, ist in Anbetracht der durcheinandergeratenen Reimstruktur im Aufgesang zu bezweifeln; auch im ersten Abgesangsvers, mit dem an sich gefälligen und in die Situation passenden Reimwort *geslichen*, wurde der Reim mehr oder weniger lädiert, und das doppelte Präteritum *sprach* stört den Sinn. Es macht fast den Anschein, als ob hier eine einst nach dem Gedächtnis aufgezeichnete Vorlage kopiert - und auch das nicht ganz fehlerfrei - worden wäre."[6]

Schiendorfers Resümee erscheint zunächst einleuchtend, doch enthält seine Bewertung einige allzu weit reichende Folgerungen. So kann ich die Annahme, daß die Berner Fassung weder auf die Hs.C noch auf eine gemeinsame Quelle zurückgeht, nicht nachvollziehen. Ein kurzer Fassungsvergleich soll dies belegen:

Sich fröit ûf die edlen nacht
ein gislacht minnære harte,
des sîn frowe ruochen wil.

Sô der tag sîn liecht verlât,
secht, so gât si an die warte,
als si hânt gileit ir zil.

Sô kumt er gegangen tougenlîche
unde rüert daz tor so lîse iesâ.
sô si daz erhoert, diu minnenkliche,
sô spricht sî: 'mîn herre, bist du dâ?'
er sprichet: 'edliu frowe, jâ!
tuo mir ûf, vil wunnenrîche,
daz ich dich al umbevâ!' (C48, V. 1-13)

Sich frowet uf die edel naht
ein geslahter miner harte/.
daz sin frowe ruchen wil/
so der tag sin lieht verlat/
un su sitzet vf warte/
alse su hat geleit ir zil/

togen so kumet er geslichen/
und ruret daz tor so lise/
ie so daz erhoret die minencliche/
su sprach herre bist du do/
er sprach herze frowe io/
so tu mir vf die wunne riche/
daz ich dich al vmbe vo/ (Fassung p)[7]

Von einer "durcheinandergeratenen Reimstruktur im Aufgesang" kann meiner Ansicht nach nicht die Rede sein. Die Gegenüberstellung beider Fassungen zeigt, daß die Reimstruktur des Aufgesangs nicht wesentlich gestört ist: Der Endreim ist völlig identisch, nur der Mittenreim *nacht* -

6 M. Schiendorfer, Hadlaub, S. 177.
7 ebenda.

gislacht (V. 1-2) und *verlât - gât* (V. 4-5) fehlt in der Berner Fassung. Bis auf Vers 5 läßt sich außerdem eine nahezu wörtliche Übereinstimmung feststellen. Der Abgesang der Berner Hs. ist dagegen offensichtlich fehlerhaft: Die Reimwörter am Ende von Vers 7 und 8 (*geslichen - lise*) werden nicht in die Reimstruktur der Strophe integriert; das Präteritum *sprach* ergibt keinen Sinn. Ansonsten aber finden sich auch in diesen Versen wieder viele wörtliche Übereinstimmungen.
Der genaue Überlieferungszusammenhang läßt sich aufgrund der schmalen Textbasis nicht mehr sicher rekonstruieren. Die Fehler und Widersprüche in der Berner Fassung müssen jedoch nicht darauf hinweisen, daß hier eine eigenständige Überlieferungstradition vorliegt. Die vielen wörtlichen Übereinstimmungen können stattdessen ebensogut dafür sprechen, daß es sich hier um eine bruchstückhafte und fehlerhafte Version des in C überlieferten Liedes handelt[8]. Die Vermutung, daß das Lied auf eine aus dem Gedächtnis kopierte Vorlage zurückzuführen ist, steht dem nicht entgegen. Denn über die Gebrauchssituation der Handschrift wissen wir noch zu wenig - sie kann nach Michael Curschmann audiovisuell im gemeinsamen Sehen und Hören bestehen[9], so daß selbst eine an C orientierte Aufzeichnung aus dem Gedächtnis möglich erscheint. Bei all den Spekulationen bleibt am Ende nur festzuhalten, daß dieses Lied in der Überlieferungsgeschichte der Hadlaub-Lieder und -Leichs durch die zweifache Tradierung eine besondere Position einnimmt.

Zu C48 gibt es in der Forschung konträre Deutungsansätze. Dietz-Rüdiger Moser hat anhand von Hadlaubs "Nachtlied" den Wirklichkeitsbezug im späten Minnesang zu bestimmen versucht. Er sieht in der Tagelied-Dichtung insgesamt ein "Spiegelbild der unmittelbaren Wirklichkeit"[10]. So ist es nur konsequent, wenn Moser bei Hadlaub, den er als "'realistischen' Dichter" einstuft[11], in dessen Lied C48 einen spätmittelalterlichen

8 Auch R. Leppin sieht in der Berner Fassung eine frühe Rezeption der Hadlaub-Überlieferung in C, vgl. dies., Johannes Hadlaubs 'Nachtlied', S. 224.

9 vgl. Einleitung, S. 39.

10 D.-R. Moser, Johannes Hadlaubs "Nachtlied", S. 196.

11 ebenda, S. 198: "Hadlaub liess in seine Minnelieder vielfach eigene Eindrücke einfliessen und zeichnete mit feinem Strich Beobachtetes und Selbsterlebtes."

Schweizer Werbebrauch abgebildet findet, den sog. "Hengertbrauch", einen " [...] nächtlichen Besuchsbrauch, der in zwei Grundformen, einer kollektiven und einer individuellen Form, begegnet und im wesentlichen der 'Einleitung der Ehe' dient"[12].

Mit dieser Deutung hat sich Rena Leppin intensiv auseinandergesetzt. Sie weist Moser einen Zirkelschluß in der Argumentation nach und lehnt dessen Interpretation besonders wegen des zu sehr in den Vordergrund gestellten und bei Hadlaub ansonsten nicht nachweisbaren Wirklichkeitsbezugs weitgehend ab.[13] Stattdessen hebt sie die Gebundenheit des Liedes an literarische Muster und den Zusammenhang mit den Tageliedern hervor. Leppin stellt außerdem eine Verbindung von Hadlaubs Lied mit der Minnelehre des Johann von Konstanz her, dessen urkundliche Verbindung mit dem von Hadlaub genannten Personenkreis um die Manesse und um Heinrich von Klingenberg nachweisbar ist.[14] Die als Schlußtext der Hs.B überlieferte Minnelehre enthält eine ähnliche Schilderung einer Liebesnacht - besonders in bezug auf die Einlaßszene - und läßt sich nach Leppin auch im Aufbau dem Hadlaub-Oeuvre vergleichen: Die Minnelehre beginnt mit einer Briefübergabe und endet mit einer Liebesnacht - auch bei Hadlaub wird die Liedsequenz mit der Schilderung einer Briefübergabe eröffnet und mit der Darstellung einer Liebesnacht beendet, so daß Hadlaubs Lieder mit der Präsentation von "Anfang und Erfüllung einer Minnebeziehung" eine sinnvolle Folge ergeben[15]. Den Deutungsansatz, das Lied C48 als Abschluß und Höhepunkt der Liedsequenz zu interpretieren, möchte ich aufgreifen. Die Lieder C1 und C48 lassen sich allerdings aufgrund der unterschiedlichen strukturellen Anlage nicht so kurzschließen, wie Leppin das tut; ebensowenig läßt sich die gesamte Liedfolge als Entwicklung einer Minnebeziehung begreifen. Auch der Vergleich mit der Minnelehre des Johann von Konstanz ist aufgrund der verschiedenen Gattungen fragwürdig[16]: Hadlaub thematisiert erfüllte

12 ebenda, S. 203.

13 R. Leppin, Johannes Hadlaubs 'Nachtlied', S. 213.

14 ebenda, S. 218 f.

15 ebenda, S. 223.

16 zur Gattungszuordnung der Minnelehre vgl. Ingeborg Glier, Artes amandi. Untersuchung zu Geschichte, Überlieferung und Typologie der deutschen Minnereden, München 1971, (Münchener Texte und Untersuchungen zur Deutschen Literatur des Mittelalters, Bd. 34), S. 84 ff.

Minne eben gerade nicht im Rahmen einer Minnelehre, die ganz andere literarische Möglichkeiten bereitstellt - z.B. bei Johann von Konstanz die Darstellung der Minneerfüllung aus der durchgängigen Perspektive des männlichen Ichs -, sondern im Kontext eines Minnelieds. An die Gattungsvorgaben des Minnesangs bleibt das Lied C48 gebunden, und in diesem Kontext ist es zu interpretieren.

Bereits Bartsch hat das Lied C48 als "Serena" bezeichnet. Den Begriff der Serena halte ich für gut geeignet, da er keine Assoziationen zu volkstümlichen Werbebräuchen wie z.B. "Einlaßlied" herstellt und anders als z.B. "Nachtlied"[17] einen konkreten literarischen Typ in den Blick rückt. Als Serena werden Tageliedvariationen des späten provencalischen Minnesangs bezeichnet, die in der Situation am Abend vor der Liebesnacht ansetzen und, so Wolf, "die Sehnsucht des Liebenden nach der verheißenen Liebesnacht" darstellen[18]. Im deutschen Minnesang hat sich die Serena nicht als eigenständiger Typ etabliert. Doch besonders in den Tageliedern Ottos von Botenlouben, des Burggrafen von Lüenz und Ulrichs von Lichtenstein lassen sich Elemente der Serena identifizieren. So schildert Botenloubens Lied IX.IV die abendliche Ankunft des Ritters und dessen Bitte an den Wächter um Einlaß. Lied XIV berichtet von der Sehnsucht der Dame am Abend vor und nach der Ankunft des Geliebten, wobei die Dame jeweils dem Wächter die entsprechenden Anweisungen gibt. Eine ausführliche Einlaßszene am Vorabend der Liebesnacht, die sich ebenfalls zwischen Dame und Wächter abspielt, findet sich in Lied I des Burggrafen von Lüenz. Auch die Minneerfüllung wird hier kurz angesprochen - *er kuste ir rôsenrôten munt* (V. 2,10)[19] -, dann der eigentliche Tageliedteil mit dem Weckruf des Wächters am Morgen und der Trennung der Liebenden entwickelt. In Ulrichs von Lichtenstein erstem Tagelied (Lied XXXVI) findet sich neben der Einlaßszene am Abend, bei der die Dame selbst und nicht der Wächter den Geliebten willkommen heißt und dieser die Gegenseitigkeit der Minne beschwört, eine umfassende Schilderung des *minnespils*:

---

17 Die beiden Begriffe werden von R. Leppin, Johannes Hadlaubs 'Nachtlied', S. 209, aufgegriffen bzw. eingeführt.

18 Norbert R. Wolf, Tageliedvariationen im späten provencalischen und deutschen Minnesang, ZfdPh 87 (1968), Sonderheft, S. 185-194, hier S. 185.

19 zit. nach KLD, Bd. 1, S. 250.

Nâch disem friundes gruoze
mit triuten wart geküsset vil.
Diu selbe süeze unmuoze
in beiden riet ein minnespil.
In dem spil ir beider herze jâhen,
dô sie in den ougen reht ersâhen
ir lieplîch minnevarwen schîn,
daz er wær ir und sie wær sîn. (FD, Lied XXXVI, V. 17-24)

Im Anschluß an die Minneszene wird die eigentliche Tageliedsituation aufgebaut: Die *maget*, die bei Ulrich den Wächter vertritt, verkündet den Beginn des Tages und fordert die Liebenden zur Trennung auf. Während bei Botenlouben und dem Burggrafen von Lüenz die Elemente der Serena dazu dienen, mit der Rollenkonstellation des Tagelieds zu experimentieren bzw. konkret die Figur des Wächters aufzubauen, nutzt Ulrich die epische Erweiterung des Tagelieds um die Situation am Vorabend und die Liebesnacht, um im Medium des Tagelieds Erfüllung in der Minne und damit *fröide* darstellen zu können.

Hadlaubs Serena läßt sich an diese literarische Tradition anbinden - der Rückgriff auf spätmittelalterliches Brauchtum bei der Deutung der Einlaßszene erübrigt sich. Im Unterschied zu Botenlouben und zum Burggrafen von Lüenz und ähnlich wie bei Ulrich wird die Situation am Vorabend unter Ausschluß der Öffentlichkeit durchgespielt: Die Dame und nicht der Wächter läßt den Geliebten ein. Der Hinweis, daß die Minnenden anschließend *der huote band* (V. 21) umgehen, macht dann einerseits deutlich, daß die Minne auf die Instanz der Gesellschaft bezogen bleibt, kennzeichnet aber auch andererseits die Nacht als intimen, der Minne vorbehaltenen Bereich. Auf die Beschreibung des Einlassens und der im Dialog demonstrierten Gegenseitigkeit der Minne folgt in der 2. Strophe die Schilderung des Liebesaktes:

wie schier sî sich danne enkleidet hânt!
sî gênt zemene, lieb bewant
wirt da wol mit liebem ende:
in wirt beiden minne irkant. (V. 23-26)

Das Stichwort *ende* signalisiert, daß mit der körperlichen Vereinigung der Liebenden das Ziel der Minne erreicht ist. Auch Hadlaub gelingt damit im Rückgriff auf Elemente der Serena die Darstellung erfüllter Minne: *wilde fröide* (V. 14) kann sich vollziehen. Das Attribut *wilde*, dessen

Bedeutungsspektrum nach Leppin[20] von "unbekannt", "unerklärlich" bis zu "geheimnisvoll" und "wunderbar" reicht, kennzeichnet die *fröide* hier als im gesellschaftsfreien Raum situiert: Die Nacht, die am Anfang und am Ende des Liedes ganz deutlich gegen den Tag abgegrenzt wird, ist als Bereich reiner, von *sorge* unbelasteter *fröide*, in dem sich die Minnenorm gegenüber der Norm der Gesellschaft durchsetzen kann, der Minneerfüllung vorbehalten. Diese *fröide* wird nun am Ende des Liedes auf den Morgen und die damit erneut gültige gesellschaftliche Norm bezogen:

> *doch hânt sî die zuoversicht,*
> *daz in fröide wirt verzuket,*
> *sô der wachter tages gicht.* (V. 37-39)

Der Hinweis auf den Wächter ruft das Tagelied als Bezugsrahmen für die Serena auf. Das vorausgehende Tagelied hat den Nachweis erbracht, daß die Minne der *mâze* untersteht, sich die Minnenden mit Beginn des Tages ordogemäß, d.h. entsprechend der gesellschaftlichen Norm, verhalten. Über den Zusammenhang von C47 und C48 läßt sich auch Hadlaubs Serena, die die eigentlich tageliedspezifische Situation, das Wecken des Liebespaars am Morgen, nicht mehr unmittelbar enthält, sondern nurmehr als Zukunftsperspektive für die Minnenden vorgibt, als Variationstyp des Tagelieds interpretieren. Unter der Bedingung, daß sich die Minne der *mâze* unterordnet, kann sich unmittelbare, aus der Paradoxie von *liebe* und *leit* gelöste *fröide* vollziehen: Die in der Nacht situierte *wilde fröide* bleibt auf die mit dem Morgen zur Geltung gebrachte gesellschaftliche Norm bezogen und ist so über die Einlösung der *mâze* in ihrem Wert gesellschaftlich einzubinden.
Der gesellschaftliche Wert der Minne kommt auch in der Terminologie des Liedes zum Ausdruck: Der Ort der Minneerfüllung wird als höfisch - *warte* (V. 5) - gekennzeichnet, die *frowe* mit den Attributen *edil* (V.11) und *wîzze hende* (V. 20) als von gesellschaftlichem Rang ausgewiesen, der Minnebereich selbst als *edil* apostrophiert - *die edlen nacht* (V. 1). Besonders das Attribut *edil* weist auf die Rahmenlieder, in denen der literarische Status der Gattung und der Rang der Gesellschaft über dieses Attribut bestimmt werden.
Hadlaubs Serena ist durchgängig im zeitlosen Präsens gehalten. Auch

---

20 R. Leppin, Johannes Hadlaubs 'Nachtlied', S. 215.

dies besitzt wiederum einen funktionalen Stellenwert: Die Situation wird nicht episch aufgebaut, die Minne damit nicht dem für das Tagelied konstitutiven Problem der Endlichkeit und der daran gebundenen Paradoxie von *liebe* und *leit* ausgesetzt. Durch das zeitlose Präsens besitzt das Lied Modellcharakter: ein literarisches Konstrukt, das auf der Basis der in C47 vorgegebenen Prämissen absolute *fröide* inszenieren und als allgemein verbindlich postulieren kann.

Das Ich des Liedes gibt sich nun dezidiert als literarische Instanz zu erkennen:

Wer möchte bezzer fröide hân,
des enkan ich nicht volspehen,
als si hânt die nacht so gar? (V. 27-29)

Das Ich kommentiert hier den Wert der *fröide*. Der Unfähigkeitstopos, daß es eine dieser *fröide* vergleichbare, vollkommenere *fröide* nicht erfassen kann, macht deren absoluten Status deutlich und spielt erst eigentlich die Kompetenz des Ichs ein: Es läßt sich in diesem Lied nicht mehr als Träger einer Minnerolle identifizieren, sondern spricht aus der Position des Außenstehenden, der den Wert der Minne demonstrieren und ihn uneingeschränkt vorführen kann, wie die Wendung ans Publikum in Vers 5 - *seht* - zeigt.

Mit der Präsentation absoluter *fröide* und ihrer Einbindung durch die *mâze* in der Serena endet die Liedfolge. Die neue literarische Ich-Instanz weist auf die Leichs voraus. Bevor ich unter diesem Gesichtspunkt zu einer Analyse der Leichs übergehe, möchte ich zusammenfassend die Funktion der Tagelieder auf der Ebene der Liedsequenz bestimmen.

Bereits am Beispiel des 1. Tageliedes C11 habe ich zu verdeutlichen versucht, wie Minnekanzone und Tagelied in der Liedsequenz miteinander verzahnt werden. Am Ende des hohen Minnelieds C10 verstummt das Ich vor der Übermacht der Minne - der verabsolutierte Wert der Minne wirkt sich destruktiv aus, so daß das Ich diesen Wert nicht mehr gesellschaftlich vermitteln kann. Der Wächtermonolog C11 greift nun im Medium des Tagelieds dieses Problem der gesellschaftlichen Einbindung der - paradox angelegten - Minne auf. Er inszeniert es über die Gefährdung des Wächters als der normativen Instanz der Gesellschaft, die den Wert der ansonsten nur intimen Minne sichert, durch die verabsolutierte *minne*

âne mâze. Und er etabliert die *mâze* als die Norm, über deren Einlösung der gesellschaftliche Wert der Minne garantiert werden kann.
Auch die beiden Tagelieder C30 und C31, die das in C11 monologisch vorentworfene Programm der *mâze* umsetzen, besitzen innerhalb der Liedsequenz eine ähnliche Funktion wie C11. Sie folgen - inmitten der Steinmar-Sequenz - unmittelbar auf das hohe Minnelied C29, das aus dem Jahreszeitenzyklus als vorläufige Bilanz der literarischen Auseinandersetzung mit Steinmar das traditionelle hohe Minnemodell herausfiltriert. Der Wechsel des Typs konstatiert hier wiederum, daß die literarische Diskussion im Rahmen der Kanzone an die Grenze ihrer Aussagemöglichkeiten gestoßen ist: Die Minneklage C29, in der sich das Ich nurmehr aus der Ferne an die Geliebte wenden kann, ist in ihrer Absolutheit nicht mehr zu überbieten. Der Typ Tagelied bietet demgegenüber neue Möglichkeiten - in Anknüpfung an C11 die der Vereinbarung der Minne mit der *mâze* und damit die gesellschaftliche Integration der im Rahmen der Kanzone in ihrem Wert nicht mehr vermittelbaren, absoluten Minne.
Und wie C11 und C30 schließt auch C47, das letzte Tagelied, an eine hohe Minnekanzone an, in der das durch die paradoxe Anlage des Minnemodells bewirkte Dilemma des Ichs, daß es einerseits von der Minnedame die gewünschte erotische Erfüllung fordern, andererseits am absoluten Rang der Dame festhalten muß, nicht mehr auflösbar ist und der Minnewert ins Absolute gesteigert wird.
Minnekanzone und Tagelied ergänzen sich im Hadlaub-Oeuvre wechselseitig:
Gegen Steinmars Konzept einer unmittelbaren *fröide* wird zunächst mit dem hohen Minnemodell das traditionelle, an die Paradoxie von *liebe* und *leit* gebundene *fröide*-Konzept mobilisiert und im Medium des Jahreszeitenzyklus als immer gleiche Substanz der Gattung ausgewiesen, an die ihr literarischer Rang gebunden ist. Durch die zyklische Anordnung kann sich auf der Ebene der Liedsequenz Minnesang als Minneklage jeweils erneut realisieren. Dabei werden die Grenzen des paradoxen Modells sichtbar: Durch die paradoxe Anlage läßt sich der Wert der Minne ins Unermeßliche steigern, doch damit wirkt sich auch die Leiddimension der Minne zunehmend destruktiv auf die Ich-Instanz des Liedes aus, so daß das Ich die Funktion von Minnesang, *fröide* für die Gesellschaft zu

bewirken, nicht mehr positiv vermitteln kann. Mit dem Verstummen des Ichs in C10, der Fernminne in C29 und der in die Figur der hohen Minnedame eindefinierten Paradoxie in C46 werden so jeweils neuralgische Punkte der Minne- und Minnesangdiskussion markiert. Die unmittelbar anschließenden Tagelieder bieten mit der für diesen Liedtyp spezifischen Situation und Rollenkonstellation einen anderen Ansatzpunkt, um die gesellschaftliche Verbindlichkeit der Minne zu diskutieren: Der Bewährungsakt für die erfüllte Minne des Tageliedes besteht in der Trennung der Liebenden nach der gemeinsam vollbrachten Liebesnacht, so daß die Nacht als der Bereich bestehen bleibt, in dem sich die Minne realisieren kann, und der Tag als der Bereich, in der die Normen der Gesellschaft wieder zur Geltung gebracht werden müssen. Zwischen beiden Normbereichen vermittelt der Wächter, der hier das Bewährungsprogramm der *mâze* installiert, damit das Minneleid tragbar macht und dem paradoxen Modell so die Destruktivität nimmt. Die über das gesamte Liedcorpus verteilten Tagelieder besitzen damit eine wesentliche Funktion für die Organisation des Oeuvres: Während im Rahmen des hohen Minnelieds die Minne verabsolutiert wird, in ihrem Wert für die Gesellschaft jedoch nicht mehr vermittelbar ist, kann im Rahmen des Tageliedes durch die Unterordnung der Minne unter die *mâze* die gesellschaftliche Qualität der Minne zur Geltung kommen.

Das letzte Tagelied C47 eröffnet mit der Internalisierung der *mâze* durch die Minnenden eine Perspektive auf die Serena C48 als den literarischen Typ, der den Höhe- und Endpunkt der gesamten Liedsequenz darstellt - das Stichwort *ende*, das hier die Minneerfüllung bezeichnet, markiert auf der Ebene der Liedsequenz auch die Position des Liedes als letztes Lied vor den Leichs. Mit C47 ist der Minne die *mâze* eindefiniert, so daß die in der Nacht als der Minne vorbehaltenen Bereich inszenierte *wilde fröide* auf die *mâze* am Morgen bezogen bleibt. Auf der Ebene der Liedsequenz wird so eine neue Paradoxie etabliert: Durch die Unterordnung der *minne âne mâze* unter das Postulat der *mâze* kann die Minne in ihrem Wert gesellschaftlich eingebunden werden. Das Attribut *edil* bringt diese gesellschaftliche Einbindung zum Ausdruck. Mit der Serena ist am Ende der Liedfolge der literarische Typ gefunden, in dem durch den Bezug der Minne auf die *mâze fröide* präsentiert werden kann.

III. Das Autorkonzept der Leichs

Im dritten und letzten Interpretationsteil der Arbeit möchte ich mich der in der Handschrift eigens vom vorangehenden Liedcorpus und vom abschließenden Rahmenlied C52 durch eine Leerzeile getrennten Gruppe der drei Leichs C49-C51 zuwenden. Eine knappe Definition der Gattung 'Leich', die im Rückgriff auf die relevante Forschungsliteratur wesentliche, für die Gattung konstitutive Merkmale beschreibt und dabei besonders das Problem der Abgrenzung zum Minnelied zu fassen versucht, die Frage nach der spezifischen Funktion der Gattung jedoch zunächst noch zurückstellt, muß der Analyse der Leichs vorausgehen. Im Anschluß daran sollen die drei Leichs anhand der je unterschiedlichen Ebene der Ich-Aussage voneinander abgegrenzt und ihre Folge begründet werden: Focus wird hier das spezifische, die Leichs auszeichnende Autorkonzept sein. Im Hinblick auf den Zusammenhang von Liedern und Leichs im Hadlaub-Oeuvre wird sich dabei die Frage nach der unterschiedlichen Leistung und nach dem Berührungspunkt beider Gattungen stellen und sich daraus eine These zu der für die Hs.C ungewöhnlichen Positionierung der Leichgruppe gegen Ende eines Oeuvres ableiten. Schließen möchte ich das Leich-Kapitel mit einem Exkurs, in dem die Sonderstellung der Hs.C innerhalb der mittelhochdeutschen Leichüberlieferung sowie die besonderen Merkmale der Leichüberlieferung in C dargelegt werden sollen; die Leichüberlieferung außerhalb von C wird dabei als Folie zum Vergleich mitherangezogen, um deren Besonderheiten in C besser beurteilen zu können. Ziel des Exkurses ist es, über die Frage nach der Bedeutung der Leichs die Gesamtkonzeption der Handschrift mit ins Blickfeld zu rücken und das Hadlaub-Oeuvre in diesem Kontext zu situieren.

1. Zur Gattungsdifferenz Minnelied - Leich

Die ertragreiche und differenzierte Untersuchung Hermann Apfelböcks zum deutschen Leich[1] bildet die Grundlage der folgenden Ausführungen, denn sie bemüht sich in Absetzung von den beiden die Diskussion um den Leich bisher bestimmenden Arbeiten Hugo Kuhns und Karl Bertaus[2] um den Nachweis einer eigenständigen Gattungstradition. Verweisen möchte ich in dieser Hinsicht gesondert auf das knappe, die wesentlichen Positionen der Forschung im einzelnen rekapitulierende Einleitungskapitel Apfelböcks - ein entsprechender Überblick kann hier entfallen - und auf das Leich-Kapitel der Dissertation Gabriela Paules zum Tannhäuser, die sich bei ihrer Abgrenzung der Gattung bereits mit Apfelböcks Arbeit auseinandersetzt[3]. Im folgenden beschränke ich mich deshalb - aufbauend auf eine kurze Skizze der allgemein in der Forschung anerkannten Gattungsmerkmale des Leichs - auf die Ergebnisse Apfelböcks, die für die anschließende Interpretation der Hadlaub-Leichs folgenreich sind.
Der Leich ist in der Forschung besonders über seine formale Gestalt definiert und klar vom Lied abgegrenzt worden. Als vorherrschendes Merkmal kennzeichnet ihn nach der Beschreibung Hugo Kuhns "[...] im Gegensatz zum Strophenlied, eine längere Abfolge formverschiedener Teile ("Versikel": A B C D ...), wobei die meisten Versikel einmal oder mehrmals wiederholt werden ("fortschreitende Repetition": AA BB CC DD ... usw.)"[4]. Die Versikel, so Kuhn weiter, unterscheiden sich metrisch, musikalisch und - sofern nicht zu einem Doppelversikel zusammengebunden - reimtechnisch voneinander. Durch die teilweise leicht variierende Wiederholung dieser verschiedenen Bauelemente können Großgruppen ent-

1 Hermann Apfelböck, Tradition und Gattungsbewußtsein im deutschen Leich. Ein Beitrag zur Gattungsgeschichte mittelalterlicher musikalischer "discordia", Tübingen 1991 (Hermea; N.F., Bd. 62).

2 Hugo Kuhn, Minnesangs Wende, Tübingen, 2. Aufl. 1967; Karl Bertau, Sangverslyrik. Über Gestalt und Geschichtlichkeit mittelhochdeutscher Lyrik am Beispiel des Leichs, Göttingen 1964 (Palaestra, Bd. 240).

3 H. Apfelböck, Leich, S. 3-12; G. Paule, Der Tanhûser, S. 130-143.

4 H. Kuhn, Art. Leich, in: RL, Bd. 2, Berlin 1965, S. 39-42, hier S. 40.

stehen, so daß die Folge der Versikel jeweils einen komplexen Bauplan erkennen läßt. Hugo Kuhn hat in "Minnesangs Wende" verschiedene Bautypen formal zu differenzieren versucht und ist dabei einer möglichen Verwandtschaft des mittelhochdeutschen Leichs mit der lateinischen Sequenz bzw. dem französischen und provencalischen Lai und der französischen und englischen Estampie nachgegangen.[5] Karl Bertau, der sich aus der Überzeugung, daß es sich beim Leich um ein primär musikalisches Phänomen handelt, auf die Untersuchung der mit Melodien überlieferten Leichs konzentriert, rät unter der Prämisse, daß die Musik das entscheidende Formmoment darstellt, zum Verzicht auf metrische Formschemata bei jenen Leichs, deren Melodie nicht überliefert ist. Er isoliert selbst musikalische Formtypen[6] und weist hierbei ebenfalls auf den formalen Zusammenhang von Leich und mittellateinischer Sequenz hin.

Der komplexen musikalischen Form des Leichs ist kein bestimmtes Thema vorbehalten: Der Leich bietet Platz für die verschiedensten Inhalte religiöser und weltlicher Art, wie sie aus Minnesang und Sangspruch bekannt sind[7]. Die einzelnen Themen wie Minne, Tanz, Fürstenlob, Kreuzzug, Marienpreis u.a. lassen sich den von Kuhn über den Vergleich zu Sequenz, Lai und Estampie identifizierten formalen Typen nicht zuordnen: "Die verschiedenen Inhalte greifen vielmehr über die Formtypen hinweg ohne erkennbare Bindung des einen zum andern."[8]

Das Phänomen, daß von den heute bekannten mittelhochdeutschen Leichs nahezu dreiviertel das Minnethema aufgreifen[9], könnte ein durch die Überlieferung verfälschter Befund sein, denn die meisten Leichs werden im Kontext der Minnesangüberlieferung - vorwiegend in C[10] - aufgezeichnet, die sich naturgemäß auf den Minneleich konzentriert. Es rechtfertigt die Gattungszuordnung Kuhns, der u.a. aufgrund der Überlieferungslage den Leich als "Sondertyp im Minnesang" klassifiziert[11], nicht.

---

5 H. Kuhn, Minnesangs Wende, bes. S. 140 ff.

6 K. Bertau, Sangverslyrik, S. 130 f.

7 H. Kuhn, Art. Leich, S. 41 f.

8 H. Kuhn, ebenda, S. 42.

9 s. die 'Übersicht zum Korpus mittelhochdeutscher Leichdichtung' in H. Apfelböck, Leich, S. 137-141.

10 s. dazu den anschließenden Exkurs zur Sonderstellung der Hs.C innerhalb der Leichüberlieferung.

11 H. Kuhn, Gattungsprobleme der mittelhochdeutschen Literatur, in: ders., Dich-

Bereits die Tatsache, daß der Leich von Beginn an - der erste, im übrigen nicht im Minnesangkontext überlieferte Leich ist der Kreuzzugsleich Heinrichs von Rugge - für viele verschiedene Themengebiete offen ist und das Minnethema nur eines unter anderen darstellt, zeigt, daß das Thema hoher Minne im Leich anders als in der Kanzone präsentiert werden muß und nicht entsprechend strukturell eingebunden sein kann. Hier schließe ich mich der Ansicht Gabriela Paules an, die den Leich aufgrund dieses strukturellen Unterschieds in Absetzung von Kuhn nicht als Typ der Gattung Minnesang, sondern als eigenständige Gattung bestimmt.[12]

Qualifiziert man den Leich als eigene Gattung, drängt sich im Hinblick darauf, daß die meisten Leichs im Kontext des Minnesangs belegt sind, die Frage auf, welche Funktion der Leich nun gerade im Repertoire des Minnesängers erfüllt. Sie ist in der Forschung auch aufgrund einer bisher fehlenden, über die formalen Analysen Kuhns und Bertaus hinausgehenden Gattungsbeschreibung nur sehr allgemein beantwortet worden. Ingeborg Glier sieht den späten Minneleich im Kontext einer sich am Ende des 13. und während des 14. Jahrhunderts über alle Gattungsgrenzen hinweg manifestierenden "Meisterkunst".[13] Gerhard Hahn deutet in seiner subtilen, der Interpretationsskizze zu Walthers Leich vorangestellten Beschreibung des Leichs eine ähnliche Funktion an: "Er [der Leich] faßt sowohl weltliche wie geistliche Inhalte und bringt deren Rang zur Geltung. In der Bewältigung dieser Groß- und Prunkform stellt zugleich der Autor sein Können unter Beweis, besonders seine musikalisch-metrisch-reimtechnischen Fähigkeiten, aber auch seine Stoffbeherrschung. Der Leich tritt uns entsprechend als Glanzstück im Repertoire besonders der beruflichen Sänger des 13. Jh. entgegen (wie des Tannhäusers, Konrads von Würzburg) und steht in der Überlieferung meist an erster Stelle."[14]

Die kürzlich erschienene Arbeit von Hermann Apfelböck hat den Leich klar als eigene Gattung profiliert und kann auf dieser Basis die Zuordnung von Minnelied und Leich im Repertoire der Sänger sowie in der

---

tung und Welt im Mittelalter, Stuttgart 1959, S. 41-61, hier S. 47.

12 G. Paule, Der Tanhûser, S. 133.

13 Ingeborg Glier, Der Minneleich im späten 13. Jahrhundert, in: H. Fromm (Hg.), Der deutsche Minnesang. Aufsätze zu seiner Erforschung, Bd. 2, Darmstadt 1985 (WdF, Bd. 608), S. 433-457, hier S. 457.

14 G. Hahn, Walther, S. 130.

handschriftlichen Überlieferung der Autoren problematisieren. Apfelböck greift die - zuletzt von Gerhard Hahn[15] und Olive Sayce[16] als Forschungsdesiderat ausgewiesene - Frage nach der Entstehung des Leichs auf und setzt sich dabei deutlich von Kuhn und Bertau ab, die mit ihrer Erklärung des Leichs durch verwandte, nicht der deutschen volkssprachlichen Tradition entstammende Formen wie Sequenz, Lai und Estampie dem mittelhochdeutschen Leich eine eigenständige Gattungsentwicklung absprechen.[17] Ausgehend von der These, daß, wenn der Terminus *leich* als Überbegriff für verschiedene Formtypen von Unstrophigkeit fungieren kann, eine selbständige Leichtradition vor der Ausbildung der Subtypen in mittelhochdeutscher Zeit anzunehmen ist [S. 13], untersucht Apfelböck zunächst die Etymologie und Semantik von *leich*. Gattungsgeschichtliche Konsequenzen besitzt besonders die Existenz des althochdeutschen Begriffs, weil sie, so Apfelböck, Anknüpfungspunkt für eine eigenständige Gattungsentwicklung des Leichs sein kann [S. 34 f.]. Bei der Auswertung von *leih*-Komposita mit nicht-musikalischer Bedeutung, von denen fast alle "Bewegung, Spiel, Kampf, Fest" [S. 35] als Bedeutungskern besitzen, erweisen sich die Komposita *hileih* (Ehe) und *rangleih* (Ringkampf) als besonders ergiebig für eine Präzisierung des Begriffs: "Unter der mir zwingend erscheinenden Voraussetzung, daß 'Ringkampf' nur als Zweikampf realisierbar sei, gehören zu dem Vorgang, der in beiden Wortbildungen als 'Leich' begriffen wird, offenbar zwei eindeutig unterschiedene Faktoren, die in einem ganz spezifischen Handlungsverhältnis genau ihre wesentliche Differenz korrelieren (hier: Körperkraft, Geschlecht). Beide Komposita enthalten also völlig übereinstimmend ein semantisches Merkmal, das ich vorläufig als 'discordia ficta' umschreiben möchte: 'discordia' als Kennzeichnung der äußeren Gegensätzlichkeit, des Dualitätsbeweises sogar, 'ficta' hingegen für die Tatsache, daß 'discordia' a priori die anerkannte Spielregel darstellt und dadurch der Gegensatz in einem logisch-begrifflichen Dualitäts-Prinzip auf-

---

15 ebenda.

16 Olive Sayce, The religious and secular leich, in: dies., The medieval german lyric 1150-1300. The development of its themes and forms in their European context, Oxford 1982, S. 346 ff.

17 H. Apfelböck, Leich, S. 11 f. Die folgenden Seitenangaben im fortlaufenden Text beziehen sich sämtlich auf die Dissertation von Apfelböck.

gehoben wird. Die Erfüllung eines regelhaften 'discordia'-Prinzips ist nicht mehr selbst 'discordia', sondern e i n e koordinierte Handlung." [S. 36 f.] Bereits aus den Komposita mit nicht-musikalischer Bedeutung läßt sich folglich für den althochdeutschen Leich eine 'discordia'-Struktur als "geordnete Gegensätzlichkeit" ableiten und so eine Verbindung zum späteren mittelhochdeutschen Leich, den die formale 'discordia' der unstrophischen Reihe charakterisiert, konstatieren [S. 37].

Bei der anschließenden Untersuchung des *leih*-Begriffs in althochdeutschen Glossen sowie in alt- und frühmittelhochdeutschen Texten kommt Apfelböck zu dem Ergebnis, daß das Althochdeutsche das semantische Merkmal 'discordia' und den Begriff *leih* konsequent auf ein musikalisches Phänomen überträgt [S. 75]. Die von Apfelböck an Einzelfällen entwickelten Deutungen von *leih* als "Vielheit in der Einheit" und "Gruppengesang mit *doene*-Vielfalt und dennoch verbindender Struktur" [beides S. 45], als - durch den Bezug auf Orpheus' Gesang gekennzeichneter - "Inbegriff musikalischer Ausdrucksmöglichkeiten" [S. 52], als "Sinnbild für die integrierende Relation verschiedenartiger Mengen" [S. 55], als formale Opposition zu ahd. *liod*, das "denotativ strophisch repetitierende Gesangsformen vertritt" [S. 57], seien zur Charakterisierung dieses musikalischen Phänomens hervorgehoben. Am Beispiel der Begriffsverwendung von Notkers Glossator zu Psalm 67,1 legt Apfelböck dar, daß die Existenz einer so frühen, bis ins Althochdeutsche zurückreichenden Leichtradition eine Abgrenzung zur mittellateinischen Sequenz ermöglicht, welche die bisherigen Forschungsergebnisse auf den Kopf stellt: "Der deutsche Begriff definiert sich nämlich danach als übergeordnete Formbezeichnung, während *sequentia* stets und eindeutig nur den Teilbereich der liturgischen Funktion jenes Formbegriffs 'discordia ficta' vertritt: Die Sequenz ist ein liturgischer Leich!" [S. 59] Eine ähnliche Priorität des deutschen Begriffs läßt sich auch für lateinische, unter dem Titel *modus* überlieferte, unstrophische Formen belegen ("lateinische Leiche" [S. 68]). Die Überlieferung verzerrt hier, so Apfelböck, das Bild: Erst durch die Übertragung ins Lateinische wird der volkssprachliche Leich literaturwürdig. Apfelböck schließt seine Ausführungen zum althochdeutschen Leich mit der These, daß sogar gegenüber dem altfranzösischen bzw. provencalischen Namen *lai(s)* das althochdeutsche Wort *leih* der gebende Teil zu sein scheint [S. 76].

Aus dem Nachweis einer althochdeutschen Gattungstradition ergeben sich für den mittelhochdeutschen Leich eine ganze Reihe von Konsequenzen, die Apfelböck im zweiten Teil seiner Arbeit ausführlich am Einzelbeispiel belegt. Die wichtigsten möchte ich kurz zusammenfassen:
Der mittelhochdeutsche Leich fußt auf einer eigenständigen, weltlichen, volkssprachlichen Gattungstradition [S. 96]. Die Erklärungsmodelle, die seine Herkunft auf romanische Importe oder auf eine Übertragung aus dem lateinischen Sprach- und Kulturbereich zurückverfolgen, lassen sich aufgrund der Fülle der von Apfelböck angeführten Belege nicht aufrecht erhalten. Das Problem, daß der volkssprachliche althochdeutsche Leich handschriftlich nicht überliefert ist und daß auch der frühe mittelhochdeutsche Leich - als Beispiel führt Apfelböck die bezeugten, aber nicht erhaltenen Leichs Friedrichs von Hausen und Hartmanns von Aue an - der Aufzeichnung nicht für wert gehalten wird, sieht Apfelböck als für die Gattung typisches Merkmal an: Es zeigt ihre unmittelbare Gebundenheit an einen "unterliterarischen Unterhaltungsbetrieb" [S. 136]. Die Schwierigkeiten, die komplexe Form des Leichs in die Schriftlichkeit zu projizieren - formale Veränderung und Repetition können innerhalb eines Textkontinuums nicht gekennzeichnet werden -, sprechen für sein Fixiert-sein an die Praxis der Aufführung: Im schriftlichen Medium konnte sich der Leich längerfristig nicht etablieren [S. 122 f.].
Der in der Überlieferung erkennbare Vorbehalt gegenüber dem Leich ist möglicherweise in seiner Herkunft begründet: Die mittelhochdeutschen Aussagen über *leich* bringen den Begriff häufig mit Gesang, Tanz und Instrumentalmusik in Verbindung [S. 118]. Bereits in der althochdeutschen Begriffsverwendung läßt sich die Zuordnung des vorhöfischen Leich zum Stand der Spielleute und Fahrenden belegen [S. 64]. Besonders aufschlußreich für eine entsprechende Kontinuität zwischen dem Alt- und Mittelhochdeutschen ist Apfelböcks Auswertung einer Textstelle aus dem 'König Rother': "Der Beleg führt zu einer der Paradoxien, die der Gattung anhaftet und auch im späten Minnesang in unterschiedlicher Transparenz diskutiert wird: In formaler Hinsicht gestattet 'discordia' äußerste, jede zufällige Kongruenz ausschließende Individualisierung, während sie in soziologischer Hinsicht durch die überaus häufig bezeugte Assoziation des 'Spielmännischen' weitgehend anonymisiert ist." [S. 65] Die "Assoziation des Spielmännischen" verliert der Leich, wie viele Belege

zeigen, auch in mittelhochdeutscher Zeit nicht. Umso erklärungsbedürftiger ist sein Eindringen in die exklusiv höfische Gattung Minnesang und deren individualisierte Aufführungssituation [S. 182]. Eindimensionale Lösungen verbietet dabei die für den Leich charakteristische Vielfalt, die sich nach Apfelböck gerade wegen der ausbleibenden schriftlichen Fixierung erhalten konnte [S. 96]. Bis ins Althochdeutsche zurückzuführen sind allerdings zwei unterschiedliche Traditionen - von Apfelböck als *planctus*- und *chorus*-Funktion charakterisiert -, deren Weiterwirken sich im Minnesang fassen läßt [S. 119]. Die Offenheit der Form ermöglicht prinzipiell eine sehr unterschiedliche Vereinnahmung durch die jeweiligen Autoren, die sich zwischen einer parodierenden Tendenz, einem bewußten Spiel mit unhöfischen Elementen, und ernstzunehmenden Integrationsversuchen bewegen kann [S. 181 f.]. Konstitutiv für die Gattungsentwicklung ist dabei die zunehmende Verfestigung der offenen Form, so daß am Ende der Leich als "statische Norm, deren Erfüllung mit objektiven, definierten Regeln zu leisten ist" [S. 100] erscheint. Verantwortlich dafür ist nach Apfelböck vor allem der veränderte Status des Vortragenden: "Der Berufsmusiker muß sich - mehr als der frühere Dilettant, institutionelle Hofsänger und multifunktionale Unterhaltungskünstler - durch objektive Formen beweisen." [S. 101] Attraktiv war der Leich, so Apfelböcks Fazit, auf jeden Fall wegen seiner komplexen musikalischen Ausdrucksmöglichkeiten und der dadurch möglichen Profilierung des Sängers, die eine "individuelle Spezialisierung gegenüber dem Konkurrenten" [S. 180] zuläßt.
Mit dem Nachweis einer eigenständigen Gattungstradition des Leichs besteht erstmals ein konkreter Bezugsrahmen, innerhalb dessen sich das Zusammenspiel von Leich und Minnesang beschreiben läßt. Die Frage nach der spezifischen Leistung des Leichs im Repertoire der Minnesänger hat Apfelböck - dem Rahmen seiner Untersuchung entsprechend - nur sehr allgemein beantwortet und sie den Einzeluntersuchungen zu den jeweiligen Autoren überlassen. Bevor ich jedoch zur Interpretation der Hadlaub-Leichs übergehe, möchte ich typische, den Leich als Gattung auszeichnende Inszenierungsmöglichkeiten konkreter fassen, denn bei aller Offenheit der Form verfügt auch der Leich nur über ein bestimmtes Set entsprechender Möglichkeiten. Hier erweist sich allerdings die konstatierte Offenheit des Leichs als Crux, denn diese Möglichkeiten können

von Autor zu Autor in ganz verschiedenem Maße realisiert werden. So ist der von Gabriela Paule eingeschlagene Weg, mit Blick auf die Tannhäuser-Leichs das dort konstitutive Element des Tanzes als spezifische Inszenierungsform herauszuarbeiten[18], in Bezug auf die Hadlaub-Leichs, in denen der Tanz nur einmal am Rande erwähnt wird, wenig ergiebig. Als angemessenen gattungsspezifischen Zugang zu den Hadlaub-Leichs möchte ich stattdessen auf das Phänomen der in vielen Texten eingebauten "'ansagenden' Wendungen", die Kuhn besonders hervorhebt und als für den Leich typisch qualifiziert[19], die Apfelböck dagegen als Elemente "szenischer Darstellung" nur kurz erwähnt[20], ausführlicher eingehen, um aus dieser Perspektive die Leistung der Gattung Leich etwas konkreter zu bestimmen zu versuchen.

Am Beispiel der Winterstetten- und Tannhäuser-Leichs hat Kuhn herausgearbeitet, daß der Text des Leichs "Formansagen" enthalten kann - Textstellen, die sich unmittelbar auf den Gesamtbauplan beziehen und so "bewußte Gliederungsabsichten" signalisieren[21]. Neben Aufrufen an das Publikum - bevorzugt *nemt war* und *seht* - fällt besonders die "Endbezeichnung" bzw. "Schluß-Ansage"[22] auf. Die Akzentuierung des Endes findet sich in vielen Leichs, wobei sich verschiedene Arten dieser Textierung der Form unterschieden lassen: die explizite Bezeichnung des Schlusses mit dem Terminus *ende*, der - vorwiegend beim Tannhäuser und bei Winterstetten - belegte Schlußruf *heia hei* u.ä., im geistlichen Leich das entsprechende Schlußwort *amen* (z.B. in Frauenlobs Kreuzleich oder bei Herman Damen) oder auch die meist durch den Wechsel zum Präteritum angezeigte Rückschau auf den Leich als Ganzes, die mit einer Autornennung gekoppelt sein kann:

Der tumbe man von Rugge hât
gegeben disen wîsen rât. (Heinrich von Rugge, MF 99,21 f.)

Ich enwás niht saelden lôs,
dô ich si mir erkôs
in disem ûz erkornen dôn

18 G. Paule, Der Tanhûser, S. 138-143.
19 H. Kuhn, Gattungsprobleme, S. 47.
20 H. Apfelböck, Leich, S. 180.
21 H. Kuhn, Minnesangs Wende, S. 109.
22 ebenda, S. 108; ders., Art. Leich, S. 42.

ûf guoten rîche schoenen lôn. (Ulrich von Gutenburg, MF 77,24-28)

disen tanz hât iu gesungen
Cuonze dâ von Wirzeburc:
wünschent daz von sîner zungen
niemer rîm gefliege lurc! (Konrad von Würzburg, V. 135-138)[23]

sus lêret Herman der Dâmen.
âmen, âmen, âmen. (Herman Damen, V. 193 f.)[24]

Die textlichen Formansagen strukturieren den Leich nicht in thematischer Hinsicht: Formaler Bauplan und thematische Gliederung entsprechen einander kaum.[25] Doch durch die Ansagen im Text werden Form und Inhalt aneinandergebunden. Kuhn weist auf ähnliche Praktiken in der mittellateinischen Sequenz hin, in der "[...] der Inhalt vielfach durch 'Ansage'-Worte an der Formstruktur teilnimmt, [...]"[26]. An dieser losen Verbindung von Form und Inhalt durch ansagende Wendungen läßt sich der strukturelle und damit gattungskonstitutive Unterschied zwischen Leich und Minnelied fassen. Der Minneleich greift zwar viele aus der Tradition des Minnesangs bekannte Elemente wie Frauenpreis, Minneklage, Lohnforderung, Dienstversicherung u.ä. auf, aber er entfaltet diese nicht im Rahmen einer die Paradoxie hoher Minne immer von neuem reflektierenden Argumentationsfolge aus der Position des betroffenen Ichs, sondern reiht sie eher assoziativ aneinander. Der in der Manessischen Handschrift ausschließlich durch ein Leichoeuvre als 'Experte' ausgewiesene Autor Der von Gliers bringt in seiner berühmten Replik auf die Tradition des deutschen Leichs ein für viele Leichs konstitutives Verfahren, wie ich meine, auf den Punkt:

---

23 zit. nach Edward Schröder (Hg.), Kleinere Dichtungen Konrads von Würzburg, Bd. III: Die Klage der Kunst. Leiche, Lieder und Sprüche, Dublin - Zürich, 3. Aufl. 1967, S. 19.

24 zit. nach Paul Schlupkoten (Hg.), Herman Dâmen. Untersuchung und Neuausgabe seiner Gedichte, Breslau 1913, S. 34.

25 H. Kuhn, Minnesangs Wende, S. 107. Zu ähnlichen Ergebnissen kommt K. Bertau am Beispiel des IV. Tannhäuser-Leichs, s. ders., Sangverslyrik, S. 167 f. Nach I. Glier lassen allerdings die späten Minneleichs das Bemühen erkennen, formale und thematische Gruppen strenger zu koordinieren, s. dies., Minneleich, S. 437.

26 H. Kuhn, Minnesangs Wende, S. 108, Anm. 15.

Lebte der von Guotenburc,
von Turn, von Rugge Heinrich,
von Ouwe und der von Rôtenburc,
dâ bî von Hûsen Friderich:
die enkunden ûf ir eit
gezellen niht ir sælekeit,
die doch mîn frouwe alleine treit.
Daz wân alse guote man,
daz man an leichen ir genôz
niemermêr gevinden kan:
ir kunst was âne mâze grôz.
doch enkundens alle niht
mîn frouwen lobes hân beriht,
von der ze sprechen mir geschiht. (KLD, V. 110-120)

Der Terminus *gezellen* beschreibt den additiven Aufbau des Leichs: Einzelne thematische Komplexe werden ohne durchgehende Argumentation lose aneinander montiert, so daß das gewählte Thema aus verschiedenen Perspektiven schlaglichtartig in einzelnen Facetten präsentiert werden kann. Umgekehrt ist damit auch die Möglichkeit gegeben, das Thema in seiner Komplexität vorzuführen und es umfassend darzustellen - die im religiösen Leich Reinmars von Zweter belegte Wendung *dîn lop durchreichen*[27] verdeutlicht dies exemplarisch. Dabei gehört der Hinweis auf die Unmöglichkeit, den Wert des gewählten Gegenstandes - hier der *frouwe* - vollständig zu erfassen, zur Topik des Leichs. Im Gegensatz zum Minnelied wirkt sich im Leich diese Einsicht allerdings nicht destruktiv auf das Ich aus. Denn im paradoxen Strukturmodell der hohen Minne muß der Wert der Dame permanent aus der Ich-Perspektive bestätigt werden, obgleich das Ich diesen Wert real nicht erfahren kann - der Preis der Dame ist objektiv für die Gesellschaft zu leisten, ohne daß das Ich an der damit vermittelten *fröide* selbst teilnehmen kann. Im Leich weist dagegen die Darstellungsgebärde, mit der die textlichen Formansagen immer wieder den metrisch-musikalischen Bauplan in den Blick rücken und die von Kuhn reklamierte Teilhabe des Inhalts an der Form versichern, der Form selbst eine eigenständige, objektivierende Funktion zu: Die kunstvoll gebaute Form, die den Gegenstand umgibt, stellt seinen Wert zur Schau. Der objektive Rang der Form garantiert so den Rang des in ihr einge-

27 Die Gedichte Reinmars von Zweter, hg. v. Gustav Roethe, Leipzig 1887, S. 404, V. 86.

schlossenen Gegenstandes. Der Leichdichter verfügt damit im Gegensatz zum Minnesänger über die Möglichkeit der Objektivierung und besitzt so in der Aufführungssituation die Gelegenheit, *fröide* ungebrochen inszenieren zu können. Damit bieten sich dem Leich andere Inszenierungsmöglichkeiten als dem Minnelied. Das sublime Spiel mit dem Terminus *ende*, der sich im Leich auf den formalen Gesamtbauplan bezieht, im Modell der hohen Minne zugleich aber Terminus technicus für den noch ausstehenden Lohn ist, soll hier nur als ein Beispiel angeführt werden. Welche Konsequenzen die gelockerte strukturelle Bindung des Minnethemas für die Ich-Position im einzelnen hat und welche Ansatzpunkte für die Entwicklung eines eigenständigen Autorkonzepts sie bietet, wird die Interpretation der Hadlaub-Leichs zeigen.

2. Die Ich-Aussage der Leichs C49-C51

Sowohl Hugo Kuhn als auch Hermann Apfelböck heben die schematische Bauform und die dadurch erreichte Überschaubarkeit der Hadlaub-Leichs hervor. Die wichtigsten formalen Merkmale möchte ich kurz nennen.

Alle drei Leichs bestehen aus Doppelversikeln, wobei Kuhn die Unterteilung in Zweiergruppen als einheitliches Gliederungsprinzip erkennt und jeweils folgenden Bauplan festlegt:

AA A1A1 AA A2A2 BB A2A2 B1B1 A2A2 B1B1 A2A2 B1B1 A2A2 (Leich I)

AA BB CC BB C1C1 BB DD BB DD BB (Leich II)

AA BB CC BB A1A1 BB C1C1 BB (Leich III)[1]

Apfelböck vereinfacht dieses Prinzip noch weiter: Er sieht die verschiedenen Melodieeinheiten A B C usw. jeweils durch einen musikalischen Refrain R verbunden, so daß sich als - für die einzelnen Leichs unter Einbezug der Wiederholungen wohl leicht zu variierender - Grundriß AA RR BB RR CC RR usw. ergibt.[2] Die einzige Abweichung von diesem Prinzip - in Leich I unterscheidet sich nach Kuhn das 2. Doppelversikel A1A1 geringfügig von den identischen, als A2A2 gekennzeichneten 4., 6., 8., 10. und 12. Doppelversikeln - kann vor dem Hintergrund der zu den Hadlaub-Leichs fehlenden Melodieüberlieferung, die eine genaue musikalische Differenzierung sowieso nicht zuläßt, vernachlässigt werden.[3] Deutlich ist auf jeden Fall die Tendenz zum Strophischen: Über die Gliederung durch einen festen Refrain kommt innerhalb des eigentlich durch Versikel als formverschiedene Einheiten definierten Leichs "ein rationales, gleichsam strophisches Element" zum Tragen.[4] Diesem metrisch-mu-

---

1 Die formale Beschreibung der Hadlaub-Leichs findet sich bei H. Kuhn, Minnesangs Wende, S. 125 f.

2 H. Apfelböck, Leich, S. 111.

3 s. dazu auch die wiederum leicht voneinander abweichenden Baupläne bei H. Lang, Johannes Hadlaub, S. 87 f., u. R. Leppin, Der Minnesinger Johannes Hadlaub, S. 124-128.

4 vgl. H. Apfelböck, Leich, S. 158, zur Entwicklung des Leichs im späten 13. Jahr-

sikalischem Schematismus stehen reiche Reimkünste gegenüber, die den Text streckenweise nur noch als Reimträger erscheinen lassen.[5] Beides - schematischer Aufbau und inflationäre Verwendung des Reims - ist für die Spätphase der Gattungsentwicklung charakteristisch. In formaler Hinsicht bestätigen die Hadlaub-Leichs so die von Apfelböck für das späte 13. Jahrhundert reklamierte Tendenz zur "objektiven Form", die dem spätmittelalterlichen Berufsmusiker zum Beweis seines Könnens gedient haben könnte.[6]

Auch die Folge der drei Leichs verrät ein rationales Konstruktionsprinzip: Während Leich I insgesamt sechs Zweiergruppen - Melodieeinheit plus Refrain - umfaßt, finden sich in Leich II nurmehr fünf und in Leich III nurmehr vier davon. Damit deutet sich auf formaler Ebene ein Zusammenhang der drei Leichs an, der auf der thematischen weiterverfolgt werden soll.

In ihrer die Texte in den Mittelpunkt stellenden und den formalen Bauplan vernachlässigenden Untersuchung zum späten Minneleich hat Ingeborg Glier die drei Hadlaub-Leichs als "Thema mit Variationen" beschrieben - gekennzeichnet durch eine lose Aneinanderreihung von aus dem Minnesang bekannten Topoi sowie durch ein assoziatives Fortschreiten des Gedankengangs mit vielen Wiederholungen.[7] Es fänden sich jedoch Ansatzpunkte zu einer thematischen Abgrenzung der einzelnen Leichs: Besonders Leich III hebt sich als "Minneklage konventionellerer Art"[8] von den ersten beiden Leichs ab. In Leich I und II spricht Hadlaub dagegen, so Glier, nicht aus der Position des minnenden Ichs auf die eine auserwählte Minnedame bezogen, sondern faßt das Minnethema sehr allgemein: "Er preist, mahnt, beschreibt gleichsam aus einer objektiven Distanz, [...]"[9] - eine Sprechweise, die nach Glier im Minneleich ungewöhnlich ist und eher der höfischen Didaktik der Zeit gleicht. An diese Beobachtungen Gliers, die in Bezug auf den Sprachduktus ebenfalls eine Tendenz zur Objektivierung konstatiert, möchte ich anknüpfen und in

---

hundert.

5 ebenda, S. 144 und 164; H. Kuhn, Minnesangs Wende, S. 128.

6 H. Apfelböck, Leich, S. 101.

7 I. Glier, Minneleich, S. 438.

8 ebenda, S. 437.

9 ebenda, S. 438.

der anschließenden Interpretation die von ihr noch recht vage beschriebenen unterschiedlichen Ebenen der Ich-Aussage konkreter fassen, um am Ende deren Funktion für die Ausbildung der Autorrolle bestimmen zu können. Dabei orientiere ich mich an der von der Handschrift vorgegebenen Folge der Leichs, da mit ihr, wie sich zeigen wird, ein Bedeutungsaufbau verbunden ist.

Wie in den beiden anderen Leichs so gibt auch in Leich I (C49) das 1. Doppelversikel das Thema vor:

Swem sîn muot stêt ûf minne gar,
und der getar dik frowen guot
den muot getuon wol bî,
und sî daz wol enpfâhent,
dem nâhint süezziu heil,
des wirt sîn muot so geil.

So wol tuot im, swanne er dar kumt,
ob ez in frumt doch anders nicht,
wan gesicht an schoene wîb.
sîn lîb froet sich ir wunnen:
die kunnen geben heil
und fröiden vollen teil. (V. 1-12)

Die den diesseitigen und jenseitigen Bereich umfassende Heilswirkung der Minne wird als Prämisse formuliert: Die einleitende *swem-dem*-Konstruktion, der sentenzhafte Duktus der Rede, schließlich die allgemeine Gegenüberstellung des Kollektivs *frowen* als Trägerinnen des Minneheils und der in der 3. Person eingeführten, exemplarischen Figur des Minnenden signalisieren die uneingeschränkte Geltung der Aussage. Der Wert *frowen* wird zu Beginn des Leichs als kollektiv verbindlich gesetzt. Erst am Anfang des 2. Doppelversikels bringt sich das Ich ins Spiel: *Ich wæne, daz* ... (V. 13). Es bezieht sich auf den im 1. Doppelversikel objektiv etablierten Minnewert mit einer bestätigenden Geste. Diese Inszenierungsgeste ist charakteristisch für Leich I: Das Minnethema wird aus einer objektivierenden Distanz präsentiert.
Die folgenden Versikel führen das vorgegebene Thema in seinen einzelnen Aspekten aus: Die *frowen* verkörpern den höchsten innerweltlichen Wert in ethischer, ästhetischer, sozialer Hinsicht. Dieser Wert ist raumübergreifend und überzeitlich präsent. Der Mann kann sich über ver-

schiedene Stufen dem in den *frowen* verkörperten Heil annähern: über die Wahrnehmung (*mannes lîb wirt des gewar*, V. 27; *der kan recht wunne intstân*, V. 33), über die Verinnerlichung des Wahrnehmungsbildes (*und tougen inren sich / ir wunnen minnenklich*, V. 35 f.), über die Imagination (*sîn gidanke sîn in bî*, V. 39). Die Partizipation an dem in den *frowen* verkörperten Heil wird als Erkenntnisakt beschrieben, der die entsprechende Kompetenz erfordert - *der kan recht instân*. Die folgenden Verse ziehen das Resümee der Textpassage: *daz ûzirlesen guot / dike hoehet mannes muot* (V. 41 f.). In dem Attribut *ûzirlesen* kommt unmittelbar zum Ausdruck, daß der Wert des Gegenstandes definiert ist. Die Teilhabe an diesem Wert begründet ständische Identität.

Am Ende des 4. Doppelversikels wird eine neue Ebene der Aussage anvisiert: Dem definitorisch gesetzten Wert *frowen* steht *hôhez lob* zu (V. 48). *hôhez lob* ist Terminus technicus für Minnesang und weist auf die Notwendigkeit, den absoluten Rang der *frowen* adäquat zur Geltung zu bringen, d.h. im Medium eines Frauenpreises zu realisieren. Das anschließende Versikel vollzieht nun einen entsprechenden Frauenpreis, allerdings in dem für diesen Leich auch bisher charakteristischen Sprachduktus:

> *Diu welt hât nicht, daz sî*
> *so minnenklich*
> *und ouch da bî*
> *so tugenden rîch*
> *sam frowen guot.* (V. 49-53)

Ähnlich wie in Hadlaubs Liedern wird hier im Leich mit diesem allgemein gehaltenen Frauenpreis ein *lob* installiert, das die *frowen* als höchstes Gut der Welt preist - ohne in der für die Gattung Minnesang spezifischen Weise im Medium eines paradoxalen Minnediskurses den absoluten Status der Dame über deren Unerreichbarkeit für das minnende Ich zu inszenieren. Wiederum kann man an diesem absoluten Wert über einen Erkenntnisakt partizipieren, der jedoch nun literarisch definiert wird:

> *Daz durgât manigen man*
> *daz herze sîn,*
> *der kan entstân*
> *loblichen schîn,*
> *der sanfte tuot.* (V. 54-58)

Gefordert ist die Fähigkeit, *loblîchen schîn* zu erkennen, und damit eine dezidiert literarische Qualifikation.

Die bereits oben angesprochene gesellschaftliche Relevanz des in den *frowen* zur Erscheinung kommenden Werts führt das folgende Versikel genauer aus:

Swa man der welte prîs wil begân,
da muoz man schoene frowen hân:
da enist hof anders nicht.
und sicht man da schoene frowen,
da mag man schowen wol
den hof vil êren vol. (V. 59-64)

Das Thema des Leichs - Heil durch *schoene frowen* - wird in einen universalen Bezugsrahmen gestellt. Entsprechendes ist aus den Hadlaub-Liedern bereits bekannt: Der Topos der Zeitklage in C15 macht deutlich, daß der Zustand der Welt von der Geltung des Minnewerts abhängt, der Minnewert somit Indikator dieses Zustands ist. Ähnlich die ersten beiden Verse dieses Versikels: Nur dort läßt sich der - literarisch nicht weiter spezifizierte - Preis einer Gesellschaft[10] ins Werk setzen, wo *schoene frowen* präsent sind. Die anschließenden Verse beziehen die Aussage direkt auf den *hof*: Dort und nirgendwo anders kann sich *hof* manifestieren. Die Zusprache gesellschaftlichen Ansehens (*êre*) an den *hof* erfolgt aufgrund der Präsenz *schoener frowen*. *hof* konstituiert sich damit völlig unabhängig vom realen, mit politischen Funktionen ausgestatteten Hof. Eine ähnliche, allerdings auf einer anderen strukturellen Ebene ansetzende Definition von *hof* ist aus dem Manesse-Lied C3 geläufig: Die literarische Tätigkeit des Sammelns von *edelem sang* qualifiziert hier den 'Manesse-*hof*'. Gemeinsam ist beiden, Lied und Leich, daß die Wertzusprache an eine Gesellschaft nur dort erfolgen kann, wo sie sich am Wert von Minne bzw. Minnesang orientiert.

Dazu setzt sich aus einer ähnlichen Perspektive wie im 2. Doppelversikel das Ich in Bezug:

Ich bin wer, daz manig werder man
so gerne sicht frowen froede hân.
des maniger dar danne gât

10 Der mhd. Begriff *welt* umfaßt als Bedeutungskomponente neben "Zeitalter"und "Schöpfung" auch "Menschengeschlecht, Menschen, Leute", vgl. Mittelhochdeutsches Wörterbuch, Bd. 3, S. 577 ff.

und hât mit in vil wunnen,
wan frowen kunnen sô
gar hoflîch wesen frô. (V. 65-70)

Die Möglichkeiten des Leichdichters werden hier exemplarisch deutlich: Das Ich tritt in der Rolle des Gewährsmanns auf. Nicht aus der Position des Minne-Ichs, sondern aus der Authentizität verbürgenden Perspektive desjenigen, der aufgrund der eigenen Wahrnehmung die Gültigkeit der Aussage bezeugen kann, wird die Chance aufgerufen, an der von den *frowen* getragenen höfischen *fröide* teilzuhaben und sich so der eigenen höfischen Identität zu versichern. Das Aktionspotential der Ich-Rolle wird in den nächsten Versikeln weiter präzisiert. Das Ich präsentiert sich als Instanz, die den absoluten Wert der *frowen* durch alle Zeit - angezeigt über das Präteritum *in gesach nie* (V. 78) - bestätigen kann. Die unmittelbar folgende Berufung auf den eigenen *muot* (V. 79) signalisiert, daß es sich bei diesem Akt nicht um bloße optische Wahrnehmung - *sehen* - handelt, sondern daß er als Erkenntnisakt die entsprechende Disposition voraussetzt.

Wîb sint der welte ein gastunge baz
und ein geværde, danne allez, daz
got hât der welte verlân.
manig man muoz mir des jehen,
der rechte spehen kan:
wîb sint so lobesan.

Mich dunket, swer frowen gern nimt war,
daz der deste hovelîcher var,
daz er gevalle in wol.
daz sol nit sîn unvuoge.
ja suln wir kluoge sîn
dur schoene frowen fîn. (V. 81-92)

Der Status der *wîb* wird ambivalent bestimmt: Sie gelten zugleich als Zierde (*gastunge*) und Gefährdung (*geværde*). Diese Ambivalenz ist eigentlich typisch für die hohe Minnedame des Minnesangs, in der einerseits die höfischen Qualitäten ideal verkörpert sind, die andereseits ihren als unendlich definierten Wert nur solange wahren kann, wie sie nicht lohnt - und damit permanent Minneleid für das Ich bewirkt. Nun wird die für den Minnesang konstitutive Ambivalenz der Dame hier zwar zitiert, aber nicht innerhalb der das Modell hoher Minne kennzeichnenden Paradoxie entfaltet: die Rede ist von den Frauen als Kollektiv und nicht von der einen Minnedame; Bezugspunkt für ihre Eigenschaft, *gastunge* und *geværde* zugleich zu sein, ist die Schöpfung - alles, was Gott den Menschen überlassen hat, zeigt sich als von dieser spezifischen Ambivalenz geprägt und insbesondere gilt dies für die als höchstes Gut der Schöpfung ausgewiesenen *wîb*. Dem entspricht, daß bereits einige Verse weiter oben mit der ungewöhnlichen Bezeichnung *frucht* (V. 78) die *frowen* in den Kontext der Natur als Schöpfung gestellt worden sind. Offen bleibt noch die Funktion der so beschriebenen Ambivalenz: Während sie im paradoxen Modell der hohen Minne den Status der Dame als in ihrer Idealität zugleich verbindliche und unerreichbare Größe definiert und somit einen klar umrissenen Stellenwert besitzt, wirkt sie im Leich, der bisher einen eindeutig positiv und gerade nicht ambivalent gezeichneten Wert *guote wîb* präsentiert, zunächst als Fremdkörper. Aufschlußreich ist hier das Agieren des Ichs: Die an jedermann gerichtete Aufforderung, der permanent in Szene gesetzten These *wîb sint so lobesan* zuzustimmen, bringt das rechte Urteilsvermögen (*spehen*) als entsprechende Qualifikation ins Spiel. Weiter vermag das Ich zu bestätigen, daß derjenige, der sich den *frowen* zuwendet, ein höfischeres Verhalten an den Tag legt. Als Stellvertreter des Kollektivs (*wir*) ruft es schließlich mit einer geradezu beschwörenden Geste die Fähigkeit auf, um der schönen *frowen* willen Bescheid zu wissen (*kluoge sin*). Die den *frowen* als von Gott überlassenen Wert eingeschriebene Ambivalenz - *gastunge* und *geværde* - macht die Notwendigkeit, diesen Wert recht zu nutzen und über eine dementsprechende Qualifikation zu verfügen, überhaupt erst zum Thema. Das Ich definiert sich dementsprechend in der Rolle desjenigen, der Bescheid weiß, stellt dabei - wie der Wechsel zum kollektiven *wir* zeigt - einen Konsens mit dem Publikum her und spielt ihm so diese Rolle zu. Damit wird die Ebene markiert, auf der die Verständigung zwischen Leichdichter und Publikum hier läuft: das Erkennen des von Gott überlassenen, für alle verbindlich etablierten Werts *frowen* und die daraus resultierende Notwendigkeit des adäquaten Umgangs mit diesem Wert.

Die folgenden Doppelversikel setzen inhaltlich nur noch wenig neue Akzente und präsentieren stattdessen den auserwählten Gegenstand *guote wîb* in seinen verschiedensten Facetten schlaglichtartig immer wieder neu. Im 10. Doppelversikel kommt diese für den Leich spezifische Inszenierungsform am klarsten zum Ausdruck:

Uns mag der liechten bluomen schîn,
noch süezzer sang der vogellîn,
noch sumerliche bluot
so guot gedunken niemer
(den muot wir iemer hân),
sam frowen wolgitân.

Hin und her nemen wunnen war
und suochen durch diu lant so gar
nach der welte wunne hort:
nu dort und hie wir schowen
an schoenen frowen doch
die hôchsten wunne noch. (V. 103-114)

Das Ich agiert hier ausschließlich in der *wir*-Position: Es heischt nicht um Zustimmung, tritt dem Publikum nicht mehr als einzelner gegenüber, sondern präsentiert sich als eins mit dem Kollektiv. Die Möglichkeit, in das Kollektiv zurückzutreten, besitzt zwar auch das klassische Minnelied - insbesondere im Frauenpreis -, aber dort ist das Ich in der Rolle des Minnenden von der *swære* gekennzeichnet, in der es aufgrund der ausbleibenden Erhörung durch die Dame verharren muß und die es trotz seiner Qualifikation und der entsprechenden gesellschaftlichen Anerkennung als desintegriert gegenüber der Gesellschaft ausweist - die *fröide* der Gesellschaft bleibt immer an die *swære* des Ichs gebunden. Im Leich dagegen präsentiert sich das Ich als prinzipiell integriert, im Konsens mit dem Publikum, so daß seinen Aussagen von vorneherein kollektive Verbindlichkeit zukommt.

Es ist für Hadlaubs Leich I kennzeichnend, daß sein Gegenstand das Kollektiv *frowen* bleibt: Durchgehend ist die Rede von *schoenen frowen* als Garantinnen von *fröide*. Im 11. Doppelversikel wird den *frowen* dabei sogar eine ihrer Rolle im Minnesang fremde Aktivität - *singen* (V. 116) - zugewiesen, die auf leichspezifische kollektive *fröide*-Realisierung deutet. Die Minnekonstellation selbst wird nicht aufgebaut. Eine minnesangspezifische Kontur der Damenrolle deutet sich zwar in der im 8. Doppelversikel ausgeführten Ambivalenz der *wîb* an, steht jedoch hier in einem anderen Funktionszusammenhang: Es geht zunächst ganz allgemein um den rechten Umgang mit dem von Gott überlassenen Wert. Gefordert ist hierfür die Fähigkeit des Beurteilens. Die immer von neuem beschworene Notwendigkeit, den *schoenen frowen* angemessenes *lob* zukommen zu lassen, macht dabei den literarischen Bezug der Aussage offenkundig. Besonders hier operiert der Leich mit aus dem Minnesang bekannten Versatzstücken, wobei sich das Ich nicht in die entsprechende Position des Minnesängers begibt, so daß der sentenzhafte Sprachduktus durchgehend dominiert und aus dem Minnesang bekannte Topoi zitiert werden können, ohne daß sie ihre Wirkung strukturell entfalten. So betont das Ich beispielsweise mitten im 9. Doppelversikel im Rahmen eines sehr allgemein gehaltenen Frauenpreises die Unermeßlichkeit der in den *wîb* zur Geltung kommenden *schoene* und reflektiert dabei auch - deutlich im Klagegestus *wê* (V. 98) -, daß dieser Wert in seiner Unermeßlichkeit positiv nicht zu fassen ist. Daraus resultiert allerdings nicht wie im Minnesang ein Dilemma, sondern der Frauenpreis wird ohne weiteres Aufheben fortgesetzt: *lob* ist im Medium des Leichs fest etabliert und in seiner Gültigkeit unhinterfragbar.

Zu Beginn des 10. Doppelversikels werden Elemente sommerlicher Natur als Vergleichbasis für die in den Damen zur Erscheinung kommende *wunne* aufgezählt. Ende des 11. Doppelversikels wird die Aussage im Anschluß an ein unmittelbares Heilsversprechen für denjenigen, der *lob* realisiert, konkreter:

> *wîb sint lobelîche guot,*
> *des man si loben sol*
> *vürs meien zît.* (V. 122-124)

Hier wird ganz deutlich auf den zum Natureingang des Sommerlieds gehörenden Preis des Mai Bezug genommen und damit auf ein für die Gattung Minnesang spezifisches naturgesetzliches Argumentationsmuster. Der Preis des Mai soll durch das *lob* der *frowen* überboten werden - die *frowen* als höchstes Gut der Schöpfung übertreffen alle *fröide*-spendenden Güter der Natur und stehen so über dem Mai. Dies läßt sich als Replik auf eine in der Liedfolge in der Auseinandersetzung mit Steinmars Konzept entwickelte Position lesen - sie wird hier nicht weiter begründet. Ähnlich wie im 8. Doppelversikel, das mit dem Hinweis auf die Ambivalenz der *frowen* die Forderung des rechten Umgangs mit diesem von Gott überlassenen Wert aufstellt, wird hier das Postulat, den Wert der *frowen* literarisch angemessen zur Darstellung zu bringen, formuliert. Als notwendige Voraussetzung für rechtes *lob* ist die Fähigkeit des Beurteilens und Unterscheidens, Kennerschaft auf literarischer Ebene, aufgerufen - ohne daß an dieser Stelle bereits weiter qualifiziert wird, wie *lob* konkret auszusehen hat.

Ein konkreter minnesangspezifischer Zugriff auf das Thema *schoene frowen* findet sich am Ende des ersten Leichs:

> *Swer wol gewon schoener frowen sî,*
> *daz er in dik mag wesen bî*
> *mit fuoge - wol im, wol! -*
> *der sol frô sîn von schulden,*
> *ob er nach hulden kan*
> *gesîn ir dienestman.* (V. 131-136)

dienest wird als Lebensform dessen, der den in den *frowen* zur Geltung kommenden Wert richtig erkennt, ausgewiesen und damit das personale Minnedienstkonzept des Minnesangs in den Blick gerückt. So eröffnet Leich I am Ende eine Perspektive auf den zweiten Leich.

Leich II (C50) beginnt mit den programmatischen Versen:

> *Nieman vol- loben frowen kan,*
> *wan sî bî tugenden wonent alse schône:*
> *sælden krône sint ir ingesinde.*
>
> *Wol in, wol! iemer des wünsch ich.*
> *mich sol wol des muot ziehen in gemüete,*
> *dik ir güete ich so wol bevinde.* (V. 1-6)

Der Eingangsvers *Nieman volloben frowen kan* ruft ein Grundproblem der Gattung Minnesang auf: Der absolute Wert der Dame ist letztlich im Medium des *lobs* nicht zu erfassen - ihm sind keine literarischen Möglichkeiten adäquat. Hadlaubs Leich II zitiert hier einen Passus aus dem 'Frauendienst' Ulrichs von Lichtenstein fast wörtlich:

> *Man muoz mirs jehen, wan ez ist wâr,*
> *daz wîbes güete niemen gar*
> *volloben an ein ende mac.* (FD, Prolog 2,1-3)

In Ulrichs Prolog wird dieses Problem zum Ausgangspunkt einer radikalen Kritik an der Gattung Minnesang, deren wesentlichen Ansatz ich bereits genauer ausgeführt habe[11]: Aufgrund der paradoxen Anlage des Minnemodells ist Minnedienst auf Unendlichkeit angelegt, denn sobald die Dame Lohn gewähren würde, wäre der in ihr verkörperte unermeßliche Wert definiert und ihr absoluter Status somit destruiert. Wenn jedoch

---

11 s.v. die Ausführungen zum 'Frauendienst', S. 71-74.

kein Ende des Dienstes absehbar und unendliche Qualifikation gefordert ist, lassen sich auch die im Dienst als Akt der Bewährung bewiesenen Qualitäten des Minnenden nicht definieren. Auf der Minnesangebene, auf der über die Identifizierung von *dienen* und *singen* die Funktionsbedingungen des Modells selbst Gegenstand der Reflexion werden, bedeutet dies letztlich, daß keine literarischen Normen definierbar sind, die dem geforderten *lob* entsprechen können: *lob* ist notwendig und literarisch uneinlösbar zugleich, aus der Ich-Perspektive des Sängers deshalb nicht adäquat zu leisten. Aufgabe des Minnesangs als Frauenpreis muß es daher sein, diesen 'transzendenten' Status von *wîbes güete* literarisch zu bewerkstelligen. Das mit der formelhaften Wendung *Nieman volloben frowen kan* zitierte literarische Grundproblem wird bei Hadlaub allerdings nicht aus der Perspektive des Minnedieners bzw. Minnesängers diskutiert, sondern im Medium des Leichs aufgegriffen und ist entsprechend an die in Leich I entfalteten Möglichkeiten der Ich-Aussage anzubinden: Dort agiert das Ich in der Rolle des Experten, des - literarischen - Kenners, der im Leich den Wert *schoener frowen* und die Notwendigkeit des ihnen zustehenden *lobs* objektiv bestätigt. Das ist die Prämisse, unter der hier das Problem der literarischen Einlösbarkeit von *lob* zum Thema wird.

Das Ich führt sich zu Beginn von Leich II als derjenige ein, der den in den *frowen* verkörperten Wert erfährt (*bevinden*). Begründen läßt sich diese Aussage, die ja nicht aus der Perspektive des Minnenden vorgenommen wird, nur dann, wenn man sie auf Leich I zurückbezieht: Dort präsentiert sich das Ich in der Position desjenigen, der den Wert *guote wîb* richtig erkennen und beurteilen kann. Erfahrung zeigt sich damit als über diese Kompetenz vermittelt. Sie legitimiert das Ich, über die weiterhin durchgängig als Kollektiv bezeichneten *frowen* richtig zu sprechen - allerdings mit einer Akzentverschiebung: Die *guoten wîb* werden nun deutlicher in den Minne- bzw. Minnesangkontext gestellt. Das Ich bleibt zunächst im Abseits: Es spricht in didaktischer Form über die Minne, über die sich der Wert *schoener frowen* mitteilt und über die *fröide* erfahren werden kann. Mit dem Hinweis auf das aus der Minne resultierende Leid wird im ersten Teil des 4. Doppelversikels als spezifisches Minnekonzept die hohe Minne anvisiert -

Und wær ez nicht ein zuoversicht
doch sendes smerzen mannes herzen,
swanne er sicht so gar
wunnevar die schoenen frowen?
doch gît im daz schowen hôhen muot,
swie wê doch sendez jâmer tuot. (V. 27-32)

- und gleich darauf, im zweiten Teil des Doppelversikels, ein Konzept unmittelbar erfahrbarer *fröide* in der Minne thematisiert:

Sît mannes muot wirt sô gar guot
swanne er mag schowen schoene frowen,
sô wurde er êrst frô,
kæme ez sô, daz er etslîche
wîblîch wunnenrîche solte umbevân:
so möchte er êrst rechte fröide hân! (V. 33-38)

Beide stehen sich gleichberechtigt gegenüber: Das *schowen schoener frowen* vermittelt - trotz des unvermeidlichen *jâmers* - *hohen muot*, das *umbevân* dagegen *rechte fröide*. Damit werden zwei literarische Konzepte vorgestellt, die den Wert *schoener frowen* zur Geltung bringen können, ohne daß eine Entscheidung getroffen wird - das Ich verharrt weiter in objektivierender Distanz in der Rolle desjenigen, der aufgrund seiner Erfahrung richtig über die Minne zu sprechen weiß.

Erst im 7. Doppelversikel manövriert sich das Ich - vor dem Hintergrund seiner in Leich I unter Beweis gestellten Kompetenz - in die Position des Sängers, der *lob* ins Werk setzt:

prîs ich gich wîblichen bilden: manig gimüete
nach ir güete muoz von schulden ringen. (V. 63 f.)

Das Ich übernimmt demonstrativ die Rolle des Minnesängers, doch Gegenstand des Singens sind nicht die *frowen*, sondern *wîblich bilt* und damit die *frowen* als dezidiert literarischer Entwurf. Damit wird die literarische Ebene der Aussage explizit: Es geht - zunächst - nicht um die Wertzusprache an die *frowen*, sondern um die Qualifizierung des entsprechenden literarischen Konzepts, das diesen Wert adäquat darstellen kann. Das mit dem 'Frauendienst'-Zitat zu Beginn des Leichs aufgerufene Problem der richtigen literarischen Norm für *lob* wird nun aus der Ich-Perspektive thematisiert und erhält dadurch unmittelbare Relevanz.

Das 8. Doppelversikel vergegenwärtigt noch einmal den absoluten Status der *frowen* - *so wol ze prîse / als ûz dem paradîse kom ir lîb* (V. 68 f.) -, greift die am Ende von Leich I den *frowen* als angemessen proklamierte

Lebensform des Minnedienstes auf und rückt mit dem Dienst-Lohn-Konzept bereits ein literarisch vermitteltes Modell ins Blickfeld, ohne die an dieses Konzept geknüpfte Problematik der Damenrolle, die letztlich keinen Lohn für den geleisteten Dienst gewähren kann, mit aufzurufen. Stattdessen werden über das Motiv des Tanzes die *frowen* wie in Leich I als Trägerinnen kollektiver *fröide* ausgewiesen[12].

Das letzte Versikel eröffnet wiederum eine Perspektive auf den dritten Leich:

> *Secht doch, swer vil gedenken wil*
> *nach frowen bilde, der wirt wilde,*
> *wan er sicht wol noch*
> *wunne doch an schoenen wîben.*
> *daz wirz iemer trîben! frowen fîn*
> *müezzen vor allen wunnen sîn.* (V. 89-93)

Das Attribut *wilde* bezeichnet in der Liedfolge den Zustand des Minnenden. Es charakterisiert die hohe Minne, die noch nicht dem - in den Tageliedern entwickelten - Programm der *mâze* unterstellt ist, als jenseits aller gesellschaftlichen Norm, damit als unermeßlich und nicht auslotbar. Bezogen wird dieses *wilde* hier wiederum nicht auf die *frowen*, sondern auf *frowen bilde* - der literarische Entwurf selbst wird als unwägbar, als in seiner gesellschaftlichen Leistung nicht faßbar charakterisiert und damit jenes zu Beginn des Leichs zitierte Grundproblem des literarisch angemessenen *lobs* neu formuliert. Dies läßt sich als Positionsbestimmung für Leich III verstehen: Zur Disposition steht die Qualifizierung der literarischen Norm für *lob*, die den Wert der *frowen* eindeutig zur Geltung bringen kann.

Leich III setzt ähnlich programmatisch wie Leich II ein:

> *Ich klage noch mîn alten smerzen,*
> *der mir hier ze herzen gât,*
> *den mir tuot diu hêre*
> *mêre, danne ich muge tragin.*

---

12 Zum Tanzmotiv im Leich vgl. die Dissertation v. G. Paule, Der Tanhûser, S. 229-232, die am Beispiel des Tannhäusers aufzeigt, wie der Tanz als Möglichkeit kollektiven *fröide*-Vollzugs im Leich genutzt werden kann.

Mîn muot doch si nicht mag mîden,
swie si mich nu lîden lât
nâch ir sendez âmer;
jâmer muoz ich von ir klagen. (V. 1-8)

Das Ich definiert sich explizit in der Rolle des Minnenden und realisiert aus dieser Position eine klassische Minneklage. Aus dem Minnesang bekannte Topoi reihen sich nahtlos aneinander: die totale Orientierung auf die Dame, in der höfische Qualitäten vollendet zur Erscheinung kommen; die Bitte um Erhörung; die Klage um das Ausbleiben des Lohns usw. Der Wechsel von der Rede über die Dame und die von ihr bewirkten *alten smerzen* zur direkten Anrede an die Dame, wie er sich im 3., 6. und 7. Doppelversikel findet, verleiht der Ich-Aussage unmittelbare Authentizität: Das Ich gibt sich als derjenige zu erkennen, der gegenwärtig in der klassischen Position minnt. In der zweiten Hälfte des 7. - vorletzten - Doppelversikels steuert die Minneklage, wie die bereits vorher einsetzende Häufung der Zeitsignale anzeigt, auf ihren Höhepunkt zu:

Owê, noch tuo mir genâde,
zuo dir lach mich tougen gên, stên vür dich, mich klagen,
sagen dir von mînem senden smerzen,
wie du bist in mînem herzen,
sô hilfst dû mir armen! (V. 56-60)

Diese Klage ist in ihrer Intensität nicht mehr zu überbieten: Sie markiert mit der direkt an die Dame gerichteten Bitte um Hilfe einen Endpunkt der Aussage und weist auf das Dilemma, in dem sich das Ich aufgrund des Minneparadoxie befindet, voraus. Doch der Leich fährt ganz anders fort:

Swie sî mir tuot, mîn sin ist ir doch bî,
wan ich weiz sî gar arges frî.
ein meien zwî in blüete clâr,
ez treit nicht gegen ir wunnen dar.

Mir gît ir frömden grôzzer sorgen zol
und jâmer dol. daz leit si wol
vertrîben sol: ich bin ir knecht,
davon hât sî dar zuo guot recht. (V. 61-68)

Es entsteht keine eigentlich dilemmatische Situation, sondern die Dame wird trotz der ausbleibenden Erfüllung und des daraus resultierenden Minneleids in ihrem absoluten Wert bestätigt. Die Begründung ist aufschlußreich: *wan ich weiz ...* . Wie in den beiden anderen Leichs spricht das Ich hier aus der Position desjenigen, der Bescheid weiß, und agiert so am Ende von Leich III vor dem Hintergrund der Rolle, in der es sich in Leich I eingeführt hat: als einer, der die Kompetenz besitzt, den in der *frowe* verkörperten Wert richtig zu erkennen und zu beurteilen. Der anschließende Hinweis, daß ein blühender *meien zwî* gegen die *wunne* der Dame nicht ankommt, zitiert mit der Replik auf den Natureingang des Sommerliedes fast wörtlich die in Leich I aufgestellte Frage nach der entsprechenden literarischen Norm für Frauenpreis und bindet damit die klassische Minneklage des dritten Leichs an diese Frage zurück: Die Minneklage ist es, die den Wert der *frowe(n)* ohne Einschränkung inszenieren kann.

Thematisch setzen die Leichs gegenüber den Liedern keine neuen Akzente. Bereits in den Liedern bezieht sich das Ich auf das traditionelle Modell der hohen Minne zurück. Dort kann es sich allerdings - dem hohen Minnemodell entsprechend - nur in der Rolle des Minnenden bzw. Minnesängers präsentieren. Zwar deutet sich in der Auseinandersetzung mit Steinmars *fröide*-Konzept auf der Metaebene der Liedsequenz die Identität einer Ich-Instanz an, die sich gegenüber dem Antipoden Steinmar über das Festhalten am traditionellen Konzept der hohen Minne definiert. Aber gerade weil das Ich unter dieser Prämisse nur in der traditionellen Minne- bzw. Minnesängerrolle agieren kann, erhält es keine autorspezifische Kontur. Erst im Medium der Leichs ist der Rückbezug auf das hohe Minnemodell als autorspezifisches, literarisches Konzept identifizierbar. Denn der Leich bietet im Vergleich zum Minnelied andere Inszenierungsmöglichkeiten: Wie die Analyse der drei Leichs gezeigt hat, kann das Ich im Leich ganz im Hintergrund bleiben und in völliger Anonymität verharren, es kann als Stellvertreter des Kollektivs sprechen und damit einen Konsens mit dem Publikum herstellen oder in der Ich-Position seinem Publikum gegenübertreten. Der Leichdichter kann gleichsam 'neben' seinen Gegenstand treten - bleibt nicht wie der Minnesänger unentwegt strukturell auf ihn bezogen - und vermag ihn so aus objektiver Distanz zur Darstellung zu bringen. Freigesetzt von der für das Minnelied konstitutiven Paradoxie, kann er reine, aus der Dichotomie von *liebe* und *leit* gelöste *fröide* vermitteln. Voraussetzung einer solchen Vermittlung ist eine Vorverständigung über den Wert des Gegenstandes:

Er gilt von vorneherein als fest etabliert, so daß der Leichdichter als Regisseur fungieren kann, der seinen Gegenstand auf eine äußerst kunstvolle Weise - bei Hadlaub in der elaborierten Reimtechnik deutlich - vorführt, beschreibt, in Szene setzt und dabei sein Publikum dirigiert, dieser Darstellung zu folgen. In dieser Hinsicht ist das letzte Lied der Sequenz, die Serena C48, für die anschließenden Leichs grundlegend: Die Serena vergegenwärtigt die Möglichkeit der Minne, *fröide* und *hohen muot* zu bewirken, indem sie den Minnewert in seiner Positivität - unbeeinträchtigt von *leit* - vorführt, und bestätigt damit deren gesellschaftliche Dimension. Und auch in anderer Hinsicht leitet die Serena zu den Leichs über. In der Wendung *des enkan ich nicht volspehen* deutet sich ein autorspezifisches Profil des Ichs an, das sich dann im Medium der Leichs entfalten wird. Die Folge der drei Leichs ist hierbei von grundlegender Bedeutung. Die unterschiedlichen, in den einzelnen Leichs realisierten Stufen der Ich-Aussage sollen deshalb zusammenfassend aufeinander bezogen werden.

Leich I zeigt strukturell die größte Distanz zum Minnesang. Er präsentiert allgemein *schoene frowen* als minnespezifische Verkörperungen von Wert, ohne die konkrete Minnekonstellation aufzubauen. Oppositionspaare wie *niemer - iemer, ie - nie, hin - her, dort - hie* signalisieren hier die für den Leich spezifische Geste der Inszenierung: das Durchmessen des Themas als den Versuch, es in seiner Ganzheit zu erfassen, d.h. konkret den erwählten Gegenstand *schoene frowen* in allen erdenklichen Facetten vorzuführen. Die - semantisch irrelevante - Häufung dieser Formeln macht die Bindung der Aussage an formale Gesetzmäßigkeiten transparent. Die ansagenden Wendungen im Text stellen den ausdrücklichen Bezug zur Form her. Nach Kuhn lassen sich in den Hadlaub-Leichs als textliche Formansagen identifizieren: in Leich I *Swel man sicht* (V. 43), *daz manig werder man / so gerne sicht* (V. 65 f.), *swer frowen gern nimt war* (V. 87) und *nemen wunnen war* (V. 109), in Leich II schließlich nur noch *dar war gerne nemen* (V. 22)[13]. Über den besonders für Leich I zentralen Begriff des Erkennens wird so unmittelbar auf die Form verwiesen: Der Wert des Gegenstandes kommt durch die kunstvolle Form, in die er eingefaßt wird, zur Erscheinung und besitzt dadurch objektive Verbindlich-

13 H. Kuhn, Minnesangs Wende, S. 125 f.

keit - *schoene frowen* lassen sich als *ûzirlesen guot* qualifizieren. Im Medium des Leichs bietet sich so die Möglichkeit einer *fröide*-Inszenierung, die den Wert *schoene frowen* als fest etabliert ausweist und seine gesellschaftliche Relevanz zum Ausdruck bringt: Über *guote wîb* konstituiert sich *hof*. Das Ich, das sich hier nur selten aus dem auf kollektive Verbindlichkeit angelegten Sprachduktus löst, präsentiert sich dabei in der Position des Kenners, der den in *guoten wîb* verkörperten Wert recht zu erkennen weiß, es spielt dem Publikum diesen Part zu und leitet es über die textlichen Formansagen zur Erkenntnis dieses Wertes an.
Leich II beginnt mit einer minnesangspezifischen Preisformel und rückt den allgemeinen Gegenstand *schoene frowen* in eine Gattungsperspektive. In Anbindung an die bereits am Ende von Leich I proklamierte, *schoenen frowen* adäquate Lebensform des Minnedienstes wird über eine implizite Identifizierung von *dienen* und *singen* das minnesangspezifische Konzept anvisiert, *fröide* in der Minne zu den *guoten wîb* zu realisieren. Die Gattungsfrage tritt in den Vordergrund: Gegenstand des zweiten Leichs sind nicht mehr nur *schoene frowen*, sondern *frowen bilt* als dezidiert literarischer Entwurf. Auf dieser literarischen Ebene führt sich das Ich als derjenige ein, der aufgrund seiner - in Leich I vorgeführten - Kompetenz zur Werterkenntnis über die Minne in richtiger Weise zu sprechen vermag, und nimmt im Verlauf des Leichs die Position des Sängers ein, der *lob* in Szene setzen kann. Das im ersten Vers zitierte minnesangspezifische Problem - *Nieman volloben frowen kan* -, das die Uneinlösbarkeit von *lob* betont und dessen literarische Bewältigung zur Aufgabe macht, wird aus der Ich-Perspektive aufgegriffen und so aktualisiert.
Leich III verengt die Perspektive dann spezifisch auf dieses *lob*: Das Ich rückt in die Position des Minnenden, der sich über die jenseits aller gesellschaftlichen Normen situierte hohe Minne zur Dame bestimmt. Ähnlich wie in Leich II bleiben auch hier die destruktiven Aspekte des paradoxen Modells ohne Wirkung: Der Begriff *enden* (V. 37), der im hohen Minnelied Terminus technicus für die Lohnforderung ist und die absolute Bedrängnis des Ichs verrät, läßt sich hier, im dritten und letzten Leich, als Schlußansage verrechnen. Denn Leich III markiert den Fluchtpunkt der Leichsequenz: In Leich I tritt das Ich in der Rolle des Kenners auf, nimmt aus dieser Position in Leich II die Rolle des Minnesängers wahr, identifiziert sich dabei auch mit der dieser Rolle entsprechenden

Aufgabe - *volloben* -, und definiert sich dann in Leich III in die Rolle des Minnenden ein. Über die Folge der drei Leichs manövriert sich das Ich sukzessive in eine von der literarischen Tradition vorgebene Rolle, aus der am Ende die alte Minneklage (*mîn alten smerzen*) aktuell inszeniert werden kann. Im Rahmen der Minneklage kann die in der Konstellation hoher Minne festgeschriebene Differenz Ich-Dame zur Geltung kommen und der absolute Wert der Dame bestimmt werden. Entscheidend ist, daß die Minneklage hier nicht unmittelbar aus der Position des Minnenden entworfen, sondern über die Instanz des Leichdichters vermittelt wird: Als Experte macht er das paradoxe Modell der hohen Minne, das den Status der Dame ins Unermeßliche steigert, als Grundlage von *lob* sichtbar und spricht ihm durch die Einkleidung in die kunstvolle Form des Leichs objektive Geltung zu.
Über die Folge der Leichs profiliert sich das Ich in der Rolle desjenigen, der aufgrund seiner literarischen Kompetenz die Minneklage erneuert und im Medium des Leichs als dem Wert *schoener frowen* angemessene literarische Darstellungsform qualifiziert. Die traditionelle Minneklage wird als das literarische Muster, anhand dessen *lob* immer von neuem realisiert und so in seinem zeitlosen, dauerhaften Wert erwiesen werden kann, identifiziert. Damit spricht das Ich dem Modell der hohen Minne eine maßstäbliche Funktion zu und verleiht ihm kanonische Geltung.
Im Medium der Leichs erweist sich das Ich als die literarische Instanz, die über den Rückbezug auf die literarische Tradition die Minneklage als die eigentliche - überzeitliche - Substanz der Gattung wahrt. Es macht 'sein' - das traditionelle - Minnekonzept zum Maßstab, an dem der dauerhafte Wert von Minnesang gemessen werden kann. Damit agiert es in der Rolle des Autors, der dem eigenen literarischen Konzept höchste Verbindlichkeit zuspricht. Im Bewahren dessen, was Minnesang schon immer ist, als einem Akt des Kanonisierens und nicht in der Ausbildung eines spezifischen literarischen Programms, wie man es von Walther, Neidhart, Steinmar u.a. kennt, zeichnet sich ein eigenständiges Profil dieses Ichs ab. In der Bildüberschrift zur Miniatur führt Hadlaub einen Titel, der auf dieses Selbstverständnis hinweist und zur Beschreibung dieser spezifischen Autorrolle herangezogen werden soll: *Meister Johans Hadloub*.
Das mittelhochdeutsche Wörterbuch bringt das breite Bedeutungs-

spektrum des *meister*-Begriffs auf folgenden Nenner: "der allgemeine begriff, der im mhd. das wort beherrscht, ist der des übertreffens, überlegenseins u. damit der auctorität, des massgebendseins."[14] Wesentliche Komponente des Begriffs ist das Qualifiziert-sein durch den Erweis bestimmter Fähigkeiten. Dabei kann der Begriff einerseits im Sinne von 'Lehrer', 'Vorbild', 'Gelehrter', 'Weiser' dem als *meister* titulierten selbst maßstäbliche Funktion zuweisen und andererseits als Bezeichnung eines akademischen Grades - im Sinne von lat. *magister* - oder eines spezifischen, innerhalb einer Handwerkerinnung festgelegten Rechtsstatus einen objektiven Maßstab implizieren, an dem die Qualifikation des *meisters* gemessen wird. Die Ambivalenz des Begriffs wird auch in Kuhns Beschreibung der literarischen Situation des 13. Jahrhunderts deutlich: "[...] ganze Künstler-Generationen empfinden sich als Nachfolger, als 'Nachmeister', und statuieren eben damit erst ihre Vorbilder zu Autoritäten, zu Klassikern, zu 'Meistern'!"[15]

Der *meister*-Begriff wird bei Hadlaub konkret inhaltlich gefüllt: Das Ich bezieht sich auf das traditionelle hohe Minnemodell zurück und qualifiziert es als 'klassische' Substanz von Minnesang. Es spricht damit dem traditionellen Minnemodell eine maßstäbliche Funktion zu und orientiert den eigenen Minnesang am 'klassischen' Vorbild. Mit der Erfüllung dieses Maßstabes leistet es zugleich einen objektivierbaren Beweis seiner eigenen Fähigkeiten und kann sich in der Rolle desjenigen bewähren, der die Gattung auf ihre Grundlagen zurückführt, ihren literarischen Rang definiert und auf dieser Basis 'seinen' Minnesang als absolut verbindlich anbietet. Erst gegen Ende des Oeuvres, in den Leichs, ist so eine Autorgröße faßbar, die das Selbstverständis begründen kann, das der Titulus ansagt: *Meister Johans Hadloub*.

Der Zusammenhang von Lieder und Leichs stellt sich damit folgendermaßen dar: Der Rang des Autors als *meister* ist im Hadlaub-Oeuvre erst im Medium der Leichs zu bestimmen. In der Position des Leichdichters hat der Autor die notwendige Distanz, aus der er sich als derjenige profilieren kann, der über die Minnesang-Tradition souverän verfügt, aus dieser objektivierenden Perspektive den literarischen Rang der Gattung zur

---

14 Mittelhochdeutsches Wörterbuch, Bd. 2,1, S. 113.

15 H. Kuhn, Manessesche Handschrift, S. 97.

Geltung zu bringen vermag und nun seinerseits an dieser Leistung gemessen werden kann. Denn im Medium des Leichs können Minne und Minnesang als Thema abgehandelt werden, ohne daß sich deren paradoxe Anlage destruktiv auf die Ich-Rolle auswirkt: Das eigentlich unermeßliche - weil dem absoluten Status der Dame adäquate - *lob* ist qualifizierbar, die Minneklage als diesem Status angemessene literarische Norm identifizierbar, das Ich als Träger dieser 'klassischen' Substanz bestimmbar.

Abschließend möchte ich die Frage aufwerfen, inwieweit sich hier im Hadlaub-Oeuvre eine Rezeption der Gattung Leich niederschlägt, die für eine bestimmte literarhistorische Situation typisch ist. Denn zu den Besonderheiten des Hadlaub-Oeuvres gehört es u.a., daß es das einzige Oeuvre des Grundstocks darstellt, in dem die Leichs relativ am Ende stehen. Ansonsten ist es ein Prinzip der Oeuvrebildung in der Hs.C, mit den Leichs das jeweilige Autorenoeuvre zu eröffnen. Im folgenden Exkurs zur Leichüberlieferung sollen die Besonderheiten der Leichüberlieferung in C vor dem Hintergrund weiterer, für die Überlieferung der mittelhochdeutschen Leichdichtung relevanten Handschriften aufgezeigt werden.

Exkurs: Die Sonderstellung der Hs.C innerhalb der Leichüberlieferung

Hermann Apfelböck widmet in seiner Arbeit zum mittelhochdeutschen Leich der Leichüberlieferung breiten Raum. Die ursprünglich an dieser Stelle geplante detaillierte Beschreibung der relevanten Überlieferungsträger kann deshalb entfallen. Stattdessen sollen die Ergebnisse Apfelböcks kurz referiert und im Anschluß daran noch einige bei Apfelböck vernachlässigte Merkmale der Leichüberlieferung herausgearbeitet werden, um vor diesem Hintergrund die Sonderstellung der Hs.C innerhalb der mittelhochdeutschen Leichüberlieferung schärfer profilieren zu können.

Apfelböck geht von einem grundsätzlichen Gegensatz von Leich und Schriftlichkeit aus: "Die weltlichen Leichformen, weniger die standardisierten und quantitativ überschaubaren Sequenzen, widersetzen sich hingegen in mancher Weise der Projektion in das schriftliche Medium, die als räumliche Projektion eine Abbildung in die Zeitlosigkeit und Gleichzeitigkeit ist und damit das fundamentale Merkmal der fortschreitenden Veränderung sowie der gegenläufigen Rückkehr zum Bekannten nur unzureichend oder gar nicht kennzeichnen kann."[1] Ohne die konkrete Aufführung ist, so Apfelböcks These, ein Verständis der formalen Zusammenhänge des Leichs nicht möglich, so daß sich der Leich - auch wenn einige Belege eine lesende Rezeption erwähnen - schließlich nicht als Lesedichtung etablieren konnte und die Überlieferungstradition endet, sobald keine Bindung an die Praxis der Aufführung mehr besteht. Apfelböck unterscheidet drei Hauptüberlieferungsströme[2]:

1. die umfangreiche Leichüberlieferung im oberdeutschen Raum, hauptsächlich in der Hs.C, die mit deren Nachträgen um 1330 endet; die teilweise hervorragende Gliederung bei der Aufzeichnung der Leichs in C läßt zumindest bei einigen Leichs die Kenntnis der Melodien vermuten und signalisiert so insgesamt eine noch enge Bindung an die Aufführungspraxis;

1 H. Apfelböck, Leich, S. 122.
2 ebenda, S. 123-137.

2. die relativ breite Überlieferung im mittel- und niederdeutschen Raum (Wiener Leichhandschrift, Jenaer und Haager Liederhandschrift), deren Ende mit der Haager Hs. um 1400 anzusetzen ist und bei der die vorwiegende Aufzeichnung mit Melodien bereits einen eher reproduzierenden Umgang mit der Gattung erkennen läßt;
3. die überregionale Überlieferung speziell der drei Frauenlob-Leichs, die mit der Kolmarer Hs.t bis ins späte 15. Jahrhundert reicht und durch die häufige Notation der Melodien ebenfalls auf den reproduzierenden musikalischen Vortrag weist; sie etabliert einen neuen Aufzeichnungstyp, der den Text nicht mehr fortlaufend schreibt und durch Paragraphenzeichen, Initialen u.ä. gliedert, sondern die einzelnen Versikel wie Strophen voneinander abgrenzt.

Eine Ausnahme stellen nach Apfelböcks Unterteilung die Überlieferungszeugen dar, die den Leich explizit als Lesedichtung kennzeichnen: die drei miteinander eng verwandten, in der ersten Hälfte des 14. Jahrhunderts wahrscheinlich in Böhmen entstandenen Handschriften k, k2, l, die Walthers und Reinmars Leich als einen zusammenhängenden Text in Reimpaare übertragen sowie die ebenfalls in der ersten Hälfte des 14. Jahrhunderts entstandene Zürcher Liebesbriefhandschrift, die einen bereits als Lesedichtung konzipierten Leich enthält. Auf eine rein lesende Rezeption deuten jedoch auch manche Textzeugen der Frauenlob-Überlieferung, besonders des Marienleichs: der Gattungsverbund religöser Leich - Legende in der Erlauer Gregorius-Hs. r; der Gattungsverbund religiöser Leich - Predigt, Gebet, Mariendichtung in der Berliner Hs. L; der Gattungsverbund religiöser Leich - Lehrdichtung im Würzburger Hausbuch E.[3] Auch die 'Frauendienst'-Handschrift L, die den Leich selbst zwar nicht primär als Lesestück entwirft, läßt sich meiner Ansicht nach diesem Kontext zuordnen, denn sie präsentiert ihn inmitten des in Reimpaaren verfaßten *mære* mit dem bezeichnenden Verweis *Der leich*

3 vgl. dazu die Beschreibung der Überlieferungsträger in: Frauenlob (Heinrich von Meissen), Leichs, Sangsprüche, Lieder, 1. Teil: Einleitungen, Texte. Auf Grund der Vorarbeiten von Helmuth Thomas hg. v. Karl Stackmann u. Karl Bertau, Göttingen 1981 (Abhandlungen der Akademie der Wissenschaften in Göttingen, Philologisch-historische Klasse, Dritte Folge, Nr. 119), S. 35 f., 71 f., 95; s.a. G. Kornrumpf, Michael de Leone, VL, Bd. 6, Berlin - New York 1987, Sp. 491-503, hier Sp. 500.

vil guot ze singen was: / manic schoeniu vrouwe in gern las, (FD 1374, 1-2). So gibt es doch eine Reihe von Textzeugen, die den Leich im Kontext von 'Lesedichtung' sammeln, auch wenn Apfelböck insgesamt mit seiner These, daß sich der Leich langfristig hier nicht etablieren kann, recht hat. Ganz aus dem Rahmen der mittelhochdeutschen Leichüberlieferung fällt schließlich die Aufzeichnung des Kreuzleichs Heinrichs von Rugge als Nachtrag in einer lateinischen Handschrift, einer Dekretsammlung des Bischofs Burkhardt von Worms (clm 4570). Sie wird auf Ende des 12. Jahrhunderts datiert und stellt damit die früheste Aufzeichnung höfischer Lyrik dar. In dieser exzeptionellen Überlieferung des Kreuzleichs, die völlig abseits der Minnesangtradition steht, sieht Apfelböck einerseits ein Indiz für eine eigenständige deutsche Gattungstradition, andererseits einen Hinweis auf die Herkunft des Leichs aus einem "unterliterarischen Unterhaltungsbetrieb"[4], die einer breiteren Aufzeichnung zunächst entgegensteht, wie auch die beiden bezeugten, aber nicht erhaltenen Leichs Friedrichs von Hausen und Hartmanns von Aue zeigen.

Im folgenden möchte ich auf einige Prinzipien der Leichüberlieferung eingehen, die speziell für die Hs.C von Bedeutung sind.
Aus Apfelböcks "Übersicht zum Korpus mittelhochdeutscher Leichdichtung", die erstmals alle bezeugten mittelhochdeutschen Leichs und - davon gesondert in einer zusätzlichen Liste - deren Grenzfälle aufführt, läßt sich entnehmen, daß von den 42 überlieferten, vor 1330 entstandenen Leichs[5] 35 die Hs.C tradiert[6], davon 28 als Unikate. Es fehlen in C der Kreuzleich Rugges, der Minneleich Lichtensteins, der Kreuz- und der Minneleich Frauenlobs (alles C-Autoren), ferner der religiöse Leich Hermann Damens sowie der im Nachtrag a zur Kleinen Heidelberger Liederhandschrift A anonym überlieferte Minneleich und der in der Haager Handschrift unter dem Titel *'ein hovedans'* aufgezeichnete Leich. Damit vereint C einen Großteil des mittelhochdeutschen Leichcorpus auf sich, zwei Drittel lassen sich sogar exklusiv auf die C-Überlieferung zu-

4 H. Apfelböck, Leich, S. 136.
5 ebenda, S. 137-141; den sog. 'Doppelleich' Des von Gliers zähle ich dabei in Anlehnung an die Hs.C als zwei Leichs.
6 plus eine Dublette: Rotenburg IV = Niune I, folglich zählt C insgesamt 36 Leichs.

rückführen. Keine andere Handschrift zeigt ein ähnlich umfassendes Interesse am Leich. Signifikant ist dabei die Vielfalt und Zersplitterung der Leichüberlieferung außerhalb der Hs.C: Der größte Teil der Handschriften tradiert jeweils nur ein Einzelexemplar und auch die sogenannte 'Wiener Leichhandschrift' W, die neben C noch ein primäres Interesse an der Gattung Leich verrät, zählt insgesamt nur vier Leichs, ein Fragment und eine lateinische Nachdichtung.

Die für C konstitutive autorbezogene Überlieferung scheint insgesamt innerhalb der Leichüberlieferung dominant zu sein: Vernachlässigt man die Überlieferung des Walther- und Reinmar-Leichs in k, k2, l, die beide Leichs zu einem einzigen Text ohne Namensnennung verbindet, so finden sich außerhalb der Hs.C mehrere Leichs nur in den nach Autoren geordneten Handschriften A und J bzw. in spezifisch am Autor Frauenlob interessierten Handschriften (Weimarer Hs. F und Kolmarer Hs.t) sowie in der als Mischform zwischen autor- und sachbezogenen Typ klassifizierten Hs.W[7]. Auch in den Handschriften, die nur ein Exemplar der Gattung tradieren, wird z.T. der Name des Autors in einer Titel- oder Schlußschrift explizit genannt, so im Würzburger Hausbuch E, wo Frauenlobs Marienleich mit den Worten *Hie hebt sich an cantica canticorum Meister Heinrichs von missen des frouwenlobs der ze Mencze ist begraben* eingeführt wird.[8] Der Überlieferungsbefund läßt hier zumindest ansatzweise ein ähnliches autorspezifisches Profil erkennen, wie es die in einer ganzen Reihe von Leichs belegte Selbstnennung des Autors verrät (Heinrich von Rugge, Der Tannhäuser I, IV, V, Herman Damen, Konrad von Würzburg, Ulrich von Winterstetten als *schenke*). Apfelböck interpretiert diese Selbstnennungen, die sämtlich in Leichs mit "objektiver Darbietung" des Themas zu finden sind, als Demonstration des "höfisch-individualisierten Anspruchs durch persönliche Signatur"[9].

Auffällig ist ferner, daß in den Handschriften, in denen sich mehrere Leichs eines Autors finden, die Gattung selbst nicht zugeordnet wird: In F steht beispielsweise der Minneleich Frauenlobs neben dessen Minneliedern und getrennt von den beiden religiösen Leichs - die thematische Zuordnung ist hier gegenüber einer möglichen gattungsspezifischen eindeu-

---

7 vgl. die Beschreibung in: Frauenlob (Heinrich von Meissen), 1. Teil, S. 120 f.
8 ebenda, S. 36.
9 H. Apfelböck, Leich, S. 136.

tig dominant. Die Hs.W ordnet als einzige Handschrift im III. Teil Leichs verschiedener Autoren einander zu, wobei der Gattungsverbund wiederum von thematischen Gesichtspunkten überlagert wird: Auf eine Sammlung von Sprüchen folgen der Kreuz- und der Minneleich Frauenlobs (anonym) und dann der Minneleich des wilden Alexanders (mit Namen), an den sich wiederum ein Minnelied Alexanders anschließt. Das Prinzip, daß mehrere Leichs eines Autors zusammenstehen, findet sich nur in der Hs.C. Während ansonsten in C keine Ordnung nach Gattungen oder Typen zu erkennen ist, wird bei den Leichs dieses Prinzip absolut puristisch durchgehalten. Hier scheint sich ein formaler Ordnungsgedanke abzuzeichnen: Bei einzelnen Sangspruchreihen läßt sich eine Zuordnung gleicher Töne feststellen, bei den formal jeweils voneinander unterscheidbaren Minneliedern eine Auffüllung auf eine ungerade Strophenzahl - die Leichs als ungleichversige, nicht in Strophen unterteilte Dichtung heben sich hier klar ab und stehen dementsprechend für sich. Eine Gattungszuordnung innerhalb einer streng autorbezogenen Handschrift ist natürlich nur dann möglich, wenn mehrere Leichs eines Autors vorhanden sind, was sich speziell auf die in C besonders breit dokumentierte literarhistorische Situation des 13. Jahrhunderts zu beschränken scheint. Die vermehrte Produktion von Leichs durch einen Autor wäre also für eine ganz spezifische literarhistorische Situation signifikant, die breite Leichrezeption in C könnte auf einen dieser Situation entsprechenden Literaturbegriff verweisen.
Aber auch bei den C-Autoren, von denen die Handschrift nur einen Leich überliefert, wird die formale Abgrenzung Leich - Lied bzw. Spruch visuell verdeutlicht: Der Text des Leichs ist jeweils fortlaufend geschrieben und durch Majuskeln und manchmal zusätzlich durch Paragraphenzeichen gegliedert[10]. Eine Ausnahme bildet hier nur das Frauenlob-Corpus im Nachtrag, das bei der Aufzeichnung des Marienleichs die Doppelversikel wie Strophen absetzt - nach Apfelböck eine für die gesamte Frauenlob-Überlieferung typische Gliederungsart[11]. Bei einigen wenigen Autoren sind die Leichs außerdem durch eine oder mehrere freie Zeilen ausdrücklich von den Liedern abgetrennt (Tannhäuser, Hadlaub), bei

10 ebenda, S. 131-134
11 ebenda, S. 126 f.

Frauenlob findet sich die ansonsten in C ungewöhnliche Schlußschrift *der leich sich hie endet*. Beides, Gattungszuordnung und Abgrenzung der Leichs von den Liedern und Sprüchen, läßt bei den Redaktoren der Hs.C ein klares Gattungsbewußtsein erkennen, das auf formaler Ebene den in Versikeln gebauten Leich von Lied und Spruch unterscheidet.

Als weiteres wesentliches Prinzip zeichnet die Leichüberlieferung in C die Positionierung der Leichs zu Beginn eines Autorenoeuvres aus. In der Überlieferung außerhalb der Hs.C ist die Eröffnung eines Oeuvres nur in J für Herman Damen und in A für die Niune-Sammlung ausdrücklich bezeugt. Eine exzeptionelle Position weisen dem Leich allerdings die drei Melodiehandschriften J, W und t zu: Alle drei wurden ursprünglich von einem religösen Leich eröffnet - J von Walthers Leich (Blattverlust), W von Frauenlobs Marienleich (später umgestellt), t ebenfalls von Frauenlobs Marienleich. Diese Leichs eröffnen deutlich die Handschrift und nicht gleichzeitig ein Autorenoeuvre (in t wohl ursprünglich geplant). Dies läßt auf eine Bewertung der Gattung als musikalische Prunk- und Großform schließen, die - zumindest in den nach Tonautoren und Tönen geordneten Handschriften J und t - das Töne-Repertoire eines bekannten Autors vorstellt und damit einen repräsentativen Wert besitzt. Auf eine besondere Position von Frauenlobs Marienleich in der jeweiligen Handschrift weisen auch die Bruchstücke K, M, N, Q: Mit dem Marienleich hat nach Kornrumpf[12] hier jeweils ein neues Blatt oder eine neue Lage begonnen - ob zu Beginn der Handschrift oder als Einleitung des Autoroeuvres muß ungeklärt bleiben. Die Eröffnung einer Handschrift schreibt dem Leich jedenfalls auch in der Überlieferungstradition außerhalb der Hs.C eine singuläre Position zu. In C selbst ist die Initialstellung der Leichs zu Beginn eines Autorenoeuvres durchgängiges Prinzip. Es gibt Ausnahmen, die allerdings zu begründen sind:

- Der Leich Botenlaubens steht in der Mitte des Oeuvres und er setzt - ganz untypisch - an den letzten Vers des vorhergehenden Liedes noch in der gleichen Zeile an. Nach Kornrumpf gehört das Botenlouben-Corpus zur der dem Grundstock vorausgehenden frühesten Konzeptionsstufe der Handschrift, der 'Ursammlung'. Eines ihrer

12 G. Kornrumpf, Konturen der Frauenlob-Überlieferung, in: Wolfram-Studien X. Cambridger 'Frauenlob'-Kolloquium 1986, hg. v. Werner Schröder, Berlin 1988, S. 26-50, hier S. 32.

Kennzeichen ist die ziemlich vorlagengetreue Anordnung der Lieder, auf die sich wahrscheinlich auch die Anordnung von Liedern und Leichs bei Botenlouben zurückführen läßt.[13] Dem würde Apfelböcks Erklärung, der entweder einen Irrtum oder die Wiedergabe eines bestimmten Vortragsrituals vermutet, entsprechen.[14]

- Die Leichs Ottos von Turne und Winlis finden sich jeweils am Ende des Oeuvres. Beide gehören zu den späteren Nachträgen (Miniaturen vom 3. bzw. 1. Nachtragsmaler).
- Die drei Hadlaub-Leichs sind gegen Ende des Oeuvres vor dem letzten Lied angeordnet. Das Hadlaub-Oeuvre ist das einzige Oeuvre innerhalb des Grundstocks, bei dem die Leichs nicht am Anfang stehen. Die Stellung der Leichs läßt sich hier aus dem spezifischen Autorkonzept und aus der in C3 reflektierten besonderen literarhistorischen Situation erklären - die entsprechenden Zusammenhänge zwischen den 'Rahmenliedern', der Liedfolge und den Leichs wird Kap. IV 'Oeuvrebildung' im einzelnen ausarbeiten.

Im Unterschied zu der relativ vorlagengetreuen Textherstellung in der Ursammlung zeichnet sich im Grundstock parallel zur Neuordnung der Reihenfolge der Autoren auch der Versuch ab, den Textbestand innerhalb der Autorenoeuvres neu zu arrangieren. Die Abgrenzung gegenüber der Ursammlung zeigt, daß Systematisierungsversuche anscheinend erst mit der Planung einer Sammlung relevant wurden, die Rahmen und Zielsetzung einer Minnesänger-Anthologie weit übersteigt und dementsprechend eine ganz andere Konzeptionsleistung erfordert. Die Initialstellung der Leichs, die sich - mit Ausnahme Hadlaubs - als typisches Merkmal nur des Grundstocks identifizieren läßt, weist auf eine solche bewußte Systematisierung: Sie scheint für die Oeuvre-Konzeption des Grundstocks einen programmatischen Stellenwert zu besitzen.

Ein Vergleich mit der Hs.B ist hier aufschlußreich. Denn der Hs.B kommt - kontrastiv zu C - ebenfalls ein Sonderstatus innerhalb der Leichüberlieferung zu: Sie enthält als einzige unter den großen Liederhandschriften des späten 13. und des 14. Jahrhunderts keinen einzigen Leich, obwohl sie mit ziemlicher Sicherheit in unmittelbarer Nachbar-

---

13 G. Kornrumpf, Anfänge, S. 286 ff.
14 H. Apfelböck, Leich, S. 129

schaft zu C in Konstanz kurze Zeit später - die neueste kunsthistorische Datierung weist ins 2. Jahrzehnt des 14. Jahrhunderts[15] - entstanden und vom Typ her (autorbezogen, Miniaturen, Beginn mit Kaiser Heinrich) eng mit C verwandt ist. In ihrem Programm aber differieren beide Handschriften beträchtlich, wie zuletzt Gisela Kornrumpf herausgearbeitet hat[16]: Während sich der Kernbestand von B auf 'klassische' Autoren bis um 1230 und mit der nahezu ausschließlichen Aufnahme von Minnelied und Kreuzlied auf das höfische Lied schlechthin konzentriert, sammeln die Redaktoren von C bereits im Grundstock auch 'nachklassische' Autoren ab 1230 bis um 1300 und eine Vielzahl von Typen - neben Minnelied und Kreuzlied vor allem den Leich, Tagelieder, Lieder mit Refrain, Neidhartiana, Spruch, Lehrgespräch etc. Die unterschiedliche Bandbreite in Bezug auf Autoren und Typen läßt auf einen konträren Literaturbegriff beider Handschriften schließen. Bei dessen Bestimmung könnte dem Leich eine Schlüsselfunktion zukommen: das völlig Fehlen des Leichs in B läßt sich nicht automatisch mit der Beschränkung auf die 'Klassiker'-Oeuvres begründen, denn anders als z.B. Neidhartiana und Lieder mit Refrain gehört der Leich bereits früh zum Repertoire der Minnesänger; B nimmt durchaus vereinzelt Tagelieder, bei Walther sogar Sprüche auf, verfährt also innerhalb des um 1230 gebräuchlichen Typenrepertoires gegenüber dem Leich am restriktivsten[17]; der Verzicht auf den Leich wird in B schließlich bis in die einzelnen Nachträge durchgehalten, in denen eine ganze Reihe im Kernbestand ursprünglich ausgeklammerter Liedtypen (z.B. Neidhartiana und Spruch) Aufnahme finden. Mit Zufall oder schlechter Überlieferungslage läßt sich die Ausgrenzung der Leichs in B sicher nicht erklären. Apfelböck schreibt das Fehlen der Leichs in B einem ästhetischen Vorbehalt gegenüber der Form zu, die aufgrund ihrer Herkunft aus dem spielmännischen Bereich als "unhöfisch" zensiert wird.[18] Wenn der Gattung Leich tatsächlich dieser Makel anhaften sollte, ist es nur schwer zu erklären, weshalb sich die Redaktoren der Hs.C ohne weiteres darüber hinwegsetzen und dem Leich durch die Frontstellung in den meisten Oeuvres sogar eine bevorzugte

---

15 vgl. dazu die Darstellung in der Einleitung, S. 32.
16 ebenda, S. 33 f.
17 G. Kornrumpf, Anfänge, S. 291 f.
18 H. Apfelböck, Leich, S. 136

Position innerhalb der Handschrift einräumen können. Und der Überlieferungsbefund hat klar herausgearbeitet, daß die Redaktoren der Hs.C ein programmatisches Interesse an der Gattung selbst besitzen müssen, das den von Apfelböck proklamierten vermeintlichen Makel einer "unhöfischen" Herkunft aufwiegt. Die Ausbildung eines spezifischen Autorkonzepts in den Hadlaub-Leichs scheint mir in dieser Hinsicht aufschlußreich zu sein: Erst im Medium des Leichs kann das in der Liedfolge praktizierte literarische Verfahren, immer erneut die traditionelle Position des Minnenden bzw. Minnesängers zu beziehen und Minnesang als traditionelle Minneklage anzubieten, als Autorkonzept identifiziert werden. Freigesetzt von der Paradoxie hoher Minne, kann das Ich im Leich den zeitlosen Rang von Minne und Minnesang vorführen und sich damit in der Rolle des *meisters* profilieren, der das paradoxe hohe Minnemodell als die 'klassische' Substanz der Gattung definiert und mit dieser literarischen Norm einen Maßstab vorgibt, anhand dessen die literarische Qualität der Gattung beurteilt werden kann.
Aus der Schlußstellung der Leichs im Hadlaub-Oeuvre läßt sich eine These zur Bedeutung der Leichs für die Oeuvrekonzeption in C ableiten. Im Leich kann der Autor den Wert seines Gegenstandes ungebrochen - ohne in den paradoxalen Minnediskurs eingebunden zu sein - zur Darstellung bringen und sich selbst dabei als Instanz einführen, die diesen Rang verbürgt. Folglich kann der Leich in C eine herausragende Bedeutung bei der Oeuvrekonzeption spielen: Über ihn präsentiert sich der Autor als literarische Instanz, die den literarischen Rang der Gattung Minnesang garantiert. So scheint das Interesse der C-Redaktoren an der Gattung Leich eine bestimmte Funktion des Leichs im Prozeß der Literarisierung volkssprachlicher Liedkunst zu dokumentieren. Bei der später entstandenen Hs.B könnte diese Literarisierung bereits weiter fortgeschritten sein, sich die Funktion des Leichs als eines Mediums, in dem der literarische Rang des Autors und des von ihm dargestellten Gegenstands objektivierbar ist, erübrigt haben - B würde folglich 'klassischer' sammeln.

IV. Oeuvrebildung

Die detaillierten Einzelinterpretationen zu den Liedern und Leichs möchte ich im letzten Kapitel an die in der gemeinsamen Einleitung entworfene, die Arbeiten zum Tannhäuser, zu Steinmar und zu Hadlaub übergreifende Fragestellung zurückbinden.
Ausgangspunkt unseres Interesses waren die vorwiegend am äußeren Erscheinungsbild der Handschriften - Bestand, Ausstattung, Anlage - ansetzenden Überlegungen Hugo Kuhns, Gisela Kornrumpfs und Michael Curschmanns[1] zur schriftlichen Überlieferung der volkssprachlichen Liedkunst im *buoch* als einem neuen Medium. Die schriftliche Aufzeichnung, so der gemeinsame Tenor der Untersuchungen, bringt den literarischen Status des volkssprachlichen Liedes zur Geltung und signalisiert höchsten Kunstanspruch. Die spezifische Form der Überlieferung ist in dieser Hinsicht aufschlußreich: Die Durchsetzung des Autorprinzips als einer unter anderen möglichen Ordnungskategorien macht deutlich, daß der Kunstanspruch, der dem volkssprachlichen Lied im *buoch* zukommt, an den Autor als literarische Instanz gebunden ist - das Meistertum der Autoren verleiht den Liedern ihren Wert. Die gattungshierarchische Folge Minnesang - Neidhartiana - Spruch dokumentiert die Präferenz der Gattung Minnesang im Prozeß der Literarisierung - der Kunstanspruch richtet sich zunächst auf eine spezifische Gattung, den Minnesang. Die Kodifizierung des volkssprachlichen Liedes läßt sich infolgedessen - wie auch der Vergleich mit der kirchlichen Ikonographie zeigt - als Akt der Kanonisierung beschreiben, der entsprechende Auswahlprinzipien voraussetzt und der Sammlung Geltung zuspricht. Und schließlich ist an den vorliegenden Liederhandschriften eine besondere Buchvorstellung erkennbar - das volkssprachliche Medium *buoch* ist "opus imperfectum", eine unabgeschlossene und prinzipiell fortsetzbare Sammlung. Aus diesen Aspekten der Überlieferung haben wir eine dem schriftliterarischen Status des Liedes im Medium *buoch* entsprechende Form des Gebrauchs

1 vgl. die ausführliche Darstellung in der Einleitung, S. 33-44, mit den entsprechenden Literaturangaben.

zu rekonstruieren versucht: das Sammeln als produktiven Umgang mit der Liedkunst. Auswahl und Anordnung der Lieder implizieren, so lautete unsere These, einen Interpretationsakt. Das Sammeln der Lieder nach dem Autorprinzip gibt dabei bereits eine bestimmte Perspektive vor: Die Zuordnung der Lieder könnte eine Interpretationsanweisung für den Autor enthalten, das Oeuvre als Liedsammlung somit ein konkretes Autorbild entwerfen und - in Wechselwirkung mit der Miniatur - diesen spezifischen Autor vergegenwärtigen.
Wie beim Tannhäuser und bei Steinmar war deshalb auch bei Hadlaub das Oeuvre Gegenstand der Untersuchung, die Frage nach den Organisationsprinzipien der Werküberlieferung stand im Vordergrund. Eine Reihe von Indizien - die ausgezeichnete und auszeichnende Überlieferung, die Doppelminiatur, das 'Manesse'-Lied - hat die Vermutung nahegelegt, daß das in den Hadlaub-Liedern und -Leichs vermittelte Autorkonzept selbst unmittelbar im Zeichen der neuen literarischen Gebrauchssituation, des Sammelns von Liedern und ihrer Kodifizierung im *buoch*, stehen könnte. Dreh- und Angelpunkt der Argumentation war die Interpretation des 'Manesse'-Liedes C3 als eines Liedes, das mit der Darstellung des *buoch*-literarischen Status der volkssprachlichen Liedkunst ein Programm für die in den ersten beiden Liedern aufgebaute Ich-Rolle vorgibt, die fortan Träger einer entsprechenden literarischen Reflexion von Minnesang sein kann. Bevor ich den Zusammenhang von 'Manesse'-Lied, Liedfolge und Leichs konkretisiere, die Ergebnisse auf die Gesamtkonzeption des Oeuvres mit Titulus, Miniatur und Rahmenliedern beziehe und abschließend den programmatischen Stellenwert des Hadlaub-Oeuvres in C zu bestimmen versuche, möchte ich nochmals an prinzipielle, die Gattung Minnesang betreffende Probleme der Literarisierung erinnern.
Ulrich von Lichtenstein führt - wie bereits an anderer Stelle dargelegt[2] - im Prolog des 'Frauendienstes' aus, daß *lob* aufgrund der paradoxen Anlage der Gattung letztlich nicht einlösbar ist: Dem unendlichen, nicht definierbaren Rang der Dame entspricht auf der Minnesangebene die Unendlichkeit des *lobs*. Dies bedeutet, daß sich die literarischen Möglichkeiten, ein der Dame angemessenes *lob* zu inszenieren, nicht bestim-

2 vgl. die Interpretation des Liedes C1, S. 71-74.

men lassen und *lob* in seiner literarischen Qualität nicht zu fassen ist. Genau das Gegenteil wird im 'Manesse'-Lied nun postuliert: C3 proklamiert den literarischen Status des volkssprachlichen Liedes im *buoch* und qualifiziert es als *edil sang*. Unter der Voraussetzung, daß die Undefinierbarkeit des *lobs* ein Grundproblem der Gattung Minnesang darstellt, wird die Brisanz dieses Unternehmens deutlich - eine Reflexion der Bedingungen für die literarische Nobilitierung des Liedes im *buoch* ist noch zu leisten.
Das nächste Problem resultiert unmittelbar aus der neuen literarischen Situation. Wenn Minne und Minnesang als in ihrem Wert fest etabliert gelten, geht ein wesentliches, durch die paradoxe Struktur gesichertes Element der Gattung verloren: ihr Diskussionscharakter. Ist der Wert der Dame definitiv erwiesen, erübrigt sich eine normative Diskussion der in ihr verkörperten Qualitäten und damit auch die Aufgabe des Sängers, diese Qualitäten immer von neuem vor einem höfischen Publikum identitätsstiftend zur Geltung zu bringen. Dem aber widerspricht wiederum die Aussage von C3: Dort wird gerade im Zeichen des Sammelns und dem damit dokumentierten literarischen Status des Liedes sein aktueller Geltungsanspruch betont.
Auf dieser Basis stellt sich die Vermittlung des in C3 formulierten Programms der Sammler *sang, dâ man dien frowen wolgetân / wol mitte kan ir lob gemêren, / den wolten sî nit lân zergân* mit der Liedsequenz folgendermaßen dar: Das Ich, das sich in C8 ausdrücklich mit diesem Programm identifiziert, setzt das Postulat, den Sang nicht vergehen zu lassen, in die Folge der Lieder um - im Medium der Liedsequenz kann sich Sang immer von neuem realisieren. Bereits der Zusammenhang der ersten drei auf die Rahmenlieder folgenden Lieder verdeutlicht, wie die Ordnung der Lieder zu einer Liedsequenz die prinzipielle Fortsetzbarkeit der Diskussion signalisieren soll, wobei sich allerdings die Aussage auf eine neue Ebene verlagert: Während die zum Fluch über die Minne radikalisierte Klage C5 und der trotz des Rechtsbruchs der Dame an ihrem Wert festhaltende Frauenpreis C6 die Stagnation der Diskussion auf der Minne- und Minnesangebene anzeigen, mobilisiert das *hûssorge*-Lied C7 über den Aufbau eines Kontrastbereichs eine erneute Definitionsmöglichkeit für die Minnebindung im Rückgriff auf Neidharts literarisches Konzept - die Diskussion verlagert sich von der normativen auf die literarische

Ebene, die literarischen Möglichkeiten der Gattung werden selbst zum Thema.
Auf dieser literarischen Ebene wird das Ich in zweifacher Weise aktiv: Es bezieht sich interpretierend auf autorspezifische Minnesangkonzepte zurück, besonders explizit auf diejenigen Neidharts und Steinmars. Das Verfahren wird deutlich im Lied von den *dörpern* C12, in dem das Ich gegenüber der *dörper*-Welt die distanzierte Haltung eines Beobachters einnimmt - *ich was, dâ ich sach* - und aus dieser Haltung Neidharts Konzept als zu unergiebig vorführt, um den für alle verbindlichen Wert von Minne und Minnesang inszenieren zu können. Ebenso im Lied von den *kolern* und *karrern* C14, das wiederum einen Kontrastbereich etabliert, dem eine Aussage für den Minnebereich zu entnehmen ist, zugleich das Verfahren auf den Begriff bringt - *betiuten* und *gelîchen* -, es mit der Gegenüberstellung des Steinmar-Bildes vom Schwein im Sack und des traditionellen Bildes von der Minne als Zange auf die literarische Ebene transponiert, dabei dem Steinmar-Bild eine von der Vorlage abweichende ethische Deutungsmöglichkeit unterlegt und so zur literarischen Auseinandersetzung mit Steinmar überleitet. In den Herbst- und Ernteliedern schließlich wird Steinmars Ansatz, die traditionelle, paradox verfaßte *fröide*-Konzeption des Minnesangs zu hinterfragen und an ihre Stelle das Konzept einer unmittelbaren *fröide* zu setzen, nun seinerseits hinterfragt und als der höfischen Gesellschaft nicht angemessen interpretiert.
Zwischen der hier beschriebenen literarischen Aktivität des Ichs und dem 'Manesse'-Lied besteht eine offensichtliche Verbindung: Das Verfahren, sich deutend mit in der Tradition der Gattung vermittelten, die Signatur eines bestimmten Autors tragenden literarischen Konzepten auseinanderzusetzen, ist der Aktivität der Sammler zu vergleichen, dem *prüeven* von *meister sang*. Beide sind durch den autorspezifischen Bezug sowie durch die Tätigkeit des Beurteilens gekennzeichnet.
Das Ich deutet nun nicht nur vorliegende literarische Konzepte, es profiliert über diese Deutung auch seine eigene Position. Aufschlußreich ist hier die Funktion der Kontrastierung in der Liedsequenz: Die Liedsequenz besteht zum größten Teil aus einer Aneinanderreihung traditioneller Minnelieder, die das Modell der hohen Minne in allen denkbaren Facetten vergegenwärtigen, wird jedoch immer wieder durch Lieder unterbrochen, in denen ein Kontrastbereich zum Minnebereich aufgebaut

wird. Diese Kontrastbereiche zeigen sich wiederum an ein bestimmtes Autorkonzept gebunden. Läßt sich nun über die Etablierung eines Kontrastbereichs per Auslegung und Vergleich eine neue Definitionsmöglichkeit für den Minnebereich gewinnen, so läßt sich auch - transponiert man dieses Verfahren auf die literarische Ebene - über die Konfrontation mit einem autorspezifischen Konzept die eigene Position literarisch bestimmen. Die Reihung traditioneller Minnelieder als immer erneute Realisationen der Minnekanzone erhält aus dieser Perspektive eine neue Qualität: Das Ich, das die Position des hohen Minnenden bezieht, kann sich gegenüber dem Antipoden Steinmar in der Rolle desjenigen profilieren, der trotz des an Steinmars Konzept gebundenen *fröide*-Versprechens am herkömmlichen, paradoxen Modell der hohen Minne festhält. Durch den Einbau der Herbst- und Erntelieder in den Jahreszeitenzyklus, der dem in Steinmars Herbstlied entwickelten, durch die Frontstellung im Steinmar-Oeuvre der Manessischen Handschrift als Außenperspektive auf die Gattung etablierten Konzept die exzeptionelle Position nimmt, wird die hohe Minneklage als die immer gleichbleibende Substanz der Gattung ausgewiesen.
Im Rückgriff auf C3 läßt sich das dogmatische Festhalten am hohen Minnemodell als Akt der Kanonisierung begreifen: An das paradoxe Modell ist der Wert der Gattung gebunden - in Absetzung von Steinmars Konzept, das die Gesellschaft in ihrem Rang degradiert, kann das hohe Minnemodell als höfische Identität konstituierend vorgeführt werden. Indem das Ich im Medium der Liedfolge immer die gleiche Position, die des hohen Minnenden, bezieht, aus dieser Position Minnesang als Minneklage realisiert, sich so als Träger der hohen Minnekonzeption ausweist und den Wert der Gattung an dieses Konzept bindet, bestimmt es die Identität von Minnesang als Minneklage. Damit liefert es letztlich eine Definition der Gattung, wie sie der in C3 postulierte literarische Status des volkssprachlichen Liedes voraussetzt.
Das Festhalten am hohen Minnemodell verschärft die prinzipielle, im Minnesang immer wieder von neuem und insbesondere von Walther thematisierte Frage, an der auch Steinmars Gattungskritik ansetzt: Wie kann angesichts einer an die Paradoxie von *liebe* und *leit* gebundenen Minne, deren angemessener literarischer Ausdruck die Minneklage ist, die Aufgabe von Minnesang, *fröide* zu vermitteln, überhaupt noch einge-

löst, wie kann die gesellschaftliche Relevanz des im Medium der Minneklage verabsolutierten Minnewerts demonstriert werden? Allerdings hat sich mittlerweile - in Absetzung von Walther - die Diskussion von der normativen auf die literarische Ebene verlagert, und damit rückt das Selbstverständnis des Sängers, seine Virtuosität, seine Fähigkeit zur Innovation und seine Kompetenz im Aktualisieren etablierter literarischer Muster, stärker ins Blickfeld.

Um die *fröide*-Funktion der Gattung trotz ihrer paradoxen Verfassung zu bestätigen, bedient sich Hadlaub eines ausgesprochenen Kunstgriffs: Er verlagert die *fröide*-Präsentation über das in den Tageliedern etablierte Bewährungsprogramm der *mâze* in einen anderen Typ. Typ der Präsentation reiner *fröide* ist die Serena, in der die nächtliche Minneerfüllung auf die Einlösung der *mâze* am Morgen bezogen und auf diese Weise gesellschaftlich eingebunden wird. Über die Wechselwirkung von Minnekanzone und Tagelied wird damit die Paradoxie in neuer Weise - im literarischen Arrangement der Gattungstypen - wirksam: Die im Medium der Minneklage als unermeßlich definierte Minne muß sich dem in den Tageliedern entworfenen Postulat der *mâze* unterstellen. Auf der literarischen Metaebene der Liedsequenz kann so die *fröide*-Funktion der Gattung inszeniert werden.

Das Ich der Hadlaub-Lieder profiliert sich in der Auseinandersetzung mit Steinmar als die Instanz, die ein an einen bestimmten Autor gebundenes Konzept auf seine Eignung, eine der höfischen Gesellschaft angemessene *fröide* zu präsentieren, prüft, den Wert von Minne und Minnesang in Absetzung von Steinmar über den Rückbezug auf das traditionelle Modell der hohen Minne sichert und als höfisch verbindlich ausweist. Es agiert hier bereits auf der Ebene des Autors, ist jedoch in dieser Rolle nicht identifizierbar, da es gerade kein eigenständiges, mit einem spezifischen Markenzeichen versehenes literarisches Programm entwirft, sondern immer erneut die 'klassische' Position des Minnenden bzw. Minnesängers bezieht. Auch die über die wechselseitige Ergänzung von Minnekanzone und Tagelied geführte literarische Diskussion weist auf den Autor als diejenige Instanz, welche die *fröide*-Funktion der Gattung literarisch zur Geltung zu bringen sucht und dies mit der *fröide*-Inszenierung der Serena schließlich auch einlöst. Hier, im letzten Lied der Sequenz, bekommt das Ich erstmals eine eigenständige Kontur: Es beschreibt die eigene Tätigkeit als *volspehen* und bezieht damit ausdrücklich die Position des Beurteilenden. Entfalten kann sich die Autorrolle erst über den Wechsel der Gattung, im Medium des Leichs. Gattungskonstitutiv für den Leich ist zum einen die Möglichkeit, jenseits des paradoxalen Minnediskurses reine *fröide* zu inszenieren, und zum andern die Option, den Autor als Vermittler dieser *fröide* vorzustellen. In den drei Hadlaub-Leichs tritt das Ich zunächst aus der Minne- und Minnesängerrolle heraus und inszeniert - nicht minnesangspezifisch - *schoene frowen* als höchstes Gut der Schöpfung. Es definiert sich dann in der Folge der Leichs sukzessive in die Position des Minnenden, gibt sich als Träger der traditionellen Minnekonzeption zu erkennen und realisiert aus dieser Position am Ende Minnesang als Minneklage. Im Medium des Leichs kann so der Rang der Minneklage als der *schoenen frowen* adäquaten literarischen Darstellungsform ohne Einschränkung zur Erscheinung kommen und sich zugleich der Autor als die Instanz profilieren, die den literarischen Rang der Gattung garantiert. Über den *meister*-Titel habe ich das spezifische Profil dieser Autorrolle zu bestimmen versucht: Der *meister*-Titel impliziert einen objektivierbaren Maßstab, an dem der Träger des Titels gemessen werden kann und der ihm seinerseits wiederum maßstäbliche Funktion zuweist. Als 'meisterlich' kann hier die sich auf ein literarisches Urteilsvermögen begründende Leistung des Ichs bezeichnet werden, die paradoxe Substanz der Gattung sichtbar zu machen und ihren literarischen Rang daran zu binden. Denn das Modell der hohen Minne bekommt damit eine maßstäbliche Funktion zugewiesen und wird als 'klassisch' qualifiziert. In Hadlaubs Liedern und Leichs wird so ein Autorkonzept faßbar, das sich nicht über die Ausbildung eines eigenständigen literarischen Konzepts - wie Walther, Neidhart, Steinmar und viele andere - begreift, sondern den Autor im Zeichen literarischer Kennerschaft als Instanz einführt, die die literarische Qualität der Gattung garantiert.

Die Zuordnung Lieder - Leichs im Hadlaub-Oeuvre läßt sich folgendermaßen begründen: Als höchst artifizielle Prunkform, die den Rang des in ihr eingefaßten Gegenstandes zur Erscheinung bringen kann, setzt der Leich eine Vorverständigung über den Wert dieses Gegenstandes voraus. Eine entsprechende Diskussion, die den literarischen Anspruch des traditionellen paradoxen Minnemodells herausarbeitet, muß deshalb im Medium der Liedsequenz stattfinden und der Darstellung im Leich vorausgehen - der Leich ist von seiner strukturellen Anlage her auf Vergegenwärtigung angelegt und nicht als Ort literarischer Reflexion und Diskussion gedacht. Zum zweiten dient der Leich zur Profilierung des Autors als eines Vermittlers von *fröide* - in einer Rolle also, die spezifisch bei Hadlaub erst im Anschluß an die Liedsequenz, nach der Präsentation reiner *fröide* in der Serena, besetzt werden kann.

Der Zusammenhang des 'Manesse'-Liedes C3 mit der Liedfolge und den Leichs hat die These bestätigt, daß C3 die literarischen Prämissen für die Bildung des Oeuvres entwirft und damit eine seinem Status als Rahmenlied entsprechende Funktion besitzt. Neben dem - extensiv beschriebenen - Aufbau der Ich-Rolle in den Liedern C1 und C2 und ihrer ansatzweisen Neudefinition in C4 kommt den Rahmenliedern noch eine weitere wichtige Bedeutung zu: Sie demonstrieren die gesellschaftliche Einbindung von Minne und Minnesang und weisen mit der historischen Identifikation der Minneakteure auf die aktuelle Verbindlichkeit der Gattung. Dabei wird die gesellschaftliche Dimension des Sammelns als neuer literarischer Gebrauchsform von Minnesang klar herausgearbeitet: Gesellschaftlicher Rang legitimiert sich hier unmittelbar über die Beteiligung am Sammelunternehmen und zeigt sich so an literarische Kennerschaft gebunden. Die repräsentative Funktion der Gattung Minnesang wird im Zeichen des Gebrauchswandels neu bestimmt: Die kulturelle Selbstdefinition der Gesellschaft löst sich von der ständischen - *hof* konstituiert sich ausschließlich als Gemeinschaft von Kunstkennern. Diese Veränderung der repräsentativen Funktion möchte ich der These von Ursula Peters, daß mit der Verlagerung der höfischen Literatur in die Stadt eine "Intimisierung des literarischen Betriebs" einhergeht[3], entgegenhalten: Die höfische Liedkunst Minnesang verliert ihre öffentliche, gesellschaftsintegrative Funktion nicht, sondern löst sich vom realen Hof mit dem Anspruch, die ideale Identität einer Gesellschaft dort anzuzeigen, wo der Wert von Minnesang bewahrt wird. Die Aufnahme ins *buoch* steht für diese Wertschätzung, denn sie schreibt der Gattung höchsten

3 U. Peters, Literatur in der Stadt, S. 137; s.v. die Ausführungen in der Einleitung, S. 58-60.

Kunstanspruch zu - höfische Liedkunst wird als *edil sang* literarisch qualifiziert. Die Verlagerung der höfischen Literatur in die Stadt ist in Bezug auf die Gattung Minnesang unter dem Aspekt dieser neuen Gebrauchsform und der daran gebundenen veränderten repräsentativen Funktion zu interpretieren: Der Umgang mit *edil sang* macht selbst *edil* - eine eminent provokative Definition gesellschaftlichen Rangs, die den Geltungsanspruch der Gattung verabsolutiert und ständischen Rang literarisch bzw. kulturell begründet.

Die Rahmenlieder geben darüber hinaus Auskunft über die sich im Zeichen des neuen literarischen Gebrauchs verändernde Relation von Autor und Gesellschaft: 'Sammeln' beschreibt eine literarische Tätigkeit, die auch von den Mitgliedern der Gesellschaft, die nicht als Autoren hervortreten, praktiziert werden kann. Zugleich sind jene, die sammeln, auf den Autor als literarische Instanz, die den Gebrauchswandel reflektieren und den mit der schriftlichen Aufzeichnung im *buoch* dokumentierten literarischen Rang der Gattung begründen kann, angewiesen, um einen objektivierbaren Maßstab für die Beurteilung von *meister sang* zu besitzen. Dem Autor kommt hier inmitten der Gemeinschaft von Sammlern der Status eines primus inter pares zu.

Die Miniatur illustriert diese Integration des Autors in die Gesellschaft. Während sich das untere Teilbild als Darstellung der *tougen minne*, das den Autor bei der Dedikation seines Werkes an die Dame vorstellt, gut in das Bildprogramm der Handschrift einfügt, setzt das obere Teilbild mit der Darstellung einer Minnebindung unter den Augen der Öffentlichkeit einen besonderen Akzent: Die Gesellschaft, die in der als Vorlage dienenden Szene von C2 aktiv in das Geschehen eingreift, erkennt hier die Minne - wie der ins Bild gesetzte Segenswunsch demonstriert - in ihrem Wert öffentlich an und bestätigt damit die ihr inhärente *fröide*-Möglichkeit. Die in der Einleitung herausgearbeitete Komplementarität von Bild und Text, die dort als Verweis auf die Liedsukzession und den damit veränderten literarischen Status des Liedes gedeutet worden ist, kann um eine weitere Bedeutungskomponente ergänzt werden: Die Autorminiatur dokumentiert die Mitwirkung der Gesellschaft und bringt so die gesellschaftliche Dimension der Minne zum Ausdruck. Auch auf diese Weise wird der Geltungsanspruch, der dem Minnesang im neuen Medium *buoch* zukommt und der sich auf die unmittelbare Beteiligung der Gesellschaft zurückführen läßt, unterstrichen. Bei der Hadlaub-Miniatur handelt es sich bezeichnenderweise um die einzige Darstellung des Minnepaars inmitten der Gesellschaft in der Hs.C.

Über Titulus, Miniatur, Rahmenlieder, Lieder und Leichs konstituiert sich das Oeuvre als literarische, an das neue Medium *buoch* gebundene Präsentation des Autors:
Der Titulus gibt mit dem Begriff des *meisters* ein bestimmtes Autorkonzept vor und ordnet in der Handschrift den 'neuen' Meister Hadlaub in die unmittelbare Nachfolge des 'alten' Meisters Gottfried von Straßburg und vor dem Zeitgenossen Meister Konrad von Würzburg ein.
Die Doppelminiatur entwirft ein konkreteres Autorbild, das mit der Thematisierung der Liedsukzession auf den neuen literarischen Status von Minnesang hinweist und über die Aufnahme der Gesellschaft ins Bild den gesellschaftlichen Wert der Minne vergegenwärtigt.
Die Rahmenlieder grenzen das Corpus der Lieder und Leichs ab und konturieren damit bereits das Oeuvre als neue, selbständige Einheit. Die Eingangslieder besitzen mit dem Aufbau der Ich-Rolle, der demonstrativen gesellschaftlichen Einbindung der Minne und der Thematisierung des Gebrauchswandels Sammeln eine etablierende Funktion und geben das Programm für die folgenden Lieder und Leichs vor. Das letzte Lied markiert entsprechend mit der Aufhebung des Minnespiels eine Schlußposition, macht aber auch deutlich, daß der Minnewert über die Grenzen des Oeuvres hinaus dauerhaft installiert ist.
Im Medium der Liedsequenz findet dann die eigentliche literarische Diskussion statt, über die der in den Eingangsliedern proklamierte, im *buoch* zur Erscheinung kommende literarische Rang der Gattung begründet wird. Die Eingebundenheit in die Liedsequenz verändert den Status des einzelnen Liedes. Es beinhaltet nurmehr einen begrenzten Aspekt, komplexe Bezüge ergeben sich erst über den Zusammenhang mit anderen Liedern. Gängige Argumentationselemente der Minnekanzone werden atomisiert, so daß erst über eine Zuordnung der Lieder die hohe Minne in all ihren Facetten präsentiert werden kann. Verschiedene Typen des Minnesangs wie Minnekanzone und Tagelied stehen nicht unverbunden nebeneinander, sondern werden in ihrer Argumentation wechselseitig aufeinander bezogen. Sommerliche und winterliche

Natureingänge alternieren und lassen sich auf diese Weise zur neuen Einheit des Jahreszeitenzyklus verschmelzen. Die Liedfolge stellt so mehr als die Summe ihrer Teile dar: Mit ihr wird eine literarische Metaebene als die eigentliche Ebene der Aussage etabliert. Das einzelne Lied fungiert als Teil einer größeren, an das neue literarische Medium *buoch* gebundenen Einheit und besitzt damit selbst einen literarischen Status.
Den Leichs schließlich kommt im Hadlaub-Oeuvre die Funktion zu, den Rang des Autors in der Rolle des *meisters*, der den eigenen Minnesang am 'klassischen' Vorbild orientiert, und den Rang des in seiner kunstvollen Form eingeschlossenen Gegenstandes, der Minneklage als 'klassischer' Substanz der Gattung, die Maßstab für deren literarische Qualität ist, zum Ausdruck zu bringen. Die Folge der Leichs auf die Lieder und die dadurch bedingte Schlußstellung der Leichs im Hadlaub-Oeuvre ist darauf zurückzuführen, daß die Darstellung im Leich eine Vorverständigung über den Wert seines Gegenstandes voraussetzt und dies in der Liedfolge über die dort geführte literarische Diskussion begründet werden kann, und daß sich das Ich erst im Medium der Leichs in der Rolle des Autors als *meister* profilieren kann. Welch grundlegende Bedeutung dem Leich für die Oeuvrekonzeption in C zukommt, zeigt die Frontstellung der Leichs in den übrigen Oeuvres der C-Überlieferung: Über den Leich kann der Autor in seinem Rang ausgewiesen und als literarische Instanz fest etabliert werden.

Das Hadlaub-Oeuvre besitzt in der Hs.C einen programmatischen Stellenwert im Hinblick auf die Konzeption der Handschrift: Das Prinzip, die überlieferten Lieder unter dem Namen des Autors zu sammeln, wird reflektiert und in seinen Bedingungen geklärt - der Autor fungiert als die Instanz, die den literarischen Rang der Gattung garantiert. Auch die Präferenz der Gattung Minnesang im Prozeß der Überlieferung wird begründet - der literarische Rang der höfischen Liedkunst ist an das paradoxe Modell gebunden, die Minneklage die entsprechende literarische Darstellungsform, die den überzeitlichen - im Medium *buoch* dokumentierten - Wert der Gattung zum Ausdruck bringt. Ebenso wird die Bedeutung der schriftlichen Aufzeichnung der Lieder im *buoch* dargelegt - Sammeln impliziert einen Akt der Kanonisierung, der im *prüeven*, im Beurteilen von Liedkunst, besteht, folglich literarische Kompetenz voraussetzt, und spricht dem gesammelten Liedgut kanonische Geltung zu. Der neue literarische Gebrauch Sammeln erweist sich damit als eminent produktiver Umgang mit Minnesang. In diesem Kontext ist das Oeuvre als minnesangspezifisches Konzept von *buoch* zu situieren. Ihm entspricht jener Begriff des volkssprachlichen *buochs* als eines 'opus imperfectum', der die Handschrift als Ort literarischer Diskussion qualifiziert, die prinzipiell offen und unabgeschlossen ist.

Anhang: Konkordanztabelle zur Liedfolge in C und in BMS

Hs.C	BMS	Hs.C	BMS
C1	1	C27	30
C2	2	C28	31
C3	8	C29	32
C4	3	C30	33
	4	C31	34
C5	9	C32	35
C6	10	C33	36
C7	7	C34	37
C8	11	C35	38
C9	12	C36	39
C10	13	C37	40
C11	14	C38	41
C12	15	C39	42
C13	16	C40	43
C14	17	C41	44
C15	18	C42	45
C16	19	C43	46
C17	20	C44	47
C18	21	C45	48
C19	22	C46	49
C20	23	C47	50
C21	24	C48	51
C22	25	C49	52
C23	26	C50	53
C24	27	C51	54
C25	28	C52	5
C26	29		6

Abkürzungsverzeichnis

AfdA	Anzeiger für deutsches Altertum und deutsche Literatur
Beiträge	Beiträge zur Geschichte der deutschen Sprache und Literatur
BSM	Die Schweizer Minnesänger, hg. von Karl Bartsch
DVjs	Deutsche Vierteljahrsschrift
FD	'Frauendienst' Ulrichs von Lichtenstein
GAG	Göppinger Arbeiten zur Germanistik
GRM	Germanisch-Romanische Monatsschrift
IASL	Internationales Archiv für Sozialgeschichte der Literatur
KLD	Deutsche Liederdichter des 13. Jahrhunderts, hg. von Carl von Kraus
L	Die Gedichte Walthers von der Vogelweide, hg. von Karl Lachmann
MF	Des Minnesangs Frühling
RL	Reallexikon der deutschen Literaturgeschichte
VL	Verfasserlexikon zur deutschen Literatur des Mittelalters
ZfdA	Zeitschrift für deutsches Altertum und deutsche Literatur
ZfdPh	Zeitschrift für deutsche Philologie

Handschriftensiglen werden jeweils bei der ersten Nennung im Text erklärt.

Literaturverzeichnis

Texte:

Codex Manesse. Die Große Heidelberger Liederhandschrift. Bd. 1: Vollständiges Faksimile des Codex Palatinus Germanicus 848 der Universitätsbibliothek Heidelberg, mit Interimstexten v. Ingo F. Walther, Frankfurt 1975-1979, Bd. 2: Kommentar, hg. v. Walter Koschorreck u. Wilfried Werner, Kassel 1981.

Deutsche Liederdichter des 13. Jahrhunderts, hg. v. Carl von Kraus, Bd. 1: Text, Bd. 2: Kommentar, besorgt v. Hugo Kuhn, 2. Aufl. durchgesehen v. Gisela Kornrumpf, Tübingen 1978.

Frauenlob (Heinrich von Meissen), Leichs, Sangsprüche, Lieder, 1. Teil: Einleitungen, Texte. Auf Grund der Vorarbeiten von Helmuth Thomas hg. v. Karl Stackmann u. Karl Bertau, Göttingen 1981 (Abhandlungen der Akademie der Wissenschaften in Göttingen, Philologisch-historische Klasse, Dritte Folge, Nr. 119).

Die große Heidelberger Liederhandschrift. In getreuem Textabdruck, hg. v. Fridrich Pfaff, 1. Teil: Textabdruck, Heidelberg 1909.

Die Haager Liederhandschrift. Faksimile des Originals mit Einleitung und Transkription, hg. v. E.F. Kossmann, 2 Bde, Haag 1940.

Johannes Hadlaub. Die Gedichte des Zürcher Minnesängers, hg. v. Max Schiendorfer, Zürich - München 1986.

Das Hausbuch des Michael de Leone (Würzburger Liederhandschrift) der Universitätsbibliothek München (2 Cod.ms.731). In Abbildungen hg. v. Horst Brunner, Göppingen 1983 (Litterae 100).

Heinrich von Morungen, Lieder, hg. v. Helmut Tervooren, Stuttgart 1975.

Herman Dâmen. Untersuchung und Neuausgabe seiner Gedichte v. Paul Schlupkoten, Breslau 1913.

Die Jenaer Liederhandschrift, hg. v. Helmut Tervooren u. Ulrich Müller, Göppingen 1972 (Litterae 10).

Die Kleine Heidelberger Liederhandschrift cod. pal. germ. 357 der Universitätsbibliothek Heidelberg. Bd. 1: Faksimileausgabe, Bd. 2: Einführung v. Walter Blank, Wiesbaden 1972.

Kleinere mittelhochdeutsche Erzählungen, Fabeln und Lehrgedichte III. Die Heidelberger Handschrift cod. pal. germ. 341, 1909, unveränderter Nachdruck Zürich 1970.

Die kleineren Liederdichter des 14. und 15. Jahrhunderts, Bd. 2: Heseloher - Peter von Sachsen, hg. v. Thomas Cramer, München 1979.

Die Kolmarer Liederhandschrift der Bayerischen Staatsbibliothek München (cgm 4997). In Abbildung hg. v. Ulrich Müller, Franz V. Spechtler, Horst Brunner, 2 Bde, Göppingen 1976 (Litterac 35).

Konrad von Würzburg, Kleinere Dichtungen, Bd. III: Die Klage der Kunst. Leiche, Lieder und Sprüche, hg. v. Edward Schröder, Dublin - Zürich 3. Aufl. 1967.

mine sinne di sint minne. Zürcher Liebesbriefe aus der Zeit des Minnesangs. Wissenschaftliche Bearbeitung von Max Schiendorfer, Zollikon 1988.

Des Minnesangs Frühling, bearb. v. Hugo Moser u. Helmut Tervooren, Bd. 1: Texte, 37. Aufl. Stuttgart 1982.

Die Lieder Neidharts, hg. v. Edmund Wießner, fortgeführt v. Hanns Fischer, 4. Aufl. Tübingen 1984.

Die Gedichte Reinmars von Zweter, hg. v. Gustav Roethe, Leipzig 1887.

Die Schweizer Minnesänger, hg. v. Karl Bartsch, Frauenfeld 1886; Nachdr. Frauenfeld u. Darmstadt 1964 (Bibliothek älterer Schriftwerke der deutschen Schweiz, VI). Neuausgabe hg. v. Max Schiendorfer, Bd. 1: Texte, Tübingen 1990.

Tannhäuser. Die lyrischen Gedichte der Handschriften C und J. Abbildungen und Materialien zur gesamten Überlieferung der Texte und ihrer Wirkungsgeschichte und zu den Melodien, hg. v. Helmut Lomnitzer u. Ulrich Müller, Göppingen 1973 (Litterae 13).

Ulrich's von Liechtenstein Frauendienst, Erster und Zweiter Theil, hg. v. Reinhold Bechstein, Leipzig 1888 (Deutsche Dichtungen des Mittelalters, hg. v. Karl Bartsch, Bd. 6 u. 7).

Die Gedichte Walthers von der Vogelweide, hg. v. Karl Lachmann, 13., aufgrund der 10. von Carl von Kraus bearb. Ausgabe, neu hg. v. Hugo Kuhn, Berlin 1965.

Die Weingartner Liederhandschrift. Bd. 1: Faksimilieausgabe, Bd. 2: Textband, mit Beitr. v. Wolfgang Irtenkauf, Kurt H. Halbach, Renate Kroos, Otfrid Ehrismann (Transkription), Stuttgart 1969.

Wörterbücher:

Deutsches Wörterbuch von Jacob Grimm und Wilhelm Grimm. 17 Bde, Leipzig 1854-1965.

Mittelhochdeutsches Wörterbuch. Mit Benutzung des Nachlasses von Georg Benecke. Ausgearbeitet von Wilhelm Müller u. Friedrich Zarncke, 3 Bde, Nachdruck der Ausgabe Leipzig 1861, Hildesheim 1963.

Schweizerisches Idiotikon. Wörterbuch der schweizerdeutschen Sprache. Gesammelt auf Veranstaltung der antiquarischen Gesellschaft in Zürich unter Beihülfe aus allen Kreisen des Schweizervolkes. Herausgegeben mit Unterstützung des Bundes und der Kantone. Begonnen von Friedrich Staub und Ludwig Tobler, Bd. 1-15 ff., Frauenfeld 1901-1988 ff.

Darstellungen:

Adam, Wolfgang, Die "wandelunge". Studien zum Jahreszeitentopos in der mittelhochdeutschen Literatur, Heidelberg 1979 (Euphorion, Beih. 15).

Apfelböck, Hermann, Tradition und Gattungsbewußtsein im deutschen Leich. Ein Beitrag zur Gattungsgeschichte mittelalterlicher musikalischer "discordia", Tübingen 1991 (Hermea; N.F., Bd. 62).

Auty, Robert, Studien zum späten Minnesang mit besonderer Berücksichtigung Steinmars und Hadlaubs, Diss. (masch.) Münster 1937.

Becker, Hans, Die Neidharte. Studien zur Überlieferung, Binnentypisierung und Geschichte der Neidharte der Berliner Handschrift germ. fol. 779 (c), Göppingen 1978 (GAG, Nr. 255).

Bertau, Karl, Sangverslyrik. Über Gestalt und Geschichtlichkeit mittelhochdeutscher Lyrik am Beispiel des Leichs, Göttingen 1964 (Palaestra, Bd. 240).

Beyschlag, Siegfried, Neidhart und Neidhartianer, VL, Bd. 6, Berlin - New York 1987, Sp. 871-893.

Bodmer, Johann J., Proben der alten schwäbischen Poesie des Dreyzehnten Jahrhunderts. Aus der Maneßischen Sammlung, Zürich 1748, Vorbericht.

Bolduan, Viola, Minne zwischen Ideal und Wirklichkeit. Studien zum späten Schweizer Minnesang, Frankfurt 1982.

Brandes, Klaus, Heinrich von Morungen: Zyklische Liedgruppen. Rekonstruktion, Forminterpretation, kritische Ausgabe, Göppingen 1974 (GAG, Nr. 155).

Brinkmann, Sabine, Die deutschsprachige Pastourelle. 13.-16. Jahrhundert, Diss. Bonn 1976.

Mittelhochdeutsche Pastourellendichtung, in: Der deutsche Minnesang. Aufsätze zu seiner Erforschung, Bd. 2, hg. v. Hans Fromm, Darmstadt 1985 (WdF 608), S. 401-432.

Brunner, Horst, Müller, Ulrich u. Spechtler, Franz V., Walther von der Vogelweide. Die gesamte Überlieferung der Texte und Melodien. Abbildungen, Materialien, Melodietranskriptionen, mit Beiträgen v. Helmut Lomnitzer u. Hans-D. Mück, Geleitwort v. Hugo Kuhn, Göppingen 1977 (Litterae, Bd. 7).

Bumke, Joachim, Höfische Kultur. Literatur und Gesellschaft im hohen Mittelalter, 2 Bde, München 1986.

Clausberg, Karl, Die Manessische Liederhandschrift, Köln 1978.

Cramer, Thomas, Minnesang in der Stadt. Überlegungen zur Lyrik Konrads von Würzburg, in: Gert Kaiser (Hg.), Literatur - Publikum - historischer Kontext, Bern - Frankfurt - Las Vegas 1977 (Beitr. zur Älteren Deutschen Literaturgeschichte, 1), S. 91-108.

Curschmann, Michael, Hören - Lesen - Sehen. Buch und Schriftlichkeit im Selbstverständis der volkssprachlichen literarischen Kultur Deutschlands um 1200, Beiträge 106, 1984, S. 218-257.

Pictura laicorum litteratura? Überlegungen zum Verhältnis von Bild und volkssprachlicher Schriftlichkeit im Hoch- und Spätmittelalter,

Vortrag, gehalten in Konstanz am 6. 7. 1989, ungedruckt.

Frühmorgen-Voss, Hella, Bildtypen in der Manessischen Liederhandschrift, in: Ingeborg Glier, Gerhard Hahn, Walter Haug u. Burkhard Wachinger (Hg.), Werk - Typ - Situation. Studien zu Poetologischen Bedingungen in der älteren deutschen Literatur, Stuttgart 1969, S. 184-216.

Glier, Ingeborg, Der Minneleich im späten 13. Jahrhundert, in: Hans Fromm (Hg.), Der deutsche Minnesang. Aufsätze zu seiner Erforschung, Bd. 2, Darmstadt 1985 (WdF, Bd. 608), S. 433-457.

Diener zweier Herrinnen: Zu Ulrichs von Lichtenstein Frauendienst, in: Harald Scholler (ed.), The Epic in Medieval Society, Tübingen 1977, S. 290-306.

Konkretisierung im Minnesang des 13. Jahrhunderts, in: Franz H. Bäuml (Hg.), From Symbol to Mimesis, Göppingen 1984 (GAG, Nr. 368), S. 150-168.

Artes amandi. Untersuchung zu Geschichte, Überlieferung und Typologie der deutschen Minnereden, München 1971 (Münchener Texte und Untersuchungen zur Deutschen Literatur des Mittelalters, Bd. 34).

Grubmüller, Klaus, Minne und Geschichtserfahrung. Zum 'Frauendienst' Ulrichs von Liechtenstein, in: Christoph Gerhardt, Nigel F. Palmer, Burghart Wachinger (Hg.), Geschichtsbewußtsein in der deutschen Literatur des Mittelalters. Tübinger Kolloquium 1983, Tübingen 1985, S. 37-51.

Ich als Rolle. 'Subjektivität' als höfische Kategorie im Minnesang, in: Gert Kaiser u. Jan-Dirk Müller (Hg.), Höfische Literatur - Hofgesellschaft - Höfische Lebensformen um 1200, Kolloquium am Zentrum für Interdisziplinäre Forschung der Universität Bielefeld (3. bis 5. November 1983), Düsseldorf 1986, S. 387-408.

Günzburger, Angelika u. Schmidt, Ronald, M., Die Rezeption der Texte, in: Elmar Mittler u. Wilfried Werner (Hg.), Codex Manesse. Katalog zur Ausstellung v. 12. Juni bis 4. Sept. 1988, Universitätsbibliothek Heidelberg, S. 372-395.

Händl, Claudia, Rollen und pragmatische Einbindung. Analysen zur Wandlung des Minnesangs nach Walther von der Vogelweide, Göppingen 1987 (GAG, Nr. 467).

Hahn, Gerhard, Zum sozialen Gehalt von Walthers Minnesang. Einige Beobachtungen am Text, in: Dietrich Huschenbett, Klaus Matzel, Georg Steer u. Norbert Wagner (Hg.), Medium Aevum deutsch. Beiträge zur Literatur des hohen und späten Mittelalters, Festschrift für Kurt Ruh, Tübingen 1979, S. 121-138.

Möglichkeiten und Grenzen der politischen Aussage in der Spruchdichtung Walthers von der Vogelweide, in: Christoph Cormeau (Hg.), Deutsche Literatur im Mittelalter. Kontakte und Perspektiven. Hugo Kuhn zum Gedenken, Stuttgart 1979, S. 338-355.

Walther von der Vogelweide, München - Zürich 1986.

Walther von der Vogelweide oder Ein Spruchdichter macht Minnesang, in: Erich Huber-Thoma u. Ghemela Adler (Hg.), Romantik und Moderne. Festschrift für Helmut Motekat, Frankfurt - Bern - New York 1986, S. 197-212.

Zu den *ICH*-Aussagen in Walthers Minnesang, in: Jan-Dirk Müller u. Franz J. Worstbrock (Hg.), Walther von der Vogelweide, Hamburger Kolloquium 1988 zum 65. Geburtstag von Karl-Heinz Borck, Stuttgart 1989, S. 95-104.

Haug, Walter, Literaturtheorie im deutschen Mittelalter. Von den Anfängen bis zum Ende des 13. Jahrhunderts, Darmstadt 1985.

Huber, Christoph, Wort sint der dinge zeichen. Untersuchungen zum

Sprachdenken der mittelhochdeutschen Spruchdichtung bis Frauenlob, Zürich - München 1977 (Münchener Texte und Untersuchungen zur deutschen Literatur des Mittelalters, Bd. 64)

Huot, Sylvia, From Song to Book. The Poetics of Writing in Old French Lyric and Lyrical Narrative Poetry, Ithaca - London 1987.

Kohnle, Eduard, Studien zu den Ordnungsgrundsätzen mittelhochdeutscher Liederhandschriften, Stuttgart - Berlin 1934 (Tübinger Germanistische Arbeiten, Bd. 20).

Kornrumpf, Gisela, Heidelberger Liederhandschrift A, VL, Bd. 3, Berlin - New York 1981, Sp. 577-584.

Heidelberger Liederhandschrift C, VL, Bd. 3, Berlin - New York 1981, Sp. 584-597.

Michael de Leone, VL, Bd. 6, Berlin - New York 1987, Sp. 491-503.

Deutsche Lieddichtung im 14. Jahrhundert. Ein Aspekt der Überlieferung, in: Zur deutschen Literatur und Sprache des 14. Jahrhunderts. Dubliner Colloquium 1981, hg. v. Walter Haug, Timothy R. Jackson u. Johannes Janota (Reihe Siegener Beiträge zur Literatur- und Sprachwissenschaft, 45), S. 292-304.

Konturen der Frauenlob-Überlieferung, Wolfram-Studien X, Cambridger 'Frauenlob'-Kolloquium 1986, hg. v. Werner Schröder, Berlin 1988, S. 26-50.

Die Anfänge der Manessischen Liederhandschrift, in: Volker Honemann u. Nigel F. Palmer (Hg.), Deutsche Handschriften 1100-1400. Oxforder Kolloquium 1985, Tübingen 1988, S. 279-296.

Koschorreck, Walter, Die Bildmotive, in: Walter Koschorreck u. Wilfried Werner (Hg.), Codex Manesse. Die Große Heidelberger Liederhandschrift. Kommentar zum Faksimile des Codex Palatinus Germanicus

848 der Universitätsbibliothek Heidelberg, Kassel 1981, S. 103-127.

Kuhn, Hugo, Gattungsprobleme der mittelhochdeutschen Literatur, in: ders., Dichtung und Welt im Mittelalter, Stuttgart 1959, S. 41-61.

Art. Leich, RL, Bd. 2, Berlin 1965, S. 39-42.

Minnesangs Wende, 2. Aufl. Tübingen 1967.

Mittelalterliche Kunst und ihre Gegebenheit, in: ders., Text und Theorie, Stuttgart 1969, S. 28-46.

Zur inneren Form des Minnesangs, in: Hans Fromm (Hg.), Der deutsche Minnesang. Aufsätze zu seiner Erforschung, Darmstadt 1972 (WdF, Bd. 15), S. 167-179.

Aspekte des 13. Jahrhunderts in der deutschen Literatur, in: ders., Entwürfe zu einer Literatursystematik des Spätmittelalters, Tübingen 1980, S. 1-18.

Die Voraussetzungen für die Entstehung der Manesseschen Handschrift und ihre überlieferungsgeschichtliche Bedeutung, in: ders., Liebe und Gesellschaft, hg. v. Wolfgang Walliczek, Stuttgart 1980, S. 80-105.

Minnelieder Walthers von der Vogelweide. Ein Kommentar, Tübingen 1982.

Lang, Hedwig, Johannes Hadlaub, Berlin 1959 (Philologische Studien und Quellen, 5).

Leppin, Rena, Der Minnesinger Johannes Hadlaub, Monographie und Textkritik, Diss. (masch.) Hamburg 1959.

Johannes Hadlaubs 'Nachtlied', Jb. der Oswald v. Wolkenstein Gesellschaft 3, 1984/85, S. 203-231.

Lübben, Gesine, "Ich singe daz wir alle werden vol". Das Steinmar-Oeuvre der Manesseschen Liederhandschrift, Stuttgart 1994.

Mertens, Volker, Erzählerische Kleinstformen. Die genres objectifs im deutschen Minnesang: "Fragmente eines Diskurses über die Liebe", in: Klaus Grubmüller, L. Peter Johnson u. Hans-Hugo Steinhoff (Hg.), Kleinere Erzählformen im Mittelalter. Paderborner Colloquium 1987, Paderborn - München - Wien - Zürich 1988 (Schriften der Universität-Gesamthochschule-Paderborn, Reihe Sprach- und Literaturwissenschaft, Bd. 10), S. 49-65.

Mittler, Elmar u. Werner, Wilfried (Hg.), Codex Manesse. Katalog zur Ausstellung v. 12. Juni bis 4. Sept. 1988, Universitätsbibliothek Heidelberg.

Moser, Dietz-Rüdiger, Johannes Hadlaubs "Nachtlied". Zum Problem des Wirklichkeitsbezuges im späten Minnesang, Schweizerisches Archiv für Volkskunde 66, 1970, S. 194-211.

Müller, Jan-Dirk, Melusine in Bern. Zum Problem der "Verbürgerlichung" höfischer Epik im 15. Jahrhundert, in: Gert Kaiser (Hg.), Literatur - Publikum - historischer Kontext, Bern - Frankfurt - Las Vegas 1977 (Beitr. zur Älteren Deutschen Literaturgeschichte, 1), S. 29-77.

Oechelhaeuser, Adolf v., Die Miniaturen der Universitäts-Bibliothek zu Heidelberg, 2. Theil, Heidelberg 1895, S. 314-317.

Ohly, Friedrich, Cor amantis non angustum. Vom Wohnen im Herzen, in: ders., Schriften zur mittelalterlichen Bedeutungsforschung, Darmstadt 1977, S. 128-155.

Ortmann, Christa, Die Bedeutung der Minne im 'Moriz von Craun', in: Beiträge 108, 1986, S. 385-407.

Der Spruchdichter am Hof, in: Jan-Dirk Müller u. Franz Josef

Worstbrock (Hg.), Walther von der Vogelweide, Stuttgart 1989, S. 17-35.

Die Kunst, *ebene* zu werben. Zu Walthers *Aller werdekeit ein füege-rinne* (L. 46,32), in: Beiträge 103, 1981, S. 238-263.

Ortmann, Christa u. Ragotzky, Hedda, Minnesang als "Vollzugskunst". Zur spezifischen Struktur literarischen Zeremonialhandelns im Kontext höfischer Repräsentation, in: Hedda Ragotzky u. Horst Wenzel (Hg.), Höfische Repräsentation. Das Zeremoniell und die Zeichen, Tübingen 1990, S. 227-257.

Ortmann, Christa, Ragotzky, Hedda u. Rischer, Christelrose, Literarisches Handeln als Medium kultureller Selbstdeutung am Beispiel von Neidharts Liedern, IASL Bd. 1, 1976, S. 1-29.

Paule, Gabriela, Der Tanhûser. Organisationsprinzipien der Werküberlieferung in der Manesseschen Handschrift, Stuttgart 1994.

Peters, Ursula, Literatur in der Stadt. Studien zu den sozialen Voraussetzungen und kulturellen Organisationsformen städtischer Literatur im 13. und 14. Jahrhundert, Tübingen 1983 (Studien und Texte zur Sozialgeschichte der Literatur, 7).

Ragotzky, Hedda, Zur Bedeutung von Minnesang als Institution am Hof. Neidharts Winterlied 29, in: Gert Kaiser u. Jan-Dirk Müller (Hg.), Höfische Literatur - Hofgesellschaft - Höfische Lebensformen um 1200, Kolloquium am Zentrum für Interdisziplinäre Forschung der Universität Bielefeld (3.-5. Nov. 1983), Düsseldorf 1986, S. 471-489.

Renk, Herta-Elisabeth, Der Manessekreis, seine Dichter und die Manessische Handschrift, Stuttgart 1974 (Studien zur Poetik und Geschichte der Literatur, Bd. 33).

Ruh, Kurt, Versuch einer Begriffsbestimmung von 'städtischer Literatur' im deutschen Spätmittelalter, in: Josef Fleckenstein u. Karl Stackmann (Hg.), Über Bürger, Stadt und städtische Literatur im Spätmittelalter. Bericht über Kolloquien der Kommission zur Erforschung der Kultur des Spätmittelalters 1975-1977, Göttingen 1980 (Abhandlungen der Akademie der Wissenschaften in Göttingen, Philolog.-hist. Kl., 3. Folge, 121), S. 311-328.

Rischer, Christelrose, Zum Verhältnis von literarischer und sozialer Rolle in den Liedern Neidharts, in: Christoph Cormeau (Hg.), Deutsche Literatur im Mittelalter. Kontakte und Perspektiven. Hugo Kuhn zum Gedenken, Stuttgart 1979, S. 184-210.

wie süln die vrowen danne leben? Zum Realitätsstatus literarischer Fiktion am Beispiel des 'Frauendienstes' von Ulrich von Lichtenstein, in: Gerhard Hahn u. Hedda Ragotzky (Hg.), Grundlagen des Verstehens mittelalterlicher Literatur. Literarische Texte und ihr historischer Erkenntniswert, Stuttgart 1992, S. 133-157.

Salowsky, Hellmut, Initialschmuck und Schreiberhände, in: Elmar Mittler u. Wilfried Werner (Hg.), Codex Manesse. Katalog zur Ausstellung v. 12. Juni bis 4. Sept., Universitätsbibliothek Heidelberg, S. 423-439.

Saurma-Jeltsch, Lieselotte E., Das stilistische Umfeld der Miniaturen, in: Elmar Mittler u. Wilfried Werner (Hg.), Codex Manesse. Katalog zur Ausstellung v. 12. Juni bis 4. Sept. 1988, Universitätsbibliothek Heidelberg, S. 302-349.

Sayce, Olive, The religious and secular leich, in: dies., The medieval german lyric 1150-1300. The development of its themes ans forms in their European context, Oxford 1982.

Schiendorfer, Max, Vorschläge zu einer Neugestaltung von Bartschs 'Schweizer Minnesängern', ZfdPh 104, 1985, Sonderheft, S. 102-123.

Schneider, Hermann, Eine mittelhochdeutsche Liedersammlung als Kunstwerk, in: Beiträge 47, 1923, S. 225-260.

Schweikle, Günther, Hadlaub, Johannes, VL, Bd. 3, Berlin - New York 1981, Sp. 379-383.

Schwob, Anton, *hûssorge tuot sô wê*. Beobachtungen zu einer Variante der Armutsklage in der mhd. Lyrik, Jb. der Oswald v. Wolkenstein Gesellschaft 1, 1980/81, S. 77-97.

Siebert-Hotz, Gisela, Das Bild des Minnesängers. Motivgeschichtliche Untersuchungen zur Dichterdarstellung in den Miniaturen der Großen Heidelberger Liederhandschrift, Diss. Marburg 1964.

Touber, A.H., Formale Ordnungsprinzipien in mittelhochdeutschen Liederhandschriften, ZfdA 95, 1966, S. 187-203.

Vetter, Ewald, Probleme der großen Heidelberger ("Manessischen") Liederhandschrift, Pantheon 36, 1978, S. 207-218.

Die Bilder, in: Walter Koschorreck u. Wilfried Werner (Hg.), Codex Manesse. Die Große Heidelberger Liederhandschrift. Kommentar zum Faksimile des Codex Palatinus Germanicus 848 der Universitätsbibliothek Heidelberg, Kassel 1981, S. 43-100.

Voetz, Lothar, Überlieferungsformen mittelhochdeutscher Lyrik, in: Elmar Mittler u. Wilfried Werner (Hg.), Codex Manesse. Katalog zur Ausstellung v. 12. Juni bis 4. Sept., Universitätsbibliothek Heidelberg, S. 224-274.

Wachinger, Burghart, Kolmarer Liederhandschrift, VL, Bd. 5, Berlin - New York 1985, Sp. 27-39.

Walther, Ingo F. (Hg.), Gotische Buchmalerei. Minnesänger. Alle fünfundzwanzig Miniaturen der "Weingartner Liederhandschrift" in Originalgröße, München 1978.

Walther, Ingo F. (Hg.) u. Kurt Martin, Gisela Siebert, Ingeborg Glier u. Horst Brunner (Mitarb.), Sämtliche Miniaturen der Manesse-Lieder-

handschrift, Aachen 1985.
Walther, Ingo F. (Hg.) u. Siebert, Gisela (Mitarb.), Codex Manesse. Die Miniaturen der Großen Heidelberger Liederhandschrift, Frankfurt 1988.

Wehrli, Max, Zur Geschichte der Manesse-Philologie, in: Walter Koschorreck u. Wilfried Werner (Hg.), Codex Manesse. Die Große Heidelberger Liederhandschrift, Kommentar zum Faksimile des Codex Palatinus Germanicus 848 der Universitätsbibliothek Heidelberg, Kassel 1981, S. 145-165.

Das literarische Fest des Zürcher Manesse-Kreises. Gegenwart und Erinnerung, in: Paul Hugger (Hg.) in Zus. m. Walter Burkert u. Erich Lichtenhahn, Stadt und Fest. Zu Geschichte und Gegenwart europäischer Festkultur, Unterägeri u. Stuttgart 1987, S. 199-210.

Weydt, Günther, Johannes Hadlaub, GRM 21, 1933, S. 14-32.

Wolf, Norbert R., Tageliedvariationen im späten provenzalischen und deutschen Minnesang, ZfdPh 87 (1968), Sonderheft, S. 185-194.

GPSR Compliance

The European Union's (EU) General Product Safety Regulation (GPSR) is a set of rules that requires consumer products to be safe and our obligations to ensure this.

If you have any concerns about our products, you can contact us on ProductSafety@springernature.com

In case Publisher is established outside the EU, the EU authorized representative is:

Springer Nature Customer Service Center GmbH
Europaplatz 3
69115 Heidelberg, Germany

Batch number: 10578186

Printed by Printforce, the Netherlands